会计学与财务管理系列教材

SHENJI JICHU YU ANLI

审计基础与案例

主　编　姜玲玲　王宇慧

副主编　连艳玲　孟丽荣　林笑楠

科 学 出 版 社

北 京

内 容 简 介

本教材根据新修订的《中华人民共和国国家审计准则》和 2021 年修正的《中华人民共和国审计法》，企业内部控制基本规范及配套指引，以及审计学研究领域最前沿的理论进行编写。前四章介绍审计基本理论和规范，第五章开始以社会审计为例，介绍风险导向审计的基本流程，将重要的审计学概念融入其中，为审计实务打下坚实的理论基础。

本教材将风险识别与评估的思想贯穿始终，为审计风险模型的形成逻辑提供了一个深入的理论研究框架。同时将思政元素以案例的形式融入教材，以诚信、独立性、职业谨慎为主线，贯穿审计全过程，以使学生建立审计思维，培养学生正确的职业态度、良好的职业素养。

本教材适用于高等学校审计学专业、会计学专业和财务管理专业，以及其他管理类专业的"审计学原理"和"审计学"课程。

图书在版编目（CIP）数据

审计基础与案例 / 姜玲玲，王宇慧主编. —北京：科学出版社，2024.9
会计学与财务管理系列教材
ISBN 978-7-03-074120-2

Ⅰ. ①审⋯　Ⅱ. ①姜⋯ ②王⋯　Ⅲ. ①审计学-教材　Ⅳ. ①F239.0

中国版本图书馆 CIP 数据核字（2022）第 232721 号

责任编辑：王京苏/责任校对：贾娜娜
责任印制：赵　博/封面设计：楠竹文化

科学出版社 出版

北京东黄城根北街 16 号
邮政编码：100717
http://www.sciencep.com

天津市新科印刷有限公司印刷
科学出版社发行　各地新华书店经销

*

2024 年 9 月第 一 版　开本：787×1092　1/16
2025 年 1 月第二次印刷　印张：16 1/4
字数：386 000

定价：58.00 元
（如有印装质量问题，我社负责调换）

前　言

党的二十大开启了全面建设社会主义现代化国家的新征程，审计理论研究应深刻把握新时代审计工作战略定位，用中国式现代化的思想服务审计理论与创新发展，更好地指导实践，更好地发挥审计在党和国家监督体系中的重要作用。

在国家发展战略和地方经济社会发展需求的背景下，我们坚持以本为本，推进"四个回归"，并致力于落实立德树人的根本任务，为了深化本科教学改革，我们将思政融入专业课程，构建了价值塑造、能力培养、知识传授"三位一体"的人才培养模式。正是在这样的时代背景下，《审计基础与案例》应运而生。

本书构建了审计基本理论的逻辑框架，以社会审计流程为主线，从抽象到具体，从概念到应用，从原则到规则，将重要的审计基本概念贯穿在审计流程中，教材融入大量思政元素，通过情景化的案例分析，将枯燥的审计理论与案例结合，以诚信、独立性为主线，将审计准则和职业道德规范融入审计流程，培养学生树立正确的职业道德观和社会责任感，在审计职业道德评价机制与审计模式中找寻审计理论的中国特色与时代特色，坚持"诚信为本，操守为重"。同时案例也为教学提供了丰富的素材，使教与学的过程更加简单、深刻，使学生能够在掌握基本流程的基础上深刻理解审计的基本理论。

随着社会经济和科技的发展，出现了慕课、微课、翻转课堂等多种新的教学形式，本书也增加了这些元素，促使学生由被动学习转为主动学习，提高学生的自学能力，通过多样的形式为老师和学生提供丰富的教学资料。每章导读能够让学生在深入学习该章知识之前对该章内容有一个初步了解，清楚学习目标、主要知识点、重点和难点；思维导图作为各章知识的总结和梳理，使学生能够对每章内容有系统的理解和认识；每一章课后习题能够更好地促进知识的掌握及灵活运用，提升对审计理论的认识。

本书由姜玲玲、王宇慧主编，具体分工如下：姜玲玲拟定全书提纲和内容要点，编写第一、二、五、六、七章，并负责全书的统纂和修改；王宇慧编写第十、十二章；连艳玲编写第八、九章；孟丽荣负责编写第四、十一章；林笑楠负责编写第三章，各章思维导图的绘制和修改，以及部分资料的收集。

本书在编写过程中参阅了国内外文献，在此感谢这些文献的作者和同人们！感谢哈尔滨商业大学的领导和同事给予的关心与鼓励，也感谢各位参编人员的辛苦付出！感谢科学出版社的领导和编辑给予的支持与辛勤劳动！由于编者水平有限，诚请批评指正！

目 录

第一章

审 计 概 述

本章主要学习目的：了解审计产生的动因及国内外审计发展历程和发展趋势，了解审计的含义、分类、职能和作用；掌握国家审计和注册会计师审计及内部审计各自的特点，以及在国家监督体系中的地位和作用；了解注册会计师审计的业务范围和审计技术发展的特点和趋势。

学生通过本章的学习能够对审计有一个初步的认识，理解审计的本质、审计工作的性质，以及三大类审计的区别和联系，能够认识到审计在国家治理、企业治理和资本市场中的监督作用，能够对审计职业产生兴趣和敬畏心。

第一节　审计的产生与发展

引例

南海泡沫事件

1711 年，在英国成立了一家公司，用于分担英国政府的债务。这家公司的名字叫南海公司，它主要从事海外贸易业务，拥有与拉丁美洲的贸易垄断权。它同时还拥有一项特许经营权，那就是从非洲向美洲大陆贩卖奴隶。

但实际上，它的经营一塌糊涂，公司期望的贸易权力从来没有变成事实，也就是说贸易垄断权并没有让它赚钱，向拉丁美洲渗透的计划，也因为西班牙殖民地官员的不合作，而没有结果。

公司通过财务造假增发股票，以虚假的会计信息诱骗投资者，给投资者描绘了一幅金灿灿的、通往黄金宝殿的蓝图，使得它的股票飞涨。由于股票价格的飞涨，整个英国上下为南海公司而疯狂，都在炒作南海公司的股票。

史学家是这样记录的：当时"政治家忘记了政治；律师忘记了法庭；贸易商放弃了买卖；医生丢弃了病人；店主关闭了铺子；教父离开了圣坛；甚至连高贵的夫人也忘记了高贵与虚荣"，都在排队购买南海公司的股票。

但随后事情就出现了转折，南海公司的股价开始快速下跌，导致投资者损失惨重，很多人血本无归。

这样在英国就成立了一个特别委员会，对南海公司进行调查。同时还聘请了一位精通会计实务的人，这就是查尔斯·斯内尔，由其对南海公司的账目进行审查。1721 年底，查尔斯·斯内尔递交了一份名为"伦敦市彻斯特·莱恩会计学校查尔斯·斯内尔对素布里奇商社的会计账目进行检查的意见"的报告书。查尔斯·斯内尔在出具的意见中指出南海公司存在舞弊行为，会计记录严重不实。

由此，在审计学界有一种观点就认为，查尔斯·斯内尔是世界上第一位注册会计师。

在上述引例中，南海公司舞弊案开创了民间审计的先河，推动了审计的产生与发展，也突出了注册会计师作为独立第三方进行审计对社会公众的重要作用。因此，本节将对审计的产生与发展进行具体的介绍。

资料来源：根据网络资料整理。

一、审计产生的动因

社会经济发展为什么需要审计，为什么会产生审计？随着人们对审计研究的深入，对审计动因的认识也逐渐趋于统一，即审计产生的动因是受托责任关系的存在。受托责任观认为审计因受托责任关系的出现而产生，并随着受托责任关系的发展而发展。运用受托责任观，虽然能够对某些审计现象做出合理解释，但无法对现代审计阶段所表现的某些现象做出解释，如债权人、政府和潜在投资者对审计的需求，因为债权人、政府和潜在投资者也是审计信息的使用者，而他们并没有与企业经营者之间形成受托责任关系。可见，受托责任仍是不完善的。

由于受托责任的不完善，学术界产生了以下几种审计动因理论。

（1）委托代理理论。审计需求的委托代理理论，是在詹森和麦克林所倡导的委托代理理论的基础上发展起来的。按照委托代理理论的逻辑，审计的存在是代理关系中委托人与代理人的共同需求，审计的本质在于促使委托人和代理人的利益最大化。委托人和代理人都是最大合理效用的追求者，然而他们各自的利益目标不一致，因此必然存在利益冲突。委托人希望管理当局能够不遗余力地履行好自己的经营管理责任，最大限度地增加企业的价值，增加投资回报，同时又希望付出尽可能低的代理成本。但是，公司的资产和信息却控制在管理当局手中，股东作为投资者，除了通过管理当局的财务报告外不能通过其他的途径来考察管理当局的工作业绩。代理人追求的是最高的经济利益和名望，如何实现这一目的，与公司的激励制度有着直接的关系。

（2）信息论。信息论认为之所以存在审计是由于管理层当局和投资者之间存在潜在的信息不对称，审计财务信息可以降低信息的不对称并使市场更具效率，即审计的本质在于增进财务信息的价值。

（3）保险论。从保险观角度分析审计动因，保险论认为审计是一种风险转移机制，所有者愿意支付额外审计费用的原因在于审计人对财务报表重大错报风险造成的损失做出了赔偿的承诺。保险论认为，审计是一个把财务报告使用者的信息风险降低到社会可接受的风险水平之下的过程，审计的本质在于分担风险。它在降低财务信息风险的过程中不仅强调审计的鉴证机制，而且强调审计的风险转移机制，认为审计兼具信息价值和保险价值。

（4）信号论。审计需求信号理论是基于竞争激烈的资本市场提出来的。信号论认为，企业上市融资同样面临着激烈的竞争，其为了能够在这种竞争中脱颖而出，就必须向市场传递信号以表明自身所具有的高素质。也就是说，高素质的企业可以低成本地实施某类行为，而低素质的企业却不行。这样，高素质的企业就可以利用这类行为，把自己和低素质的企业区分开来，以达到某些特定的目的。审计就被认为是这样一种可以将高素质企业与低素质企业区分开来的信号显示机制。

（5）冲突论。冲突论认为，审计是解决各种利益冲突的需要。首先，财务报告的提供者和使用者之间的利益不一致，他们之间存在实际或潜在的利益冲突。例如，贷款银行对于借款企业资产的审查，通常采取比较稳健的态度，申请贷款者对自身的经营前途则倾向于进行乐观的预期。由于两者存在利益冲突，企业管理当局所提供的财务报告及有关资料可能存在粉饰财务状况与经营成果的情况。因此，财务报告使用者期望外部独立专家对财务报告实施独立、客观、公正的鉴证，并发表意见。其次，由于公司管理部门与股东之间存在潜在的利益冲突，股东对公司管理部门提供的财务报告常常抱有怀疑，因此也需要进行审查，以证实其可靠性。最后，财务报告的使用者之间也可能存在利益冲突。

二、我国审计的产生与发展

（一）我国国家审计的产生与发展

审计是社会经济发展到一定阶段的产物，它伴随着社会环境的变化经历了诸多演变。

1. 国家审计的雏形阶段——西周时期产生了审计的雏形

我国国家审计的产生可追溯到西周初期。据《周礼》记载，西周的官制中，国家财计机构分为两个系统：一是地官司徒系统，掌管财政收入；二是天官冢宰系统，掌管财政支出。另设独立于财计部门之外的宰夫一职，负责审查"财用之出入"。西周时实行"分土封侯"政治制度，周王将战争夺来的土地和奴隶赐给各路诸侯，建立以农业经济为主体的社会经济体系。随着政治、经济的发展和生产关系的日趋复杂化，统治者的地位和权威需要巩固，朝廷财政收支需要监管，于是委派精明强干的心腹官吏开始实施财政监督。《周礼·天官冢宰·宰夫》云："岁终，则令群吏正岁会。月终，则令正月要。旬终，则令正日成，而以考其治。治不以时举者，以告而诛之。"即年终、月终、旬终的财计报告先由宰夫命令督促各部门官吏整理上报，宰夫就地稽核，发现违法乱纪者，可越级向天官冢宰或周王报告，加以处罚。可见，宰夫是独立于财计部门之外的官职，标志着我国国家审计的产生。

西周时期的审计架构图见图1-1。

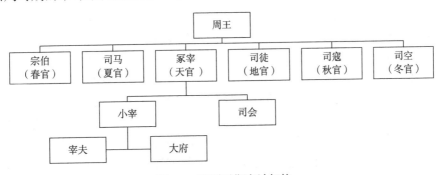

图1-1 西周时期审计架构

2. 国家审计的确立阶段——秦汉时期为审计发展奠定了基础

秦汉时期曾采用上计制度审查、监督财务收支有无错弊，并借以评价有关官吏的业绩。同时，上计制度与御史监察制度并存主要表现在以下三个方面。

一是初步形成了统一的审计模式。秦汉时期逐渐形成审计机构与监察机构相结合、经济法制与审计监督制度相统一的审计模式。秦朝，中央设三公、九卿辅佐政务，御史大夫为三公之一，掌管弹劾、纠察之权，专司监察全国的民政、财政及财务审计事项，并协助丞相处理政事。汉承秦制，西汉初中央仍设三公、九卿，仍由御史大夫领掌监督审计大权。

二是上计制度日趋完善。上计就是皇帝亲自听取和审核各级地方官吏的财政会计报告，以决定赏罚的制度。

三是审计地位提高，职权扩大。秦汉时期御史大夫不仅行使政治、军事监察之权，还行使经济监督之权，控制和监督财政收支活动，但秦汉时期的审计制度仍属于初步发展时期。

3. 国家审计的兴盛阶段——隋唐宋时期审计职能进一步扩大

隋唐宋时期是我国审计的兴盛时期。隋朝开创一代新制，设置比部，隶属于刑部，掌管国家财计监督。唐朝改设三省六部，比部仍隶属刑部，它独立于财计部门，专司国家财计的审计监督工作。比部的出现，标志着我国独立审计机构的产生，也使审计具有了很强的独立性和较高的权威性。北宋元丰年间，宋朝在太府寺内设审计司，后改为审计院。这是我国首次出现以审计正式命名的审计机构。从此，审计一词成为财政监督的专用名词，对后世中外审计建制产生了深远的影响。

4. 国家审计的停滞阶段——元明清时期是古代审计的衰退阶段

元明清时期是我国审计的停滞时期，在这个时期，由于封建社会走向衰败，审计监督制度发展缓慢。

元代取消比部，没有独立的审计机构，由户部兼管财务报表的审核，独立的审计机构即告消亡。明初设比部，不久便取消。明、清两代都设有都察院，其职权之一是审查中央财计；在户部下按行政区分省设清吏司，审查各省的财政收支。由于元、明、清三代取消了比部，没有独立的审计机构，审计职能严重削弱，审计工作与唐代相比，后退了一大步。

5. 审计演进的初始阶段

中华民国时期，审计的发展初见端倪。1912 年，国务院下设审计处，于 1914 年改为审计院，并颁布了审计法。1920 年，南京的国民政府设立审计院，后改为隶属于监察部的审计部，各省市设审计处[1]。

1982 年修改的《中华人民共和国宪法》（简称《宪法》）中规定国务院设立审计机关，1982 年 12 月《宪法》规定了审计监督制度。1983 年 9 月 15 日，国务院设立了审计署；随后，县以上各级人民政府也设置了各级地方审计机关。1994 年颁布的《中华人民共和国审计法》（简称《审计法》），为审计机关依法履行审计监督职责提供了法律保障。1995 年 1 月 1 日《审计法》实施，1996 年审计署发布了 38 个审计规范，1997

年发布了《中华人民共和国审计法实施条例》，2000 年审计署修订、发布了《中华人民共和国国家审计基本准则》和一系列通用审计准则、专业审计准则，2004 年审计署颁布了《审计机关审计项目质量控制办法（试行）》。2006 年，对《审计法》进行修改，2010 年审计署审计长签署第 8 号中华人民共和国审计署令，公布新修订的《中华人民共和国国家审计准则》，于 2011 年 1 月 1 日起施行。修订后的《中华人民共和国国家审计准则》将原有国家审计基本准则和通用审计准则规范的内容统一纳入国家审计准则，形成一个完整单一的国家审计准则。

6. 国家审计的新发展阶段——审计委员会的设立开启国家审计新的发展阶段

2018 年 3 月，中共中央印发了《深化党和国家机构改革方案》，为加强党中央对审计工作的领导，构建集中统一、全面覆盖、权威高效的审计监督体系，更好发挥审计监督作用，组建中央审计委员会，作为党中央决策议事协调机构。

改革审计管理体制，组建中央审计委员会，是加强党对审计工作领导的重大举措。要落实党中央对审计工作的部署要求，加强全国审计工作统筹，优化审计资源配置，做到应审尽审、凡审必严、严肃问责，努力构建集中统一、全面覆盖的审计监督体系，更好发挥审计在党和国家监督体系中的重要作用。

（二）我国注册会计师审计的发展

中国注册会计师审计的历史比西方国家短。辛亥革命以后，一批爱国会计学者积极倡导创建中国的注册会计师职业。1918 年 9 月，北洋政府农商部颁布了《会计师暂行章程》，成为我国最早的注册会计师法规，并于同年批准著名会计学家谢霖先生为中国的第一位注册会计师，谢霖先生创办的中国第一家会计师事务所——正则会计师事务所也获准成立。此后，又逐步批准了一批注册会计师，建立了一批会计师事务所，包括潘序伦先生创办的潘序伦会计师事务所（后改称立信会计师事务所）等。1930 年，国民政府颁布了《会计师条例》，确立了会计师的法律地位，之后，上海、天津、广州等地也相继成立了多家会计师事务所。1925 年在上海成立了全国会计师公会。

新中国成立初期，注册会计师审计在经济恢复工作中发挥了积极作用。后来由于我国推行计划经济模式，注册会计师便悄然退出了经济舞台。

党的十一届三中全会以后，商品经济得到迅速发展，为注册会计师制度的恢复重建创造了客观条件。随着外商来华投资日益增多，1980 年 12 月财政部颁发了《中华人民共和国中外合资经营企业所得税法施行细则》，规定外资企业财务报表要由注册会计师进行审计，这为恢复我国注册会计师制度提供了法律依据。1980 年 12 月 23 日，财政部发布《关于成立会计顾问处的暂行规定》，标志着我国注册会计师审计职业开始复苏。1981 年 1 月 1 日，上海会计师事务所宣告成立，成为新中国第一家由财政部批准独立承办注册会计师业务的会计师事务所，我国注册会计师制度恢复。1986 年 7 月 3 日，国务院颁发《中华人民共和国注册会计师条例》，确立了注册会计师行业的法律地位。1988 年 11 月 15 日，中国注册会计师协会正式成立，注册会计师行业步入政府监督和指导、行业协会自我管理的轨道。

1994 年 1 月 1 日《中华人民共和国注册会计师法》实施，1995 年颁布了《中国注册会计师独立审计准则》，1996 年 10 月 4 日，中国注册会计师协会加入亚太会计师联合会，并于 1997 年 4 月在亚太会计师联合会第四十八次理事会上当选为理事。1997 年 5 月 8 日，国际会计师联合会（International Federation of Accountants，IFAC）全票通过，接纳中国注册会计师协会为正式会员。按照国际会计师联合会章程的规定，中国注册会计师协会同时成为国际会计准则委员会的正式会员。目前，中国注册会计师协会已与 50 多个国家和地区的会计师团体建立了友好关系。

2006 年 2 月财政部颁布新注册会计师执业准则体系，并于 2010 年对 38 个审计准则进行修订，于 2012 年 1 月 1 日起施行，我国已建立起适应中国经济发展需求，与国际趋同的注册会计师审计准则体系。2016 年 12 月印发《中国注册会计师审计准则第 1504 号——在审计报告中沟通关键审计事项》等 7 项审计准则征求意见稿。2016 年 12 月印发了 12 项中国注册会计师审计准则（新审计报告准则）。在国家法律、法规的规范下，我国注册会计师行业得到了快速发展，为改革开放、国有企业转换经营机制和社会主义市场经济体制的建立及有序运行发挥了积极的作用。

（三）我国内部审计的发展

中华人民共和国成立后，一大批大型工业、交通等方面的生产单位迅速建立起来，并且在其内部实行了管理责任和权力的纵向与横向的分解，从而为这些单位内部审计的产生创造了主要的内部条件。但由于当时采用计划经济模式，将内部审计的一部分职能分散到计划、财务等部门，由这些部门结合其本职业务一并实施，只有极少数生产单位和银行系统设有力量不强的内部审计（银行叫财务稽核）机构，开展一部分简单的审计业务。

1983 年 9 月，中国石油化工总公司率先成立审计部，开展了内部审计监督活动。1985 年 8 月，国务院印发《内部审计暂行规定》，要求政府部门和大中型企业事业单位实行内部审计监督制度，这是审计署成立后第一个关于内部审计工作的法规文件，对我国的内部审计工作进行了规范，从此我国内部审计拉开了制度化建设的序幕。

1995 年以前国家侧重于包括揭露错误和舞弊行为在内的财务会计事项审计，属于消极的防弊功能，协助国家审计进行审计监督。20 世纪 80 年代初至 80 年代末是我国内部审计的起步阶段，我国于 1984 年在各行政机关和企事业单位内部成立了审计机构，进行内部审计监督。1985 年，审计署发布了《审计署关于内部审计工作的若干规定》。在这一起步阶段，只是将审计机构设在财务科（处），放在统计部门或在厂长、经理的领导下工作，企业内部审计机构的领导多，受限制多，缺乏独立性，在企业中没有地位。企业内部审计的目标只是传统的企业内部审计目标，是以保护财产、查错防弊（财务审计）为主，其职能主要是监督，通过对审计对象的会计资料及其所反映经济活动的审查，监督其是否真实、正确、合理、合法，督促被审计单位纠错防弊、自觉遵守金融方针政策，促进各项业务健康地向前发展[2]。

20 世纪 90 年代初至 90 年代中后期是我国内部审计的发展阶段。90 年代初期，是我国企业内部审计"加强、改进、发展、提高"时期。这一时期，内部控制制度纷纷在各大中型企业中建立并得到健全与发展。1995 年审计署以 1 号令的形式对《审计署关于内部审计工作的规定》进行了首次修订。在各级政府审计机关、各级主管部门的积极推动下，内部审计也蓬勃发展起来。内部控制制度在实际工作中，保证了企业经营目标的实现，提高了会计记录及其他资料的可靠性，限制了不利于企业自身发展的各种活动，为企业提高生产效益做出了成绩。这个时期，我国内部审计涉及的范围同起步阶段相比更广泛，除了开展传统的财务审计外，还有经营决策审计、投资决策审计、经济效益审计、内部控制评审等现代审计内容。

1995~2003 年，内部审计更具有积极的兴利功能，对整个部门、单位的经济效益、经济责任进行审计监督，注重提出改进管理的建议，提高单位的经济效益，但还没有脱离国家审计的监督。

1998 年内部审计正式步入职业化发展的道路。在这一时期，发生了两件对内部审计职业化发展影响重大的事件。第一件就是 2000 年 7 月新的《中华人民共和国会计法》（以下简称《会计法》）的实施。该法第二十七条做出了针对内部审计的规定，明确了内部审计是单位内部会计监督制度的重要组成部分，各单位应当建立健全内部审计制度，内部审计机构应当对本单位会计资料实行定期审计并且要明确和规范审计的办法和程序。

第二件具有里程碑意义的重大事件就是中国内部审计师协会的成立。由于这一时期国务院实施了机构改革和落实政企分开的原则，审计署在机构改革中撤销了审计管理司，决定将对内部审计的具体管理职能转移给社会组织。这样，在政府改革与内部审计现实发展的影响下，决定将中国内部审计学会改建为中国内部审计师协会，实行内部审计行业的自律管理。因此，2002 年 5 月，经民政部批准，中国内部审计学会更名为中国内部审计协会。这样，协会的成立揭开了中国内部审计发展的新的里程碑。自 2003 年至 2008 年陆续颁布实施了《内部审计基本准则》《内部审计具体准则》《内部审计实务指南》等，规范了内审工作，内部审计迅速发展。

2003 年以后，审计机关对内部审计的直接指导和监督，变为通过中国内部审计协会进行间接的指导、监督和管理。在以高科技、网络、电子商务为特征的今天，内部审计发生更为重大的变革，扩展为集风险管理、公司治理及组织价值增加于一体的管理审计。内部审计的范围扩展到经济活动，使内部审计的外延大大扩展，以促进加强经济管理和实现经济目标，不单单局限于积极兴利，更在于增加企业价值。

2021 年 5 月 6 日，国务院总理李克强主持召开国务院常务会议，通过了《中华人民共和国审计法（修正草案）》，草案第五十四条明确提出国有和国有资本占控股地位或者主导地位的大、中型企业（含金融机构）应当设立总审计师制度。标志着我国内部审计进入了一个新的发展阶段。

三、西方审计的起源与演进

（一）西方注册会计师审计的起源与发展

西方注册会计师审计起源于 16 世纪的意大利。威尼斯作为地中海沿岸国家航海贸易较为发达的地区，有大量的手工作坊，随着商业经营规模不断扩大，合伙制企业应运而生。在合伙制企业的经营中，有的合伙人参与企业的经营管理，有的合伙人则不参与，所有权和经营权开始分离。不参与企业经营管理的合伙人想要了解企业的经营状况和经营成果时，那些参与企业经营管理的合伙人有责任向不参与企业经营管理的合伙人证明自己经营管理的能力和效率，在这种情况下，客观上需要聘请独立的第三者对合伙企业进行监督、检查，人们开始聘请会计专业人员进行查账与公证，可以说是注册会计师审计的起源。

西方注册会计师审计形成于英国。18 世纪下半叶，英国的资本主义经济得到了迅速的发展，生产的社会化程度大大提高，特别是股份公司的兴起，绝大多数股东只出资而不参与企业的经营管理，企业的所有权和经营权进一步分离。股东希望有外部的会计师来检查他们所雇用的管理人员是否存在贪污、盗窃和其他舞弊行为，于是英国出现了第一批以查账为职业的独立会计师。他们受企业主委托，对企业会计账目进行逐笔检查，目的是查错防弊，检查结果也只向股东报告。不仅股东出于自身利益非常关心公司的经营成果，证券市场上潜在的投资人、金融企业等债权人同样十分关心公司的经营情况，而公司财务状况和经营成果只有通过公司提供的财务报表来反映，因此，在客观上产生了由独立会计师对公司财务报表进行审计，以保证财务报表真实可靠的需求。

1720 年，英国爆发了南海公司事件。当时的南海公司以虚假的会计信息诱骗投资者上当，其股票价格一时暴涨。但好景不长，南海公司最终破产倒闭，给股东和债权人造成重大损失。英国议会聘请会计师查尔斯·斯内尔对南海公司进行审计。斯内尔以会计师名义出具了查账报告，从此宣告了独立会计师——注册会计师的诞生。

1853 年，爱丁堡创立了第一个注册会计师的专业团体——爱丁堡会计师协会。该协会的成立，标志着注册会计师职业的诞生。1862 年，英国《公司法》确定注册会计师为法定的破产清算人，奠定了注册会计师审计的法律地位。

从 20 世纪初开始，全球经济发展中心逐步由欧洲转向美国，由于金融资本对产业资本更加广泛地渗透，企业同银行利益关系更加紧密，银行逐渐把企业资产负债表作为了解企业信用的主要依据，于是美国产生了帮助贷款人及其他债权人了解企业信用的资产负债表审计，即美国式注册会计师审计。审计方法也逐步从单纯的详细审计过渡到初期的抽样审计。

从 1929 年到 1933 年，资本主义世界经历了历史上最严重的经济危机，大批企业倒闭，投资者和债权人蒙受了巨大的经济损失。这在客观上促使企业利益相关者从只关心企业财务状况转变为更加关心企业盈利水平，产生了对企业利润表进行审计的客观要求。1933 年，美国《证券法》规定，在证券交易所上市的企业的财务报表必须接受注册会计师审计，向社会公众公布注册会计师出具的审计报告。因此，审计报告使用人也扩大到整个社会公众。

第二次世界大战以后，经济发达国家通过各种渠道推动本国的企业向海外拓展，跨国公司得到空前发展，形成了一批国际会计师事务所。这些国际会计师事务所包括普华永道、德勤、安永、毕马威等，其机构庞大，人员众多，有统一的工作程序和质量要求，能够适应不同国家和地区的业务环境。与此同时，审计技术也在不断发展，抽样审计方法得到普遍运用，风险导向审计方法得到推广，计算机辅助审计技术也得到广泛应用。

西方注册会计师审计发展各阶段的主要特点如表 1-1 所示。

表 1-1 西方注册会计师审计发展各阶段的主要特点

时间	阶段	审计对象	审计目的	审计方法	报表使用人	其他
1844 年~20 世纪初	详细审计	会计账目	差错防弊	详细审计	股东	法律地位得到确认
20 世纪初~1933 年	资产负债表审计	账目及资产负债表	判断企业信用状况	抽样审计	股东、债权人	
1933 年到二战结束	财务报表审计	资产负债表和以利润表为中心的全部财务报表	对财务报表发表审计意见，确定报表的可信性	测试相关内部控制，广泛采用抽样	社会公众	审计准则拟定，审计工作规范化
1945 年以后	当代注册会计师审计	审计业务扩大到代理纳税，会计服务和管理咨询	对财务报表发表意见，合理保证是否不存在重大错报	计算机辅助审计广泛运用	社会公众	

（二）西方政府审计的产生与发展

审计的最初形态是政府审计，据说古埃及已经设有书记官对国库的财务收入和支出进行审计监督。在古希腊和古罗马时代，已经有官厅审计，对有关国家收入和支出的记录与计算进行审计。古代的政府审计主要对政府收支的账目进行审核，其目的是保证国家财产得以妥善保管不受损失。法国在资产阶级大革命前就设有审计厅，后来拿破仑一世时创建了审计法院，其主要任务就是对联邦政府及政府各部门和市镇的会计资料的准确性及真实性进行审核，至今审计法院仍是法国政府实施事后审计的最高法定机构。在前资本主义社会，基于奴隶主和封建主监督，考核其所属官员的政绩，维护统治阶级利益的需要，出现了审计或类似审计性质的经济监督工作，但无论是组织机构还是审计制度，都处于不完善的阶段。

资本主义时期，随着经济的发展和资产阶级国家政权组织形式的完善，政府审计有了进一步的发展，普遍建立了政府审计制度。以美国为例，美国在 1921 年成立的总审计局就是隶属国会的一个独立经济监督机构，它担负着为国会行使立法权和监督权，以及提供审计信息与建议的重要职责。其他国家如加拿大的审计长公署、西班牙的审计法院，也都是隶属国家立法部门的独立机构，具有独立的审计监督权，但其审计结果要向议会报告。

（三）西方内部审计的产生与发展

奴隶社会以后，私有制出现，财产所有权的经营权分离，所有者委派自己信任的人作为第三者受托进行经济监督，从而产生了古代内部审计。古罗马时期，人们采用听证账目的方式检查负责财务的官员有无欺诈、舞弊行为，即检查人听取不同人员对同一事项记录的口头汇报。封建社会出现了独立的内部审计人员，典型的有寺院内部审计、行会内部审计、银行内部审计、庄园内部审计等。

欧洲的庄园随着封建制度的确立产生于 9~10 世纪，13 世纪达到鼎盛。庄园主接受国王的封地，担负管理庄园的责任，并向国王提供财务和劳役。庄园主为了巩固自己的经济基础，任命数名庄园官吏进行管理、监视庄园的经营。在庄园的经营中，庄园主和庄头之间存在受托经济责任关系，也存在利益冲突，为了避免庄头会少报农业的自然增收或多报可能的损失，在设计了激励约束制度的同时也设立了监视制度，其中主要由庄园主任命的审计人一年一次对庄头编制的账簿进行审计。庄园审计和古代政府审计一脉相承，是对反映庄园财政收支的会计长辈进行审计，除了保障庄园主的财产安全外，还要保证庄园的经营正常进行。

1555 年，英国女王特许与俄国公司进行贸易，从而产生了第一个现代意义上的股份有限公司。

股份有限公司的出现，客观上要求会计把重点从经营角度放在财产所有权和损益计算上，企业的股东和债权人为了维护自己的利益，需要审计人员对企业的会计资料进行审查，但这一时期，实行内部审计的企业不多，没有专职的内部审计机构。19 世纪末，资本主义发展进入垄断阶段，经营地点分散，经营业务复杂，客观上需要一个专门的职能部门进行审查、评价和报告，由此产生了一个与业务控制并列的相对独立的控制系统——内部审计。

20 世纪 40 年代以后，企业内部结构和外部环境进一步复杂化，尤其是跨国公司的迅速崛起，使管理层次的分解比以往任何时候更迅速，企业管理者对降低成本、提高经济效益的要求更加迫切，1941 年，国际内部审计师协会（Institute of Internal Auditors，IIA）成立，该组织的成立大大推动了内部审计的发展。20 世纪 70 年代以后，绩效审计、经济责任审计、3E（economy、efficiency、effectiveness，经济、效率、效果）审计等新兴审计项目发展起来，逐渐取代了财务审计的主导地位。

第二节　审计含义

引例

审计是什么[3]

李明是 C 会计师事务所的一名注册会计师，然而最近李明等在审计某工程时遇到了一些麻烦。李明等审计的是 A 公司承接的一项江堤加固工程，由于该工程所用石料多用于水下抛石固基，而抛了多少石料下水肉眼无法确认，因此很难确定实际抛石的数量。

面对滔滔江水和江堤上随意散落的石头，李明和同事不由有些犯难，经过多次探讨，他们最终想出了解决办法。首先，根据工程负责人提供的信息，李明和同事来到了石料供应地——距离工程现场几十公里的一个石料厂。该供料地是一个仅仅被开采了小坑的山头，随行专家测算，即使将这座小山全部开采完，也凑不够工程所耗用的石料。

随后，李明等发现，石料供料地与工程现场相距几十公里，要把这些石料运过来，只能通过货船。审计人员把当地的货船全部统计一遍，它们总体的运输能力根本无法承担工程所耗用的石料，更何况工程不可能调用当地全部的货船。

此外，李明和同事从气象台调出工程期间的天气资料，他们将工程负责人提供的作业日记——每天抛出的石料记录进行比照，查出在多个不具备工程作业条件的暴雨天气里，作业日记里却有"抛石料××立方米"的记录，这显然是事后造假。在铁的事实面前，一个虚假工程昭然若揭。

在上述引例中，注册会计师李明等通过对实物的调查，发现了A公司在工程中的造假行为，实现了对A公司经济活动的监督，上述行为属于审计的范畴。本节将对审计的定义、本质、职能与作用进行介绍。

一、审计的定义

审计经过不断的完善和发展，至今已经形成一套比较完备的科学体系。人们对审计的概念也进行了深入的研究，美国会计学会的基本审计概念委员会于1973年在《基本审计概念说明》中对审计所下的定义是：审计是通过客观地获取和评价有关经济活动与经济事项认定的证据，以查明这些认定与既定的标准之间的符合程度并将其传达给利害关系人的一个系统过程。美国会计学会前会长阿伦斯在其所著《审计学：一种整合方法》（*Auditing and Assurance Services: An Integrated Approach*）一书中指出，审计是由有胜任能力的独立人员对特定的经济实体的可计量信息进行收集和评价证据，以确定和报告这些信息与既定标准的符合程度[4]。

国际会计师联合会的国际审计实务委员会在《国际审计准则》中，将审计概念界定为"审计人员对已编制完成的会计报表是否在所有重要方面遵循了特定财务报告框架发表意见"。

1989年中国审计学会将审计定义如下，"审计是一项具有独立性的经济监督活动。它是由独立的专职机构或人员接受委托或授权，对被审计单位特定时期的财务报表及其他有关资料以及经济活动的真实性、合法性、合规性、公允性和效益性进行审查、监督、评价和鉴证的活动，其目的在于确定或解除被审计单位的受托经济责任"。

以上定义被普遍认为是对审计最具代表性的描述。综上可以总结出审计定义中包含的五个要素：审计三方关系人、被审计单位对于经济活动和经济事项的认定、既定的标准作为审计依据、客观的证据、审计意见[5]。

（一）审计三方关系人

1. 审计人员

审计活动必须由独立的审计人员实施和开展，这里的独立指审计人员应当不受经济利益和外界压力等因素的干扰，能够客观、公正地发表意见，并如实将结果传递给信息使用者。此外，实施审计工作的审计人员还必须具备专业胜任能力，这要求审计人员掌握足够的专业知识和技能，有丰富的经验，能够在检查相关证据后得出恰当的审计结论。

2. 被审计单位管理层

被审计单位管理层是对被审计单位经营活动负有经营管理责任的人员，经营管理责任包括：按照适用的财务报告编制基础编制报表，并使其公允反映；设计、执行和维护必要的内部控制，以使财务报表不存在重大错报；配合审计人员的工作，提供必要的工作条件等。审计人员的责任并不能减轻管理层的责任。

3. 审计报告的预期使用者

审计报告的预期使用者主要指那些与财务报表有重要或者共同利益的主要利益相关者，包括政府机关、金融机构、证券监管机构、股东、债权人、社会公众。

（二）被审计单位对于经济活动和经济事项的认定

经济活动和经济事项的认定是指被审计单位管理层对其自身的经济活动和经济事项所做出的各项陈述。通常审计定义中涉及的认定是指财务报表的认定。也就是说，财务报表当中的列示反映了管理层对这些列示的真实性和准确性的认定。管理层对财务报表各项要素做出的认定可分为三类：各类交易与事项的认定、与期末账户余额相关的认定及与列报和披露相关的认定。

（三）既定的标准作为审计依据

不论是哪种类型的审计，都是对被审计单位各项经济活动和经济事项的认定进行审查，在此基础上就其与某些既定标准的符合程度做出评价并发表审计意见，这就是审计的总体目标。然而在具体的审计实务中，审计还有其具体目标。例如，对于财务审计来说，这里的既定标准指的就是公认会计准则。审计人员在进行审计活动时，依据公认会计准则判断财务报表的编制是否符合公认会计准则的规定并对此发表审计意见。

（四）客观的证据

审计的定义里所涉及的客观的证据主要是指审计证据。审计人员的审计过程，其实也是一个实施审计程序和收集审计证据的过程。审计证据就是用来证实或证伪被审计单位管理层做出的认定的证明。有了客观的证据，审计人员才能确定被审计单位管理层的认定和既定标准是否相符，才能形成客观的审计结论、发表客观的审计意见。因此，获取客观的证据是审计实务中非常重要的一个环节。所以审计人员在收集审计证据时，还要运用各种手段对审计证据加以分析和评价，以确定审计证据的充分性、相关性和可靠性。

（五）审计意见

审计人员对被审计单位特定时期的财务报表及其他有关资料，以及经济活动的真实性、合法性、合规性、公允性和效益性进行审查、监督、评价和鉴证，收集审计证据，其目的在于评价经济责任，发表审计意见，形成审计报告，汇报给报告使用者。

二、审计对象

审计对象是指审计监督的范围和内容。通常将审计对象概括为被审计单位的经济活动。被审计单位即为审计的客体，也即审计的范围，经济活动即为审计的内容。正确认识审计的对象，有利于对审计概念的正确理解、审计方法的正确运用和审计监督职能的进一步发挥。审计对象具体包括以下两个方面的内容。

1. 被审计单位的财政财务收支及其有关的经济活动

不论是政府审计、注册会计师审计还是内部审计，都要求以被审计单位客观存在的财政财务收支及有关经济活动为审计对象，对其真实性、合法性、效益性进行审查和评价，以便对其所承担的受托经济责任是否得以认真履行进行鉴证。政府审计的对象确定为国务院各部门和地方各级政府及其各部门的财政收支，国有金融机构和企事业单位的财务收支。注册会计师审计的对象为委托人指定的被审单位的财务收支及其有关的经营管理活动。内部审计的对象为本部门、本单位的财务收支及其他有关的经济活动。

2. 被审计单位提供的各种财政财务收支状况及其有关经济活动信息的载体

由于财政财务收支状况及有关经济活动总要以一定的载体来反映，一般是通过会计、统计和业务核算记录及预算计划、方案、合同、会计记录、分析等的文本，或者电子计算机的磁盘等来体现，所以各单位的会计资料及其他有关经济资料就成为审计的主要具体对象。当然，会计资料和其他有关经济资料是审计对象的现象，其反映的被审计单位的财政财务收支及有关经济活动是审计对象的本质。尽管政府审计、注册会计师审计、内部审计具体的对象有所不同，但从其内容和范围上说一般均包括被审计单位的会计资料及其他有关经济资料，以及所反映的财政收支、财务收支及相关的经济活动[4]。

三、审计的职能与作用

（一）审计的职能

研究审计职能的是为了更准确地把握审计这一客观事物，以便于确定审计任务，有效地发挥审计的作用和更好地指导审计实践。审计职能是审计自身固有的、体现审计本质属性的内在功能，但并不是一成不变的，它是随着社会经济的发展、经济关系的变化、审计对象的扩大、人类认识能力的提高而不断加深和扩展的。审计具有经济监督职能、经济鉴证职能和经济评价职能。其中经济监督职能是审计的基本职能。

1. 经济监督职能

审计的经济监督职能，主要是指通过审计，监察和督促被审计单位的经济活动在规定的范围内、在正常的轨道上进行；监察和督促有关经济责任者忠实地履行经济责任，同时借以揭露违法违纪、稽查损失浪费、查明错误弊端、判断管理缺陷和追究经济责任等。审计工作的核心是通过审核检查，查明被审计事项的真相，然后对照一定的标准，得出被审计单位经济活动是否真实、合法、有效的结论。从依法检查到依法评价，直到依法做出处理决定及督促决定的执行，无不体现了审计的监督职能。经济监督职能是审计的基本职能。

2. 经济鉴证职能

审计的经济鉴证职能，包括鉴定和证明两个方面，是指审计机构和审计人员对被审计单位会计报表及其他经济资料进行检查和验证，确定其财务状况和经营成果是否真实、公允、合法、合规，并出具书面证明，以便为审计的授权人或委托人提供确切的信息，并取信于社会公众的一种职能。例如，注册会计师接受委托，对财务报表审计出具审计报告，体现了审计的经济鉴证职能。又如，政府审计机关对厂长（经理）的离任审计，对承包、租赁经营的经济责任审计，对国际组织的援助项目和世界银行贷款项目的审计等，也都属于经济鉴证的范围[6]。

审计出侵吞"雨露"计划培训项目资金的腐败分子

2014年3月初，湖北省审计厅审计组对宣恩县2012年至2013年扶贫资金管理使用及项目实施情况进行审计。审计组通过研究分析，决定将"雨露"计划培训项目资金列为此次审计的重点。"雨露"计划资金是国家专门针对农村贫困家庭子女接受中、高等职业教育实施扶贫措施的一项专项资金。

审计发现，2012~2013年县职校申报获得"雨露"计划短期培训的学生有1430人，每人600元补助共计85.8万元，资金未按规定直补到人，而是由银行拨付到培训对象银行卡后，培训部统一取出。以宣恩县李某个人办的宣恩县蓝山电脑有限责任公司电工培训名义付款1181人共计708 600元、以宣恩县李家河镇金陵村委会陆某"果树工"培训名义付款25人共计135 000元、以高罗乡①板寮村委会石某养殖业培训名义付款24人共计14 400元，上述资金未在学校法定账册内反映，只有几张手写的白条和合同。

随后，审计人员发现李某所在的蓝山电脑有限责任公司实际只是个网吧，根本不具备开展培训业务的条件；另外两个村委会连培训场地都没有。审计人员又查看了培训机构的账簿，发现共拨入资金85.8万元，至审计之日已支出85.24万元，结余0.56万元。付款经县职校项目培训部主任严某及李某签字，全部为白条。

至此，职校严某与三个培训机构相互勾结、输送利益的情况已逐渐明了，审计人员决定将案件线索移送司法机关查处。被告人严某犯贪污罪、行贿罪，判处有期徒刑十年；被告人该县扶贫开发办公室培训股股长滕某犯贪污罪，判处有期徒刑七年；被告人该县扶贫办副主任谭某犯受贿罪、滥用职权罪，判处有期徒刑两年零八个月。

通过对此严重的违法乱纪行为的查处，得以看出国家审计发挥监督职能的重要作用。

资料来源：根据网络资料整理。

3. 经济评价职能

审计的经济评价职能，是指审计机构和审计人员对被审计单位的经济资料及经济活动进行审查，并依据一定的标准对所查明的事实进行分析和判断，肯定成绩，指出问题，总结经验，寻求改善管理、提高效率效益的途径。审计的经济评价职能，包括评定和建议两个方面。例如，审计人员通过审核检查，评定被审计单位的经营决策、计划、方案是否切实可行、是否科学先进、是否贯彻执行，评定被审计单位内部控制制度是否健全和有效，评定被审计单位各项会计资料及其他经济资料是否真实、可靠，评定被审计单位各项资源的使用是否合理和有效等；并根据评定的结果，提出改善经营管理的建议。评价的过程，也是肯定成绩、发现问题的过程，其建议往往是根据存在问题提出的，有利于被审计单位克服缺点、纠正错误、改进工作。

海澜之家服装辅料供应链管理审计：降低成本、增加利益的利器

海澜之家集团股份有限公司是国内以男装为主业的大型企业集团，2014 年 7 月集团旗下某品牌裤服开发部申请提高休闲裤口袋布品质，这与此前一直采用的规格有较大差异，申请理由是市场反馈休闲裤口袋布存在撕裂现象。鉴于该项目采购量大、涉及金额多，遵循谨慎、客观、公正的原则，集团审计部将其纳入专项管理审计范围。

审计部抽调对该类产品拥有丰富经验的审计人员成立专项审计小组并请集团其他相关专业人士作为外部专家资源同步参与该项目的开展。审计部通过对集团公司口袋布采购大数据及合格供货方报价信息进行分析后认为，若按照原方案将口袋布品质提高，采购成本将高出 2 元/米以上，全年增加成本约 2000 万元，且这一成本的提升与改进撕裂问题的初衷没有相关性。集团董事长收到报告后当即批示：按审计部提出的标准组织口袋布招标。审计部通过大数据思维，进行口袋布供应链顶层设计，系统梳理管理流程，从产品研发、技术标准制定等方面投入审计资源，不但避免了集团约 2000 万元净利润的不当流失，而且树立了"管理得人心"的企业文化，从而促使管理层对高质量的审计服务需求日益增长。

通过此内审案例的分析，可以看出内审的评价作用体现在从企业角度进行审计，在合法合规的前提下，促进企业增值。

资料来源：《辅料供应链管理审计案例分享》，http://www.fanwubi.org/Item/200401.aspx[2020-10-30]。

（二）审计的作用

审计的作用是改善财务报表的质量或内涵，增强财务报表预期使用者对财务报表的信赖程度。我国注册会计师审计的作用主要包括两个方面：一个是制约作用，另一个是促进作用。

1. 制约作用

审计人员按照我国的法律及财经法规，以及本部门、本单位的有关规定，对本部门、本单位的财政、财务收支和各项经济活动是否真实、合法、有效益进行监督检查，促使本部门、本单位的经济活动在合法、有效益的轨道上运行，对各种违法、违规现象起到一定的制约作用，保护国家和本部门、本单位的利益。

2. 促进作用

审计的促进作用可以概括为改善经营管理、提高经济效益。随着经济的不断深化改革，各部门、各单位具有一定的经营自主权，领导进行经营决策的正确与否，关系到部门、单位的经营成败。在决策的执行过程中，要随时进行监督，以判断决策的执行情况并在执行过程中进行修正，以确保决策和管理的有效性，使部门、单位的经济管理活动朝着良性化的方向发展。

四、审计的本质特征

审计不同于查账，也不同于其他经济监督，究其根本原因，是因为审计是一项具有独立性的经济监督活动。从中外审计的产生与发展过程可以清楚地看出，审计天生就是独立的，独立性是审计的灵魂和生命，没有独立性就没有审计。审计独立于被审计单位或被审查资料所在部门之外，独立性是审计有别于其他经济监督的最根本特征。同时，独立性是客观性、公正性的基础和保证。但是，审计的独立性往往会因审计类别不同而在程度上有所差别。例如，政府审计的独立性强于内部审计，相对而言，独立性最强的是注册会计师审计[5]。

审计的独立性主要表现在以下四个方面。

（1）组织机构独立。审计组织机构应当独立于被审计单位或部门，特别是应独立于财政财务部门以外。在我国，各级政府审计机关均独立于同级人民政府的财政主管部门，注册会计师审计机构即会计师事务所是完全独立的社会中介机构，它们的独立性是最明显的。相比较而言，内部审计机构具有的是相对独立性，即内部审计机构相对于本部门、本单位其他职能部门（特别是财务会计部门）是独立设置的。组织机构的独立是保证审计能够客观、公正地评价和鉴证，充分发挥审计监督作用的重要条件。

（2）地位独立。审计组织及其人员具有独立的身份，处于被审计单位与审计委托人以外的第三者的超脱地位，不参与被审计单位的具体经营管理活动，与被审计单位和审计委托人不存在任何直接的经济利益关系，使他们能以客观的态度对待所有审计事务，这是审计独立性的实质所在，是取得社会公众信赖的基础。

（3）经济独立。审计机构从事审计业务活动，必须要有一定的经济收入和经费来源，以保证其生存和发展。经济独立就是指审计机构的经济来源要有一定的法律法规作保证，不受被审计部门和单位制约。在我国，各级政府审计机关的经费来源于国家财政拨款。会计师事务所等社会审计的经费来源于按规定向委托人收取的款项，它们在经济上都是独立的。相比较而言，内部审计机构的经费来源表现为相对独立性，即相对于本部门、本单位其他职能部门来说，其预算经费的安排和使用是独立的。

（4）行使职权独立。这主要是指审计机构及其人员在执行审计业务时，应从客观公正的立场出发，根据审计准则的要求收集审计证据，谨慎合理地进行评价，独立行使审计监督权，不受其他任何行政机关、社会团体和个人的干涉，以事实为依据，客观地发表审计意见。

第三节 审计的分类

引例

令人"恐惧"的万达审计"铁军"

万达集团审计部成立于 2001 年，其成员由财务、工程、预算、土水电各专业人才组成，前万达员工称：审计部门的工作完全处于密不透风的状态，所有员工几乎要等到内部发集团公告了，才知道这个部门或者部门的某个员工出了事。军人出身的王健林坚持从严治理之道，他指出："我个人在集团不分管具体业务，唯一管的部门就是审计部，审计部兼有审计和监察双重功能，人财物都直接归我管理。审计部的人员很多是审计师、纪检人员出身。我们对集团下属所有公司每年至少审计一次，审计后出示三种意见：一是管理建议书，不处罚，只提管理建议；二是整改通知书，有处罚，但限于行政经济处罚；三是审计通报，开除责任人或移送司法机关。"

万达集团的审计非常严格，这种内部审计制度对内部人员违规是很大的震慑。由于奖惩严格，万达集团基本做到了令行禁止，所以很多人说万达集团的企业管理就像军队一样。万达集团审计部门在其审计总结中写道："近年来，在王健林董事长强化审计监督的要求下，审计中心对腐败行为保持高压态势，查办了一批有影响力的大案要案，惩处了一批违法乱纪的腐败分子，对于性质特别恶劣、影响特别严重的坚决移交司法处理。"可以说，万达集团的发展壮大，内部审计功不可没。

从上述引例可以看出，在现代企业的管理控制系统中，内部审计发挥着非常重要的作用，那对于国家项目、上市公司而言，又需要何种审计的形式呢？

资料来源：根据网络资料整理。

一、审计的基本分类

（一）按审计主体不同分类

审计主体是指执行审计的专职机构或专职人员，即审计活动的执行者。按审计主体，可以将审计划分为国家审计、内部审计和注册会计师审计。

1. 国家审计

国家审计是由国家审计机关代表国家依法进行的审计，在我国一般称为政府审计。我国国家审计机关包括国务院设置的审计署及其派出机构和地方各级人民政府设置的审计厅（局）两个层次。国家审计机关依法独立行使审计监督权，对国务院各部门和地方人民政府、国家财政金融机构、国有企事业单位，以及其他有国有资产的单位的财政、财务收支及其经济效益进行审计监督。各国政府审计都具有法律所赋予的履行审计监督职责的强制性。

2. 内部审计

内部审计是指由本单位内部专门的审计机构和人员对本单位财务收支和经济活动实施的独立审查与评价，审计结果向本单位主要负责人报告。这种审计具有显著的建设性和内向服务性，其目的在于帮助本单位健全内部控制，改善经营管理，提高经济效益。在西方国家，内部审计被普遍认为是企业总经理的耳目、助手和顾问。1999年，国际内部审计师协会理事会通过了新的内部审计定义，指出："内部审计是一项独立、客观的保证和咨询顾问服务。它以增加价值和改善营运为目标，通过系统、规范的手段来评估风险、改进风险的控制和组织的治理结构，以达到组织的既定目标。"

3. 注册会计师审计

注册会计师审计即独立审计，是由注册会计师接受委托有偿进行的审计活动，也称为民间审计或社会审计。在我国注册会计师审计是由经政府有关部门审核批准的注册会计师组成的会计师事务所进行的审计，会计师事务所是注册会计师的工作机构，注册会计师必须加入会计师事务所才能接受委托办理业务。会计师事务所不附属于任何机构，自收自支、独立核算、自负盈亏、依法纳税，因此，在业务上具有较强的独立性、客观性和公正性，并且为社会所认可。

（二）按审计目的和内容的不同分类

按审计目的和内容，可以将审计分为财务报表审计、经营审计和合规性审计。

1. 财务报表审计

财务报表审计的目标是注册会计师通过执行审计工作，对财务报表是否按照规定的标准编制发表审计意见。规定的标准通常是企业会计准则和相关会计制度。其中，对按照计税基础、收付实现制基础或监管机构的报告要求编制的财务报表，注册会计师进行审计也较普遍。财务报表通常包括资产负债表、利润表、现金流量表、所有者权益（或股东权益）变动表及财务报表附注。

2. 经营审计

经营审计是注册会计师为了评价被审计单位经营活动的效率和效果，而对其经营程序和方法进行的评价。在经营审计结束后，注册会计师一般要向被审计单位管理层提出经营管理的建议。在经营审计中，审计对象不限于会计，还包括组织机构、计算机系统、生产方法、市场营销及注册会计师能够胜任的领域。在某种意义上，经营审计更像是管理咨询。

3. 合规性审计

合规性审计的目的是确定被审计单位是否遵循了特定的程序、规则或条例。例如，确定会计人员是否遵循了财务主管规定的手续，检查工资率是否符合工资法规定的最低限额，或者审查与银行签订的合同，以确信被审计单位遵守了法定要求。合规性审计的结果通常报送被审计单位管理层或外部特定使用者。

二、审计的其他分类

（一）按财务报表审计的技术方法分类

审计按其技术方法可以分为账表导向审计、内部控制导向审计及风险导向审计。

1. 账表导向审计

账表导向审计是最早的财务报表审计方法。在审计发展的早期，审计人员主要关注会计凭证和会计账簿的详细检查。当时的注册会计师审计主要是为了满足财产所有者对会计核算进行独立检查的要求而采用这样的审计方法，也称作详细审计。其审计对象是会计账簿，审计目的是以揭弊查错、保护企业资产的安全和完整为主，预期使用者主要是公司的股东。19 世纪中叶到 20 世纪 40 年代，账表导向审计在英国得到迅速发展。然而，随着企业规模的日渐增大和审计范围的不断扩大，对被审计单位的账目记录进行详细审查的成本越来越高，围绕账表事项进行详细审查既费时又耗力。随着内部控制理论与实务的发展成熟，以及统计抽样方法日益完善，内部控制导向审计应运而生。

2. 内部控制导向审计

随着经济的发展，企业规模不断扩大，企业业务持续增加，会计账目也越来越多，财务报表的外部使用者越来越关注企业的经营管理活动及内部控制情况。这一阶段，审计人员发现企业内部控制制度与企业会计信息质量息息相关，即企业的内部控制制度越健全有效，财务报表发生错误和舞弊的可能性就越小，会计信息质量就会越高，需要实施审计测试的范围就越小。因此，与账表导向审计相比，内部控制导向审计调整了工作重点，保证了审计质量，降低了审计成本，同时在一定程度上使审计效率得到了提高。当然，由于内部控制存在固有局限性，内部控制导向审计的效率性和效果性受到一些影响。在这一时期，国内外出现了许多财务舞弊事件，人们逐渐开始对审计风险给予更多关注。因此，审计模式和方法逐渐进入风险导向审计阶段。

3. 风险导向审计

风险导向审计要求审计人员综合考虑企业的环境和面临的经营风险，把握企业各方面情况，分析企业经济业务中可能出现的错误和舞弊行为并以此为出发点，制订与客户风险状况相适应的审计计划，以确保审计工作的效率和效果。风险导向审计可以进一步细分为传统风险导向审计和风险导向战略系统审计。

按照传统风险导向审计方法，审计人员实施审计程序的性质、时间和范围取决于可接受的检查风险。具体而言，审计人员为了将审计风险控制在会计师事务所确定的可接受的风险水平，需要了解被审计单位及其环境，评价被审计单位的内部控制，对固有风险和控制风险做出适当评价，从而确定可接受的检查风险并据此设计和实施实质性程序。传统风险导向审计的不足在于固有风险和控制风险在实践中难以准确区分，并且传统风险导向审计采用的是自下而上的审计思路容易造成审计资源的浪费。因此，传统风险导向审计模式逐渐向风险导向战略系统审计模式过渡。

风险导向战略系统审计仍然采用审计风险模型并根据风险评估结果分配审计资源，因此在一定程度上风险导向战略系统审计在具体实施上仍然保持与传统风险导向审计相类似的程序。风险导向战略系统审计和传统风险导向审计的不同之处主要体现在以下方面：首先，风险导向战略系统审计能从宏观上把握审计面临的风险，更注重对被审计单位经营战略的分析；其次，风险导向战略系统审计更注重运用分析程序来识别可能存在的重大错报风险；再次，在评价内部控制有效性时，风险导向战略系统审计更注重对例外项目的详细审计，而减少对接近预期值的账户余额进行的测试；最后，风险导向战略系统审计所指的审计证据不仅包含传统风险导向审计中实施控制测试和实质性程序获得的证据，还包括对企业及其环境进行了解而获取的证据。因此，与传统风险导向审计相比，风险导向战略系统审计的视角更为广阔，更注重对被审计单位的战略、经营及风险的分析[7]。

（二）按审计的时间不同分类

按审计实施时间相对于被审单位经济业务发生的前后分类，审计可分为事前审计、事中审计和事后审计。

1. 事前审计

事前审计是指在被审单位经济业务实际发生以前进行的审计。这实质上是对计划、预算、预测和决策进行审计，如国家审计机关对财政预算编制的合理性、重大投资项目的可行性等进行的审查；会计师事务所对企业盈利预测文件的审核；内部审计组织对本企业生产经营决策和计划的科学性与经济性、经济合同的完备性进行的评价等。开展事前审计有利于被审单位进行科学决策和管理，保证未来经济活动的有效性，避免因决策失误而遭受重大损失。

2. 事中审计

事中审计是指在被审单位经济业务执行过程中进行的审计。例如，对费用预算、经济合同的执行情况进行审查。通过这种审计，能够及时发现和反馈问题，尽早纠正偏差，从而保证经济活动按预期目标合法合理和有效地进行。

3. 事后审计

事后审计是指在被审单位经济业务完成之后进行的审计。大多数审计活动都属于事后审计。事后审计的目标是监督经济活动的合法性、合规性，鉴证企业会计报表的真实性、公允性，评价经济活动的效率和效果。

（三）按实施审计的周期性不同分类

按实施审计的周期性不同分类，审计可分为定期审计和不定期审计。

1. 定期审计

定期审计是审计机构按照预定的间隔周期进行的审计，审查的对象主要是单位的财务报表和决算资料等。实行定期审计，有利于审计工作的经常化、制度化。例如，注册会计师对股票上市公司年度会计报表进行的每年一次审计、国家审计机关每隔几年对行政事业单位进行的财务收支审计等。

2. 不定期审计

不定期审计是审计机构出于需要而临时安排进行的审计，如国家审计机关对被审单位存在的严重违反财经法规行为突击进行的财经法纪专案审计；会计师事务所接受企业委托对拟收购公司的会计报表进行的审计；内部审计机构接受总经理指派对某分支机构经理人员存在的舞弊行为进行审查等。

（四）按审计执行地点不同分类

按审计执行地点不同分类，审计可分为报送审计和就地审计。

1. 报送审计

报送审计也称送达审计，是指被审计单位按照审计机关的要求，将需要审查的全部资料，按时送交审计机关所进行的审计。实行报送审计，有助于审计机关对被审计单位进行经常性的审计监督，并有助于严肃财经纪律，提高审计机关的权威性。

2. 就地审计

就地审计是指审计机构委派审计人员到被审单位进行现场审计，以全面调查和掌握被审计单位的情况，做出准确的审计结论。

第四节　审计相关业务概述

引例

财报审计与内控审计意见不一

某股份有限公司在 1995 年 12 月上市之后，逐渐形成了完整的产品谱系。然而，随着市场需求的不断变化，公司经营每况愈下，多年业绩连续处在微利与亏损边缘。由于 2015 年与 2016 年连续两个年度亏损，公司被实施退市风险警示，变更为"*ST××"。

2016 年，A 会计师事务所对该公司当年财务报表出具了带强调事项段的审计意见，报告指出，截至 2016 年 12 月 31 日，该公司所有者权益合计数为-28 910.20 万元，流动负债高出流动资产 126 943.30 万元，存在可能导致对该公司持续经营能力产生疑虑的重大不确定性。除了非标准审计意见外，同样值得关注的是，当年披露的聘任会计师事务所上赫然出现了两家事务所的名字。该公司聘请了 A 会计师事务所和 B 会计师事务所分别担任其财务报表与内部控制的审计机构。在 A 会计师事务所对财务报告出具了对持续经营存疑的审计意见的同时，B 会计师事务所则对该公司的内部控制有效性出具了标准无保留意见的审计报告。

这一互相矛盾的审计意见不禁让投资者感到困惑。这是否意味着，完善的内部控制终究没能避免财务报表审计师对持续经营能力的重大疑虑？这种相互独立的审计流程得出的审计意见对于投资者意味着什么？出于节约审计成本、提高审计效率的考虑，中国绝大多数的上市公司选择整合审计的模式，但也有观点认为，由不同事务所分别对财务报告与内部控制进行审计能够保证更高的审计独立性。从该公司历年的年报披露来看，

2016 年已经是该公司连续第五年由不同的会计师事务所分别进行财务报表与内部控制的审计。

通过上述引例可以发现，审计业务的内容随着经济的发展有了相应的扩展，不仅有财务报表审计，也有内部控制审计，还有管理咨询和税务服务等，注册会计师审计发展至今，内容不断丰富，也产生了各种各样的业务类型，会计师事务所作为承接审计业务的主要机构，其业务的类型与内涵得到了丰富的拓展。因此本节将对审计的相关业务进行介绍。

资料来源：根据网络资料整理。

一、审计与鉴证业务

（一）财务报表审计业务

财务报表审计是注册会计师通过执行审计工作，对财务报表是否按照规定的财务报告编制基础编制发表审计意见的过程。其中规定的标准通常是企业会计准则和相关会计制度。财务报表通常包括资产负债表、利润表、现金流量表、所有者权益（或股东权益）变动表及财务报表附注。在这种服务中，审计人员的最终工作成果是对上述财务报表是否遵循适用的会计准则进行公允表达出具书面审计报告。财务报表审计也是会计师事务所提供的最常见的保证服务。

（二）内部控制审计业务

内部控制审计是对内部控制的有效性发表审计意见，同时对内部控制审计过程中注意到的非财务报告内部控制重大缺陷进行披露的过程。内部控制审计业务要求企业应当出具关于其内部控制有效性的管理层评估报告，在此基础上审计人员就管理层评估的财务报告内部控制有效性进行鉴证。实践当中，通常内部控制审计和财务报表审计整合进行，即整合审计。整合审计可以提高审计效率和效果，使财务信息的预期使用者增加对财务信息的信任度。

（三）财务报表审阅业务

与财务报表审计业务类似，在财务报表审阅业务中，管理层应当认定其所有报表均按照会计准则进行公允表达。但与财务报表审计相比不同的是，财务报表审阅业务的目标是注册会计师在实施审阅程序的基础上，说明是否注意到某些事项可能使其相信财务报表没有按照适用的会计准则和相关会计制度的规定编制，未能在所有重大方面公允反映被审阅单位的财务状况、经营成果和现金流量。此外，相对于财务报表审计业务而言，财务报表审阅业务提供的保证水平低，因此审阅业务所需的证据也比审计业务少。

财务报表审计与财务报表审阅的区别见表 1-2。

表 1-2 财务报表审计与财务报表审阅的区别

区别要点	合理保证（财务报表审计）	有限保证（财务报表审阅）
鉴证目标	在可接受的低审计风险下,以积极方式对财务报表整体发表审计意见,提供高水平的保证	在可接受的审阅风险下,以消极方式对财务报表整体发表审阅意见,提供有意义水平的保证。该保证水平低于审计业务的保证水平
证据收集程序	通过一个不断修正的、系统化的执业过程,获取充分、适当的证据,证据收集程序包括检查记录或文件、检查有形资产、观察、询问、函证、重新计算、重新执行、分析程序等	通过一个不断修正的、系统化的执业过程,获取充分、适当的证据,证据收集程序受到有意识的限制,主要采用询问和分析程序获取证据
所需证据数量	较多	较少
检查风险	较低	较高
财务报表的可信性	较高	较低
提出结论的方式	以积极方式提出结论	以消极方式提出结论

（四）信息技术的鉴证服务

信息技术的鉴证服务目的：对电子信息的可靠性和安全性做出鉴证。

在当今信息技术飞速发展的大背景下,信息技术在实务中的广泛应用使得审计人员需要对信息技术实施鉴证。通常信息技术的鉴证包括网络认证服务和系统认证服务,不论是网络认证服务还是系统认证服务,其目的都在于对电子信息的可靠性和安全性做出鉴证。

二、其他保证服务

（一）电子商务保证

电子商务保证是对电子交易及其传递的信息真实性与安全性提供保证,包括对数字银行电子支付卡、保密系统、计算机广域网及电子系统软件等提供的保证服务。近年来,我国政府对电子商务的重视程度大大提高,电子商务市场蓬勃发展,可以预见,这种服务将在我国的会计师事务所中广泛提供。

（二）风险评估保证

风险评估保证是报告企业所承受风险的可能性和大小（如经营风险评估）,即对企业有关风险信息进行认证,其认证内容主要包括：独立评价企业自身评估的风险、评价企业确定和控制风险的系统及确定并评估企业面临的主要风险。提供风险评估保证服务的目的在于,通过关注企业的目标和企业所面临风险之间的联系,帮助企业的所有者和管理者更好地识别和应对风险。

（三）绩效评价保证

绩效评价保证是保证企业绩效评价信息的相关性和可靠性的认证活动，其所提供保证的绩效评价信息可以是经营主体的任何一个层次或经营主体整体的绩效评价，也可以是与同行业的其他主体相比较的绩效情况，如产品市场份额计量保证、产品质量保证等。

（四）相关其他保证服务

除了以上几种保证服务外，近年来会计师事务所提供的保证服务范围越来越广。随着社会经济的不断发展，一些新的服务也由此派生出来，如投资及其派生业务政策的控制与风险、舞弊和不法行为的风险评价、对公司责任与可持续性的保证等。随着经济背景的不断变化，会计师事务所提供的保证业务类型将更加多元化。

三、审计相关服务

（一）会计服务

会计服务是会计师事务所提供的非鉴证业务的一种，包括代理记账、编制会计报表、处理工资单等。特许公认会计师公会（The Association of Chartered Certified Accountants，ACCA）的职业道德准则曾明确规定若被审计单位是上市公司，则承担其审计业务的会计师事务所不能为其提供编制会计报表的服务，但并未对会计师事务所为非上市公司提供该项服务做出明令禁止。事实上，会计服务更多地向规模不大、内部控制制度不够健全的中小企业提供，因为这些企业通常人才有限，与规模庞大、内部控制制度成熟的大型公司相比，它们更需要注册会计师代为编制报表。

（二）税务服务

税务服务通常包括税务代理和税务筹划。会计师事务所的税务代理一般是帮助其审计客户和非审计客户编制公司及个人纳税申报表并办理纳税事项。税务筹划是会计师事务所站在客户的角度，从客户的利益出发，根据纳税发生时间和范围等的不同，为客户制订不同的纳税方案。这些方案通常都是在符合相关法规的前提下，能够使客户尽量少缴纳税金的方案。

（三）管理咨询服务

管理咨询服务是目前多数会计师事务所都会向客户提供的服务，其目的是帮助客户提高经营效率。管理咨询服务的范围较广，包括对公司的治理结构、信息系统、预算管理、人力资源管理等方面提供意见和建议。当前，管理咨询服务已经成为会计师事务所收入的主要来源之一。

（四）对财务信息执行商定程序

对财务信息执行商定程序是注册会计师对特定财务数据、单一财务报表或整套财务报表等财务信息执行与特定主体商定的具有审计性质的程序，并就执行的商定程序及其结果出具报告。

注册会计师执行商定程序的报告

A 公司：

我们接受委托，对 Y 公司 20×1 年 12 月 31 日的应收账款明细表执行了与贵公司商定的程序。这些程序经公司同意，其充分性和适当性由贵公司负责。我们的责任是按照《中国注册会计师相关服务准则第 4101 号——对财务信息执行商定程序》和业务约定书的要求执行商定程序，并报告执行程序的结果。本业务的目的仅是协助公司评价 Y 公司应收账款记录的正确性。现将执行的程序及得出的结果报告如下。

一、执行的程序

1. 取得 Y 公司编制的 20×1 年 12 月 31 日的应收账款明细表、验算合计数，并与总分类账核对是否相符。

2. 从应收账款明细表中抽取 50 家客户，检查对应的销售发票与主管业务收入明细账是否相符。抽取方法是从第 10 家客户开始，每隔 20 家抽取 1 家。

3. 对应收账款明细表中余额较大的前 200 家客户进行函证。

4. 对未回函的客户，检查销售发票、发运凭证和订货单是否相符。

5. 对回函金额不符的客户，取得 Y 公司编制的差异调节表，并检查差异调节是否适当。

二、执行程序的结果

1. 执行第 1 项程序，我们发现应收账款明细表合计数正确，并与总分类账核对相符。

2. 执行第 2 项程序，我们发现销售发票与主营业务收入明细账相符，抽取余额占应收账款明细表合计数的 10.5%。

3. 执行第 3 项程序，我们对应收账款明细表中余额较大的前 200 家客户发出询证函，函证金额占应收账款明细表合计数的比例为 80%。收到 180 家客户的回函，回函金额×元，差异×元（其中正差×元，负差×元），其余 20 家客户未回函。

4. 执行第 4 项程序，我们发现未回函的 20 家客户的销售发票、发运凭证和订货单相符。

5. 执行第 5 项程序，我们发现除以下回函金额不符外，其他差异通过差异调节表调节消失（列出回函金额不符的应收账款）。

上述已执行的商定程序并不构成审计或审阅，因此我们不对上述应收账款明细表发表审计或审阅意见。如果执行商定程序以外的程序或执行审计或审阅，我们可能得出其他报告结果。本报告仅供贵公司用于第一段所述目的，不应用于其他目的及分发给其他单位或个人。本报告仅与上述特定财务数据有关，不应将其扩大到 Y 公司财务报表整体。

×××会计师事务所（盖章）　　　　　　中国注册会计师：×××（签名并盖章）

中国××市　　　　　　　　　　　　　中国注册会计师：×××（签名并盖章）

二○×二年×月×日

（五）代编财务信息

代编财务信息是注册会计师运用会计而非审计的专业知识和技能，代客户编制一套完整或非完整的财务报表，或代为收集、分类和汇总其他财务信息。

第五节 审计技术的演进与趋势

引例

审计行业的技术变革：审计员饭碗还牢靠吗？

根据世界经济论坛发布的《2018 未来就业》报告，自动化技术和智能科技的发展将取代 7500 万份工作。但该报告指出，随着公司重新规划机器与人类的分工，另有 1.33 亿份新工作将应运而生，也就是说到 2022 年净增的新工作岗位多达 5800 万份。高盛引进人工智能自动化交易后，588 名交易员丢了饭碗。国际四大会计师事务所纷纷开展区块链审计，审计员的位置也发发可危。据智联招聘数据统计，成都对审计工作人员的需求量占全国 10%，是对审计人员需求量仅次于江苏的排名第二的一个城市。然而，在成都仍然有一大批审计专业人员、应届毕业生找不到工作。究其原因主要是数字化信息存储的快速推进、大数据和云存储的普遍应用，区块链技术与会计审计行业的不断融合，导致对审计人员的需求不断降低。此外，信息管理、数学、计算机等理工类专业更受四大会计师事务所欢迎。理工科专业学生逻辑能力强、思维缜密，而这些正是四大会计师事务所所看重的。将会计和科技或数学、数据科学结合起来，掌握并能应用数据、信息安全和一般控制知识的应聘者成为四大会计师事务所新的宠儿。

从上述引例可以发现，审计行业正处于技术变革时期，对审计人员的要求也进一步提高，数据时代的变化特征是数据的基础性变化、社会思维方式的变化、社会生产方式的变化以及社会生活方式的变化。因此本节将围绕大数据审计、区块链审计、人工智能审计展开详细的介绍。

资料来源：根据网络资料整理。

一、大数据审计

在大数据背景下，被审计单位数据呈现出大规模化和结构多样化特征，这就决定了传统基于纸质凭证、账簿的抽样审计取证模式无法适应现实需求。数据分析能力的大幅提升，传统的局部样本抽样审计将转向全样本数据分析审计，而其中的关键则是信息系统审计与数据审计。

大数据审计方法包括：文本挖掘分析方法、社会网络分析方法、可视化分析方法。

大数据时代的审计将在审计取证模式、审计整体流程与审计作业模式等方面发生重大而全方位的变革，这又将引发对审计人员和审计职业的重大影响与挑战。因此可以预测到，在大数据发展的时代，未来与审计相关的普通岗位工作将被人工智能取代，而高级复杂的审计工作可能将被留下来。

新的审计作业模式：航空摄影与遥感技术在资源环境审计调查中的应用

广州市审计局采用无人机航拍及遥感技术，通过对航拍某市饮用水源保护区获取的遥感影像资料进行判读和解译，结合近 5 年饮用水源保护区基础环境数据和现场核实，对饮用水源保护区基础环境状况及管理现状进行识别和分析。

本次专项审计的工作人员仅 2 人，加上短期聘请的专业工程师，仅用一个多月时间，就发现了大量违规行为，如发现了部分饮用水源保护区一级保护区存在除水厂外的其他建筑物、农业种植地块、渣土砂石散货物料堆置场，某饮用水源保护区二级保护区存在违规新建楼盘等问题。

通过此案例可见，审计技术通过对大数据审计的应用使得审计的人力成本大大降低，代表了未来审计行业的发展方向。

（一）信息系统审计

信息系统审计就是通过收集和评价证据，以确定信息系统与相关资源能否适当地保护资产、维护数据完整、提供相关和可靠的信息、有效地完成组织目标、高效率地利用资源并且是否存在有效的内部控制以确保满足业务、运作和控制目标，并在发生非期望事件的情况下，能否及时地组织、检测或更正的过程。信息系统总体情况审计框架如图 1-2 所示。

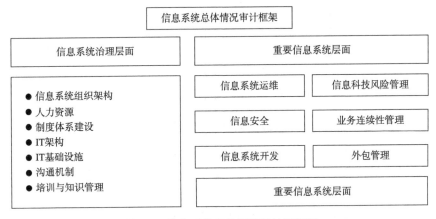

图 1-2　信息系统总体情况审计框架图

（二）数据审计

数据审计是以被审计单位底层数据库原始数据为切入点，在对信息系统内部控制测评的基础上，通过对底层数据的采集、转换、整理、分析和验证，形成审计中间表，并且运用查询分析、多维分析、数据挖掘等多种技术方法构建模型进行数据分析，发现趋势、异常和错误，把握总体、突出重点、精确延伸，从而收集审计证据，实现审计目标的审计方式。

随着企业信息化进程的加快，前台以电子商务为主，后台以 ERP（enterprise resource planning，企业资源计划）系统为支撑的新型数字化企业已经逐步成为企业的主要运营模式。尤其是客户管理系统（customer relationship management，CRM）及软件配置管理（software configuration management，SCM）与 ERP 的高度融合，ERP II 开始取代 ERP，成为新型数字化企业的主流模式。信息技术的介入，不仅改变了原有的会计数据处理流程，也为数字化下的程序驱动审计（数据审计）成为新的审计方法提供了有利的条件。数据审计不是原有程序驱动审计的简单回归。审计人员借助计算机，可对大量数据进行高速且有效的分析和筛选。审计证据通过计算机跨时空进行传输，审计人员足不出户在虚拟环境中开展审计工作不再遥不可及。监盘、函证和分析性复核等一些久经历练的程序驱动审计的主要方法，借助计算机使其成本大幅度降低后重新成为审计人员的主要手段。这些方法的使用加上审计人员的职业判断将会大大提高审计质量，进一步体现审计人员应有的审慎性和其所代表的公众责任[4]。

数据挖掘审计数据分析模型见图 1-3。

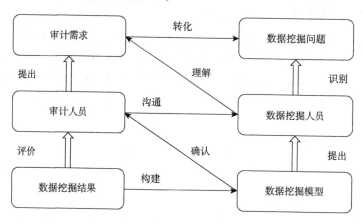

图 1-3　数据挖掘审计数据分析模型

全样本数据审计发现违规低保户

2017 年，江苏省审计厅某审计部门在某市民政社会救助资金管理使用情况专项审计调查中，通过将低保享受对象与死亡人员、财政供养人员、住房公积金、养老金待遇领取、大型农机具购置等多部门数据做关联比对，查出违规发放 329 户。

通过与死亡人员数据比对，审查发现已死亡人员至 2016 年第三季度仍继续享受低保金情况，查出 205 名已在 2015 年及以前年度死亡的低保对象，仍违规享受低保金。

通过与财政供养人员数据比对，审查财政供养人员享受低保待遇情况，查出 4 名财政供养人员在领取工资的同时，未如实申报收入状况，违规享受低保待遇。

通过与住房公积金缴纳数据比对，审查低保享受对象同时缴纳住房公积金情况，查出 72 名低保对象在缴纳住房公积金的同时违规享受低保待遇。

通过与养老金待遇领取数据比对，审查低保享受对象同时享受养老金待遇情况，查出 27 名低保对象已享受养老金待遇又违规享受低保待遇。

通过与大型农机具购置数据比对，审查低保享受对象在享受低保期间购置大型农机具情况，查出 8 户低保享受对象在享受低保期间仍购置大型农机具。

通过此案例可见，运用大数据审计可以抽取大样本项目，提供更加可靠真实的数据信息，甚至可以实现全样本数据审计，在提高审计效率的同时，也提升了审计的效果。

二、区块链审计

（一）区块链审计的特点

1. 分布式

区块链采用分布式数据库技术记录网络上发生的所有交易，网络上的每个节点都可将发生的数据传递到区块链网络之上，而其他节点则能够存储全网发生的历史交易记录的完整、一致账本，这样就保证了整个网络的一致性和唯一性。区块链网络数据的唯一性有利于审计人员获取被审计单位真实可靠的信息。

2. 数字化

区块链的技术来源包括 P2P（peer-to-peer，个人对个人）网络技术、非对称加密算法、数据库技术和数字货币等。数据库技术和数字货币的使用使得绝大部分交易或资产以数字形式存在。通过区块链上设置的数据处理程序，参与交易的人员能实现智能合约和交易自动化，而交易结果以数字化形式存在于区块链网络体系之中，为审计人员通过数据分析降低审计成本提供了便利。

3. 去中心化

区块链技术引入之后，全网的节点是通过点对点的方式连接起来的，没有单独的中心化服务器，因此，不存在单一的攻击入口。在典型的区块链网络中，每一个节点都能存储全网发生的历史交易记录的完整、一致账本，对个别节点的账本数据的篡改、攻击不会影响全网总账的安全性。去中心化使得审计人员可以从多个节点获取数据，降低从数据库服务中心或中心节点采集数据而造成的风险。

4. 透明度

除私密信息被加密外，区块链上的所有数据对全网公开，每个人或授权节点均可通过公开接口查询区块链上的所有数据，因此，区块链上的信息是高度透明的。审计人员可以从区块链上获取被审计单位的全部数据，消除信息不对称所引发的审计风险，从而提高了被审计单位数据的可审计性，也为审计人员对被审计单位开展持续审计夯实了基础。

5. 不可篡改

一旦通过节点录入到区块链网络上，数据就不能被修改或者删除了。当被审计单位数据通过共识算法写入区块后，新生成的区块会被及时更新至整个网络，具有不可逆转性。上述特性简化了数据处理流程，降低了交易过程中的欺诈风险，保持了数据的原始性和可追溯性。与此同时，区块链技术所采用的共识算法要求输入的数据不能是错误数据，若输入错误数据则不会被网络中的其他节点认可。因此，区块链技术使用的共识算法排除了错误数据的录入。

（二）区块链审计的优点

区块链审计的优点主要如下。

（1）使用区块链记录交易和账目信息，因无法被篡改，且有共识机制要求多数据节点认同，增加了财务数据造假的难度。

（2）通过区块链网络获取审计需求信息，可以实现点对点的对接，节省了信息收集和整理时间，同时基于区块链的加密算法也解除了企业对数据隐私的担忧。

（3）区块链技术的共识机制使所有数据在第一时间得到共同确认，能够充分保证数据的及时性和准确性，大幅提高数据的真实性和完整度。

（4）采用区块链技术对审计数据进行分布式存储，相比存储在统一服务器的中心化存储模式，更不容易出现数据丢失或者被篡改的情形。

三、人工智能审计

人工智能的直接起源是艾伦·麦席森·图灵（Alan Mathison Turing）的机器智能思想，而人工智能一词诞生于1956年在美国达特茅斯学院举行的人工智能夏季研讨会，此次会议标志着人工智能作为一个研究领域正式出现。人工智能是利用数字计算机或者数字计算机控制的机器模拟、延伸和扩展人的智能，感知环境、获取知识并使用知识获得最佳结果的理论、方法、技术及应用系统。典型的智能系统一般具备以下几个基本特征：①具有领域专家水平的专门知识；②能进行推理求解问题；③推理机与知识库相分离；④具有获取知识的能力；⑤具有解释能力；⑥具有海量数据表现和筛选能力；⑦具有智能化和个性化服务能力。

大数据时代产生的新型审计作业模式，能够将图像识别、语言识别、结构化数据采集、非结构化数据采集、信息系统审计规则和数据审计规则等封装进入智能机器人或软件系统，实现审计数据采集、数据平台构建、数据分析、报告撰写和延伸取证的高度自动化，从而提高审计工作的效率效果。

财务智能机器人——美梦 vs 噩梦

继普华永道、德勤、毕马威和安永会计师事务所相继上市财务机器人及财务机器人解决方案后，中化国际（控股）股份有限公司（简称中化国际）财务共享中心于2018年5月选择普华永道机器人帮助提升税务及财务工作效率，在降低人力时间成本、提升工作质量等方面收效明显。

中化国际在引入机器人之前，财务共享中心需要花费大量人力处理银行对账、来款确认、增值记账核对、增值税发票查伪验证等财税基础工作。双方经过1个月努力，快速完成业务流程梳理，测试验证及部署工作，并正式投入运营。

完成部署后，银行对账、月末入款提醒、进销项差额提醒和增值税验证等业务过程在效率和准确性上得到大大提升。普华永道机器人若引入审计领域，银行对账、增值税发票查伪验证等基础性财税审计工作也将被替代。这不仅仅是会计人员的噩梦，也是审计人员必须面对的客观现实。

通过此案例可见，人工智能审计、审计机器人正走进我们的行业，这就是审计的未来，作为未来审计行业的一员，你准备好了吗？

思维导图

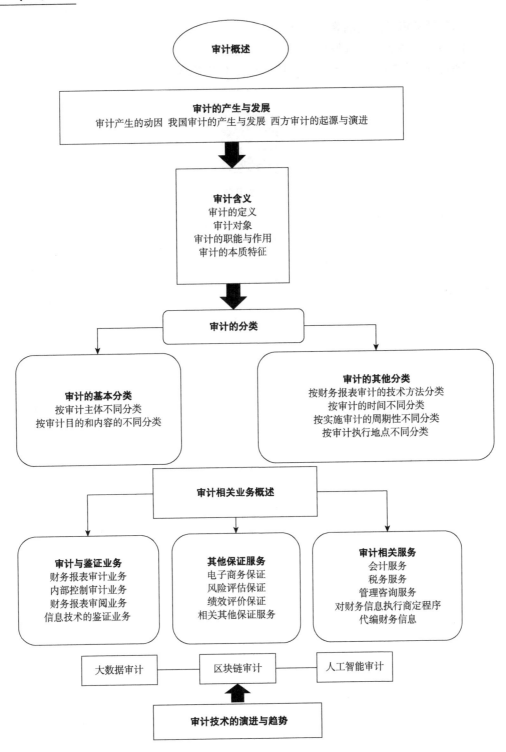

课后思考题

1. 如何理解审计产生的客观基础？
2. 阐述西方注册会计师发展历程对中国的启示。
3. 阐述各类新的审计技术方法的特点和技术发展趋势。

第一章习题

第二章

审计组织与人员

审计组织体系又称审计组织形式或审计模式，是指担负着不同审计任务的审计组织之间结成的相互联系、互为补充的整体审计系统。我国的审计组织体系由国家审计、内部审计和注册会计师审计共同构成。

这种审计组织体系，构成了以国家审计为主导，纵横连贯的特点。纵向方面，中央和地方各级审计机关保持着业务和部分行政之间的领导与被领导关系。横向方面，国家审计对同级组织或单位内部审计，保持着业务的指导和接受关系；同时，对所在地区注册会计师审计保持部分业务的委托和受托、监督和被监督关系。

各种审计机构充分发挥各自优势、互相配合、各有侧重。

第一节　国家审计机关及人员

引例

高铁建设"功臣"缘何被判处死刑?

曾几何时，原铁道部部长刘志军功劳卓著，然而最终却走向死刑。2013 年 7 月 8 日，北京市第二中级人民法院以受贿罪、滥用职权罪判处原铁道部部长刘志军死刑，缓期二年执行，剥夺政治权利终身，并处没收个人全部财产。刘志军命运的转折点是审计署进行的重大投资项目跟踪审计。京沪高速铁路于 2008 年开工建设，总里程 1300 公里，概算总投资 2170 亿元，是当时我国投资额最大的铁路建设项目，被寄予实现中国铁路跨越式发展的厚望。在京沪高速铁路施工建设的同时，审计署对其进行了跟踪审计，发现部分工程承包商通过虚列支出等手段套取资金，以中标服务费等名义转给丁某等控制的多家民营企业，丁某通过其控制的投资管理集团有限公司及其关联企业获取不正当利益。据公诉机关后来的指控材料，丁某先后帮助 23 家公司中标 57 个铁路建设工程项目，中标的标的总额超过 1800 亿元，刘志军为其中的 53 个项目打过招呼，滥用职权，并从中受贿。丁某等从中获得好处费 30 多亿元，其中她个人获利 20 多亿元。审计署将审计中发现的上述案件线索移送中央纪律检查委员会，中央纪律检查委员会并案调查，最后移交人民法院，刘志军判处死刑。就这样，一个利用权力勾结商人打造的高铁利益集团土崩瓦解了。

资料来源：根据网络资料整理。

上述案例中，京沪高速铁路的建设与发展对我们国家的发展做出了巨大的贡献，但是从中也暴露出了许多舞弊、违法违规的现象。思考一下我国的哪个政府部门发现了这些违规行为，这个部门的职责权限又包括哪些。通过本节的学习，我们一起来了解一下我国的国家审计机关。

一、国家审计机关设置

（一）中央审计机关

设立审计机关，实行审计监督制度，是世界上绝大多数国家的通行做法。现在世界上已有160多个国家设有审计机关，实行审计监督制度。而且，几乎都将审计机关的设置规定在宪法里。这样就保证了审计监督制度的稳定性，提高了审计机关的地位，审计机关也不能随意被撤销。中外实践证明，实施审计监督是确保国家的财政收支和财务收支真实、合法、有效的重要方式。

1. 审计署的设置

1982年，我国《宪法》第九十一条第一款规定："国务院设立审计机关，对国务院各部门和地方各级政府的财政收支，对国家的财政金融机构和企业事业组织的财务收支，进行审计监督。"该条第二款规定："审计机关在国务院总理领导下，依照法律规定独立行使审计监督权，不受其他行政机关、社会团体和个人的干涉。"据此，国务院于1983年9月15日正式成立了审计署。审计署是国务院的组成部门，是正部级。审计署的成立标志着新中国没有审计机关的历史至此结束。

《宪法》的规定后来反映在1995年《审计法》中，如该法第七条规定："国务院设立审计署，在国务院总理领导下，主管全国的审计工作。审计长是审计署的行政首长。"

我国的中央审计机关是国务院的组成部门，国务院组成部门的名称一般称部、委员会、局，审计署是特例（还有一个特例是中国人民银行）。因为中央审计机关对国务院其他部门具有审计监督的职责，为体现这一特殊职能，故中央审计机关的名称不称部或者委员会，而称审计署，以与部、委员会有所区别。我国在正式文件中首次规定审计署这一名称的，是1983年3月8日《国务院关于地方各级审计机关设置和人员编制问题的通知》（国发〔1983〕36号）。该文件规定："根据宪法的有关规定，国务院设立中华人民共和国审计署。"国务院于1985年8月29日发布的《国务院关于审计工作的暂行规定》和1988年11月30日发布的《中华人民共和国审计条例》都以行政法规的形式规定了审计署这一名称。《审计法》和《中华人民共和国审计法实施条例》沿用了这一名称，并持续至今。

2. 审计机关的领导机制

世界各国审计机关的设置不尽相同，领导机制也不尽相同，但归纳起来，主要有以下四种。

（1）立法模式：审计机关设在议会，向议会负责并报告工作，如英国、美国、加拿大、澳大利亚、奥地利、芬兰、挪威、卢森堡、俄罗斯、波兰、丹麦、以色列、埃及、印度尼西亚、科威特、法国、葡萄牙。

（2）司法模式：审计机关独立于国家立法部门和国家行政部门，拥有有限的司法权，如法国、意大利、西班牙。

（3）行政模式：审计机关设在政府，向政府负责并报告工作，如中国。

（4）独立模式：国家审计机关一般都独立于国家立法部门、司法部门和行政部门，如德国、日本、韩国、孟加拉国、阿尔及利亚、尼泊尔、不丹、斯里兰卡、塞浦路斯等。国外多数国家的中央审计机关与地方审计机关没有领导与被领导关系，特别是在联邦制国家里更是如此。

我国的审计机关设在政府，属于行政机关。《宪法》《审计法》《中华人民共和国审计法实施条例》都规定，中央审计机关——审计署由国务院总理直接领导。我国的审计机关设在政府，属于行政机关。审计署在国务院总理领导下，主管全国的审计工作。审计长是审计署的行政首长。省、自治区、直辖市，设区的市、自治州、县、自治县，不设区的市、市辖区的人民政府的审计机关，分别在省长、自治区主席、市长、州长、县长、区长和上一级审计机关的领导下，负责本行政区域内的审计工作。

审计署在国务院总理领导下，主管全国的审计工作，履行审计法和国务院规定的职责。地方各级审计机关在本级人民政府行政首长和上一级审计机关的领导下，负责本行政区域的审计工作，履行法律、法规和本级人民政府规定的职责。

3. 审计署的下设机构

审计署包括内设机构、直属单位、派出审计局和驻地方特派员办事处。

（1）内设机构。根据十一届全国人民代表大会第一次会议批准的国务院机构改革方案和《国务院关于机构设置的通知》（国发〔2008〕11号），设立审计署，为国务院组成部门。审计署的内设机构包括办公厅、政策研究室、机关党委、离退休干部办公室和17个职能司。

17个职能司包括法规司、审理司、内部审计指导监督司、电子数据审计司、财政审计司、税收征管审计司、行政事业审计司、农业农村审计司、固定资产投资审计司、社会保障审计司、自然资源和生态环境审计司、金融审计司、企业审计司、涉外审计司、经济责任审计司、国际合作司、人事教育司。

（2）直属单位。审计署的10个直属单位包括审计署机关服务局、审计署计算机技术中心、审计署审计科研所、中国审计报社、中国时代经济出版社有限公司、审计署审计干部培训中心、中国审计学会、审计署国外贷援款项目审计服务中心、审计博物馆、审计署审计干部教育学院。

（3）派出审计局。审计署的30个派出审计局包括审计署中央机关审计局、审计署宣传审计局、审计署统战审计局、审计署外交审计局、审计署政法审计局、审计署教育审计局、审计署科学技术审计局、审计署工信建设审计局、审计署民政社保审计局、审计署资源环境审计局、审计署交通运输审计局、审计署农业水利审计局、审计署贸易审计局、审计署卫生体育审计局、审计署社会管理审计局、审计署经济执法审计局、审计署广电通讯审计局、审计署发展统计审计局、审计署群团文化审计局、审计署金融审计一局、审计署金融审计二局、审计署金融审计三局、审计署企业审计一局、审计署企业审计二局、审计署企业审计三局、审计署企业审计四局、审计署企业审计五局、审计署企业审计六局、审计署企业审计七局、审计署企业审计八局。

（4）驻地方特派员办事处。审计署派出机构是为了改进对地方审计工作的领导，从 1986 年起，审计署在重点地区重点企业试设派出机构。审计特派员由审计署任命局级干部担任。审计特派员根据审计署的授权，进行审计监督，直接对审计署负责。在审计特派员领导下设立办事处，办理审计方面的具体工作。审计特派员和办事处的设立，必须坚持有合格人才再设机构的原则。

驻地方特派员办事处根据审计署的授权，依据法律法规和审计署的规定，履行下列职责：审计省级人民政府的预算执行情况、决算和其他财政收支，中央财政转移支付资金；审计海关总署、国家税务总局等中央单位驻地方分支机构或派出机构的预算执行情况和其他财政收支情况；审计中国人民银行、国家外汇管理局驻地方分支机构的财务收支；审计中央所属驻地方的事业单位和社会团体的财务收支；审计中央投资和以中央投资为主的建设项目的预算执行情况和决算；审计中央国有企业、中央国有资本占控股地位或主导地位的企业的资产、负债和损益；审计中央金融机构、中央国有资本占控股地位或主导地位的金融机构驻地方分支机构的资产、负债和损益；审计省级人民政府管理和其他单位受国务院及其部门委托管理的社会保障基金、社会捐赠资金及其他有关基金、资金的财务收支；审计国际组织和外国政府援助、贷款项目的财务收支；对国家财经法律、法规、规章、政策和宏观调控措施执行情况、财政预算管理或国有资产管理使用等与国家财政收支有关的特定事项进行专项审计调查；承办审计署交办的其他事项。

截止到 2024 年，我国已有 18 个驻地方特派员办事处：审计署京津冀特派员办事处、审计署驻太原特派员办事处、审计署驻沈阳特派员办事处、审计署驻哈尔滨特派员办事处、审计署驻上海特派员办事处、审计署驻南京特派员办事处、审计署驻武汉特派员办事处、审计署驻广州特派员办事处、审计署驻郑州特派员办事处、审计署驻济南特派员办事处、审计署驻西安特派员办事处、审计署驻兰州特派员办事处、审计署驻昆明特派员办事处、审计署驻成都特派员办事处、审计署驻长沙特派员办事处、审计署驻深圳特派员办事处、审计署驻长春特派员办事处、审计署驻重庆特派员办事处。

特别提醒：审计机关派出机构是审计机关派出的工作机构，其审计职权由派出的审计机关授予。因此，它不是一级审计机关，而是审计机关的内部机构，只能在审计机关授权范围内以自己的名义开展活动，做出具体行政行为。

（二）地方审计机关

1. 地方审计机关的设置

《宪法》第一百零九条规定："县级以上的地方各级人民政府设立审计机关。"据此，县级以上的地方各级人民政府于 1983 年起设立了审计机关。省、自治区人民政府设立的地区行政公署也设立了审计机关。

2. 地方审计机关的领导体制

地方审计机关实行双重领导体制，行政上在本级政府行政首长（正职）和上一级审计机关的领导下开展审计工作；在业务上对本级政府和上一级审计机关负责并报告工作，审计业务以上级审计机关领导为主。审计机关依法独立行使审计监督权，不受其他行政机关、社会团体和个人的干涉。法律规定由本级政府正职首长领导审计机关，这对于审计机关依法独立行使审计监督权、排除工作干扰非常重要。

我国的国家审计机构总体框架如图2-1所示。

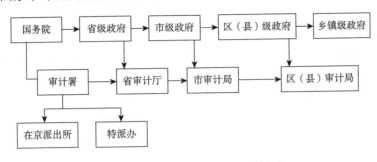

图2-1　我国的国家审计机构总体框架

二、国家审计机关的职责权限

（一）国家审计机关的主要职责

根据《审计法》和《中华人民共和国审计法实施条例》的规定，审计机关的职责如下。

（1）财政收支审计职责。本级财政预算执行情况、其他财政收支、下级人民政府预算的执行情况和决算、预算外资金的管理和使用情况。

（2）财务收支职能职责。与本级人民政府财政部门直接发生预算缴款、拨款关系的国家机关、军队、政党、社会团体、国有企业和事业单位的财务收支；依法通过适当方式组织审计中央国有企业和金融机构的境外资产、负债和损益。

（3）效益审计职责。按照法律法规规定属于审计监督范围的财务收支的真实、合法和效益进行审计监督。维护国家财政经济秩序，提高财政资金使用效益，促进廉政建设，保障国民经济和社会健康发展。

（4）经济责任审计职责。按规定对省部级领导干部及依法属于审计署审计监督对象的其他单位主要负责人实施经济责任审计。

（5）法律、行政法规规定应当由审计机关进行的其他审计事项。

（6）专项审计调查职责。例如，对于政府部门管理的和社会团体受政府委托管理的社会保障基金、社会捐赠资金、环境保护资金及其他有关基金、资金的财务收支。这里的社会保障基金包括养老、医疗、工伤、失业、生育等社会保险基金，救济、救灾等社会救济基金，以及发展社会福利事业的社会福利基金等。

（7）审计管辖范围确定的职责。

（8）管理审计工作的职责。与省级人民政府共同领导省级审计机关。依法领导和监督地方审计机关的业务，组织地方审计机关实施特定项目的专项审计或审计调查，纠正或责成纠正地方审计机关违反国家规定做出的审计决定。按照干部管理权限协管省级审计机关负责人。负责管理派驻地方的审计特派员办事处。

（9）对内部审计进行指导和监督的职责。指导和监督内部审计工作，核查社会审计机构对依法属于审计监督对象的单位出具的相关审计报告。

（10）对社会中介机构审计业务质量进行监督检查的职责。

相关链接：

我国审计署2020年公布审计职责如下。

（1）主管全国审计工作。负责对国家财政收支和法律法规规定属于审计监督范围的财务收支的真实、合法和效益进行审计监督，对公共资金、国有资产、国有资源和领导干部履行经济责任情况实行审计全覆盖，对领导干部实行自然资源资产离任审计，对国家有关重大政策措施贯彻落实情况进行跟踪审计。对审计、专项审计调查和核查社会审计机构相关审计报告的结果承担责任，并负有督促被审计单位整改的责任。

（2）起草审计法律法规草案，拟订审计政策，制定审计规章、国家审计准则和指南并监督执行。制定并组织实施专业领域审计工作规划。参与起草财政经济及其相关法律法规草案。对直接审计、调查和核查的事项依法进行审计评价，做出审计决定或提出审计建议。

（3）向中央审计委员会提出年度中央预算执行和其他财政支出情况审计报告。向国务院总理提出年度中央预算执行和其他财政收支情况的审计结果报告。受国务院委托向全国人大常委会提出中央预算执行和其他财政收支情况的审计工作报告、审计查出问题整改情况报告。向党中央、国务院报告对其他事项的审计和专项审计调查情况及结果。依法向社会公布审计结果。向中央和国家机关有关部门、省级党委和政府通报审计情况和审计结果。

（4）直接审计下列事项，出具审计报告，在法定职权范围内做出审计决定，包括国家有关重大政策措施贯彻落实情况；中央预算执行情况和其他财政收支，中央和国家机关各部门（含直属单位）预算执行情况、决算草案和其他财政收支；省级政府预算执行情况、决算草案和其他财政收支，中央财政转移支付资金；使用中央财政资金的事业单位和社会团体的财务收支；中央投资和以中央投资为主的建设项目的预算执行情况和决算，国家重大公共工程项目的资金管理使用和建设运营情况；自然资源管理、污染防治和生态保护与修复情况；中国人民银行、国家外汇局的财务收支，中央国有企业和金融机构、国务院规定的中央国有资本占控股或主导地位的企业和金融机构境内外资产、负债和损益，国家驻外非经营性机构的财务收支；有关社会保障基金、社会捐赠资金和其他基金、资金的财务收支；国际组织和外国政府援助、贷款项目；法律法规规定的其他事项。

（5）按规定对省部级党政主要领导干部及其他单位主要负责人实施经济责任审计和自然资源资产离任审计。

（6）组织实施对国家财经法律法规、规章、政策和宏观调控措施执行情况，财政预算管理及国有资产管理使用等与国家财政收支有关的特定事项进行专项审计调查。

（7）依法检查审计决定执行情况，督促整改审计查出的问题，依法办理被审计单位对审计决定提请行政复议、行政诉讼或国务院裁决中的有关事项，协助配合有关部门查处相关重大案件。

（8）指导和监督内部审计工作，核查社会审计机构对依法属于审计监督对象的单位出具的相关审计报告。

（9）与省级党委和政府共同领导省级审计机关。依法领导和监督地方审计机关的业务，组织地方审计机关实施特定项目的专项审计或审计调查，纠正或责成纠正地方审计机关违反国家规定做出的审计决定。按照干部管理权限协管省级审计机关负责人。

（10）组织开展审计领域的国际交流与合作，指导和推广信息技术在审计领域的应用。

（11）完成党中央、国务院交办的其他任务。

（12）职能转变。进一步完善审计管理体制，加强全国审计工作统筹，明晰各级审计机关职能定位，理顺内部职责关系，优化审计资源配置，充实加强一线审计力量，构建集中统一、全面覆盖、权威高效的审计监督体系。优化审计工作机制，坚持科技强审，完善业务流程，改进工作方式，加强与相关部门的沟通协调，充分调动内部审计和社会审计力量，增强监督合力。

资料来源：中华人民共和国审计署官网（https://www.audit.gov.cn/）。

（二）国家审计机关的权限

审计机关的权限是指宪法和法律赋予审计机关在实施审计监督过程中享有的权能，是审计机关的执法手段。至于审计机关的内部管理权限，则不在此列。

1. 监督检查权

监督检查权是指审计机关实施审计时，对被审计单位的与财政收支或者财务收支有关的资料和资产进行检查的权力。审计机关若没有检查权，则审计工作就无法开展。国外的审计立法都明确规定审计机关有权检查被审计单位的账目。

2. 采取临时强制措施权

审计机关的临时强制措施权是指审计机关对被审计单位正在进行的违反国家规定的财政收支或者财务收支的行为、正在或者可能违法处理与财政收支或者财务收支有关资料的行为、正在违法处理违法取得的资产的行为，采取或者通知有关部门采取强制手段的权力。

3. 提请协助权

2006 年修订后的《审计法》中，新增加了一条重要内容，即第三十七条："审计机关履行审计监督职责，可以提请公安、监察、财政、税务、海关、价格、工商行政管理等机关予以协助。"这一条的确立，表明我国法律首次赋予审计机关提请协助权。

4. 通报或公布审计结果权

审计机关的通报或公布审计结果权是指审计机关在审计完毕后，向政府有关部门通报或者向社会公布审计结果的权力。通报审计结果是指审计机关向本级人民政府有关部门、下级人民政府及其有关部门，告知审计管辖范围内重要审计事项的审计结果。公布审计结果是指审计机关将审计管辖范围内重要审计事项的审计结果首次向社会公众公开。

5. 处理处罚权

审计机关的处理处罚权是指审计机关对被审计单位违反国家规定的财政收支、财务收支行为依法予以处理、处罚的权力。

（1）处理权是指审计机关对被审计单位违反国家规定的财政收支、财务收支行为采取纠正措施的权力。审计处理具有矫正性，不具有制裁性和惩戒性，不属于行政处罚的范畴，但也是审计机关的具体行政行为。

（2）处罚权是指审计机关对被审计单位违反国家规定的财务收支行为和违反《审计法》的行为采取行政制裁措施的权力。审计处罚具有制裁性和惩戒性，属于行政处罚的范畴。

6. 建议权

审计机关的建议权是指审计机关建议给予有关责任人员行政处分或者纪律处分或者就被审计单位执行的违法规定建议有关主管部门纠正的权力，包括建议给予行政处分或者纪律处分权、建议纠正违法规定权。有关责任人员是指被审计单位的对违法行为负有直接责任的主管人员和其他直接责任人员。

三、国家审计的原则和层级

（一）政府审计机关审计监督活动的原则

1. 合法性原则

我国的国家审计依照我国的相关法律法规合法有序地实行。

审计机关与审计人员根据《宪法》，直接在各级人民政府的主要行政首脑的领导下，依法独立行使审计监督权并向其负责和报告工作，不受本地行政机关、社会团体和个人的干涉，使国家审计具有代表行使监督权力的权威性。

2. 独立性原则

（1）组织上的独立性。审计机构是单独设置的，不隶属于其他任何部门或业务机构。审计署受国务院总理领导，地方审计机关受各级地方人民政府主要负责人的领导，同时，独立于被审计单位，与被审计单位在组织上无行政隶属关系。

（2）工作上的独立性。审计机构与人员不直接参加日常的经济计划与管理工作，审计人员是按照《宪法》《审计法》等法律赋予的职责进行工作的，独立编制审计计划，独立取证和审核检查，做出评价，独立做出审计结论，提出处理意见，不受其他行政机关、社会团体和个人的干涉，这种监督具有法律效力。

（3）人事上的独立性。审计署审计长由总理提名，全国人民代表大会常务委员会任命，地方各级审计机关主要负责人由政府提名，地方人民代表大会常务委员会任命。而且下级审计机关负责人的任免调动，要征求上级审计机关意见，这种人事安排的独立性，有利于保持稳定性。

（4）经济上的独立性。国家审计的审计经费及收入有稳定的来源，不受被审计单位的制约。经费是独立的，列入财政预算，由各级政府承担，保证其执法的独立客观性。同时，按照《审计法》及审计署制定的审计规范，审计机关对被审计单位违反国家规定的财政财务收支行为和违纪违法行为，不仅拥有检查权，而且拥有行政处理权、移送行政处理及提请司法处理权等，具有很强的独立性。

3. 强制性原则

（1）主导地位上的强制性。国家审计是依据《宪法》在县级以上人民政府内部建立的，代表国家实施审计监督，并在业务上对内部审计和社会审计进行管理、指导和监督。这种管理、指导和监督是强制性的，是不以内部审计和社会审计的意愿为转移的，构成了国家审计在整个审计组织体系中的主导地位。

（2）审计立项上的强制性。国家审计的审计立项可以根据自我编制的年度审计计划，也可以根据本级人民政府或上级审计机关临时交办的事项，还可根据国家审计组织本身临时掌握的线索等，由此可见，国家审计的审计立项是以法定程度和自我工作需要为主要依据的，不受被审计单位和其他方面的左右和干涉。

（3）审查权限上的强制性。国家审计机关依照国家法律规定独立行使审计监督权，不受其他行政机关、社会团体和个人的干涉。这既反映了国家审计的独立性，也表现出国家审计的强制性。因为在这种审计活动中，国家审计机关是行为主体，其审计程序、审计方法方式的运用或选用是以完成审计任务、提高审计工作效率为指导原则的，被审计单位在审计活动中的配合情况尽管也影响着审计工作效果，但总体上讲，被审计单位必须无条件接受审计机关的监督检查。

（4）审计处理上的强制性。就某一项具体的国家审计工作而言，在其最后阶段应写出审计报告，做出审计结论和决定，并送达被审计单位及有关协助执行部门或单位，这些单位或部门应主动地、自觉地予以执行或协助执行，部门或单位没有或不准备主动、自觉执行或协助执行审计决定时，审计机关可采取相应措施使审计结果得到强制执行。

（二）国家审计是高层次的经济监督

在经济监督体系中，与财政、税务、金融、工商行政管理等经济监督相比，国家审计是高层次的经济监督。

（1）国家审计的对象决定了它是高层次的经济监督。财政、税务、金融、工商行政管理等只是从某一个侧面对微观经济活动进行监督。民间审计没有强制性，内部审计是单位内部经济监督，范围窄，而国家审计监督是根据法律、制度和国务院的决定，对国务院各部门和地方各级人民政府及其各部门财政收支等活动进行监督，所以是最高层次的经济监督。

（2）国家审计的地位和性质也决定了它是高层次的经济监督。民间审计有其自身利益，实施需要收费；内部审计是为本单位的业务和目标服务的；而国家审计不以本部门收益为目标，它的唯一目标是维护政府和全体人民的利益。

（3）国家审计实施了对国民经济的全面经济监督。国家审计机关遍布全国，可以解决那些普遍存在的，或是有重大影响的倾向性问题，从而确保国民经济正常运行。

四、最高审计机关国际组织

最高审计机关国际组织是联合国经济和社会理事会下属的一个由联合国成员的最高审计机关组成的永久性国际审计组织。联合国组织及其任何一个专门机构中的所有成员的最高审计组织均可参加，但各国政府对国际审计组织不承担任何义务。

1968年在东京通过《东京宣言》，正式宣布最高审计机关国际组织成立。总部设在奥地利首都维也纳，我国审计署于1983年正式加入该组织。

其主要职责是统一规范审计标准，加强业务合作，促进审计事业发展及各会员之间的信息交流与沟通。该组织的宗旨：互相交流情况，交流经验，推动和促进各国审计机关更好地完成本国的审计工作。

■ 第二节　注册会计师审计组织及人员

引例

R公司通过充分利用移动互联网和大数据技术的新零售模式，与各领域顶级供应商深度合作，致力为客户提供高品质、高性价比、高便利性的产品。然而，2020年1月31日，知名做空机构H调研公司突然声称自己收到了一份长达89页的匿名做空报告，直指R公司数据造假。2月3日，R公司否认H调研公司所有指控。然而，2020年4月2日晚间，R公司审计机构A会计师事务所表示，在对公司2019年年度财务报告进行审计工作的过程中，A会计师事务所发现公司部分管理人员在2019年第二季度至第四季度通过虚假交易虚增了公司相关期间的收入、成本及费用。由于前前后后共产生虚假交易额22亿元，R公司在当日盘前暴跌85%，周五收盘，R公司股价再次大跌15.94%，跌至5.38美元。证监会此前称，对该公司财务造假行为表示强烈的谴责。2020年4月5日下午，R公司发布道歉声明，表示涉事高管及员工已被停职调查。R公司董事会已委托独立董事组成的特别委员会及委任的第三方独立机构，进行全面彻底调查。公司会第一时间向公众披露调查结果，并采取一切必要的补救措施，不回避此事带来的一切问题。2020年5月12日，R公司宣布调整董事会和高级管理层，首席执行官和首席运营官被暂停职务。此外，自内部调查开始以来，该公司已将另外6名参与或知悉捏造交易的员工停职或休假。最终，在2020年6月27日，R公司发布声明称，公司将于6月29日在纳斯达克停牌，并进行退市备案。

思考：R公司是如何进行财务造假的，在造假过程中又运用了何种手段？是谁发现了R公司的造假行为并及时告知大众的？你认为审计在此事件中扮演着什么角色？下面我们将通过学习，了解注册会计师审计的相关内容。

资料来源：根据网络资料整理。

一、注册会计师审计组织

注册会计师审计是指由注册会计师、审计师所组成的社会会计、社会审计组织，即会计师事务所接受当事人的委托，对有关经济组织的有关经济事项所进行的审计查证业务。这是从审计组织形式角度，把注册会计师、审计师组成的会计、审计咨询组织开展的审计业务，合称为民间审计。

（一）会计师事务所

会计师事务所是指依法独立承担注册会计师业务的中介服务机构，是由有一定会计专业水平、经考核取得证书的会计师（如中国的注册会计师、美国的执业会计师、英国的特许会计师、日本的公认会计师等）组成的，受当事人委托承办有关审计、会计、咨询、税务等方面业务的组织。中国对从事证券相关业务的会计师事务所和注册会计师实行许可证管理制度。

（二）注册会计师

注册会计师是指通过注册会计师执业资格考试并取得注册会计师证书在会计师事务所执业的人员。注册会计师专业考试科目为会计、审计、财务成本管理、经济法、税法、战略与风险管理，综合阶段为职业能力综合测试。

国际上说的会计师一般是指注册会计师，指的是从事社会审计、中介审计、独立审计的专业人士，在其他一些国家的会计师公会，如加拿大的 CGA（Certified General Accountants Association of Canada）、美国的 AICPA（American Institute of Certified Public Accountants）、澳大利亚的澳洲会计师公会（Certified Practising Accountants）、英国特许公认会计师公会，而不是中国的中级职称概念的会计师。

（三）中国注册会计师协会

中国注册会计师协会是中国的注册会计师职业组织，成立于 1988 年。1995 年中国注册审计师协会并入，组成新的中国注册会计师协会。中国实行强制会员制，即会计师事务所和注册会计师必须加入注册会计师协会，前者为团体会员，而后者则为个人会员。

二、会计师事务所的业务范围

为了规范注册会计师的执业行为，提高执业质量，维护社会公众利益，促进社会主义市场经济的健康发展，2006 年 2 月 15 日财政部批准了中国注册会计师协会拟订的《中国注册会计师鉴证业务基本准则》和《中国注册会计师相关服务准则》等 26 项准则，自 2007 年 1 月 1 日起施行。《中国注册会计师鉴证业务基本准则》第二条规定：鉴证业务包括历史财务信息审计业务、历史财务信息审阅业务和其他鉴证业务。

（一）鉴证业务

鉴证指注册会计师对被审单位负责编制的书面认定资料的可靠性进行查证，查证后要签发一份书面报告，以便反映鉴证的结果。鉴证业务要素包括鉴证业务的三方关系、鉴证对象、标准、证据和鉴证报告。我国注册会计师的鉴证业务一般包括审计业务、审阅业务、复核业务、保证业务等。其中，审计业务是在可接受的低审计风险下，以积极的方式对财务报表整体发表审计意见，提供高水平的合理保证；审阅业务则是在可接受的审阅风险下，以消极的方式对财务报表整体发表审阅意见，提供有意义水平的有限保证，该保证水平低于审计业务的保证水平。其他鉴证业务有的是合理保证，有的是有限保证，同学们应当根据具体的其他鉴证业务进行区分。

（二）其他相关服务

其他相关服务一般指的是除了注册会计师鉴证业务之外的非鉴证业务，包括了管理咨询服务（对公司的治理结构、信息系统、预算管理、人力资源管理等方面提供意见和建议）、税务服务（通常包括税务代理和税务筹划）、会计服务业务（如代编财务信息）、其他服务业务（如财务信息执行商定程序等）。

相关链接：

有关注册会计师业务范围的具体内容同学们可以参考教材第一章第四节——审计相关业务概述，进行详细了解学习。

三、会计师事务所的组织形式

（一）独资会计师事务所

独资会计师事务所是由具有注册会计师执业资格的个人独立开业，承担无限责任。其优点在于对执业人员需求不多、容易设立、执业灵活，能很好地满足小型企业对注册会计师的需求，实际发生风险的程度相对较低。缺点是无力承担大中型企业的业务，缺乏发展后劲。

（二）普通合伙制会计师事务所

普通合伙制会计师事务所是由两位或两位以上注册会计师组成的合伙组织，合伙人以各自的财产对会计师事务所债务承担无限连带责任。其优点是在风险的牵制与共同利益的驱动下，促使会计师事务所强化专业发展，扩大规模，提高规避风险的能力。缺点是任何一个合伙人执业中的错误与舞弊行为都将给会计师事务所带来灭顶之灾，使之一日之间土崩瓦解。

（三）有限责任公司制会计师事务所

有限责任公司制会计师事务所由注册会计师认购会计师事务所股份，并以其所认购的股份对事务所承担有限责任。其优点是可以聚集一批注册会计师，扩大规模，承接大型业务。缺点是降低了风险责任对行为的高度制约，弱化了注册会计师的个人责任。

（四）有限责任合伙制会计师事务所

有限责任合伙制会计师事务所以全部资产对其债务承担有限责任，各合伙人对个人执业行为承担无限责任。它的优点在于融入了普通合伙制与有限责任公司制的优点，又摒弃了两者的不足，已经成为发展的一大趋势。

　　在我国有限责任合伙制又称特殊普通合伙制，即一个合伙人或者数个合伙人在执业活动中因故意重大过失造成合伙企业债务的，应当承担无限责任，其他合伙人以其在合伙企业中的财产份额为限承担责任。合伙人在执业活动中非因故意或者重大过失造成的合伙企业债务及合伙企业的其他债务，由全体合伙人承担无限连带责任。有限责任合伙制会计师事务所的成立应当有 25 名以上合伙人、50 名以上注册会计师、1000 万元以上注册资本。

　　不同组织形式的事务所有各自的特点，对比如表 2-1 所示。

表 2-1　不同组织形式的事务所优缺点对比

项目	特征	优点	缺点
独资	具有注册会计师执业资格的个人独立开业，承担无限责任	容易设立，执业灵活，能够很好满足小型企业代理记账、代理纳税等业务	无力承办大型业务，缺乏发展后劲
普通合伙制	两位或两位以上注册会计师合伙组成，合伙人以各自的财产承担无限责任	促使会计师事务所强化专业发展，扩大规模，提高规避风险的能力	任何一个合伙人的错误与舞弊行为，都可能给整个事务所带来灭顶之灾
有限责任公司制	由注册会计师认购会计师事务所股份，并以其所认购的股份对事务所承担有限责任	可以迅速聚集一批注册会计师，建立规模较大的会计师事务所，承办大型业务	降低了风险责任对执业行为的高度制约，弱化了注册会计师的个人责任
有限责任合伙制	事务所以全部资产对其债务承担有限责任，各合伙人对个人执业行为承担无限责任		

四、国际注册会计师审计组织

（一）国际会计师联合会

　　国际会计师联合会于 1977 年 10 月 14 日在德国慕尼黑成立，其前身是于 1972 年在澳大利亚的悉尼召开的第 10 届国际会计师大会上成立的国际会计职业协调委员会。最高领导机构是代表大会和理事会。代表大会由其成员——各国（地区）会计师职业团体各出一人组成，代表大会与 5 年一次的会计师大会同时召开。理事会由来自 15 个不同国家（地区）的职业会计师团体的代表组成。理事会下设 7 个常设委员会：教育委员会、职业道德委员会、国际审计实务委员会、国际大会委员会、管理会计委员会、计划委员会和地区组织委员会。每个委员会都有其规定的工作范围和期限。在这 7 个常设委员会中，权限最大的是国际审计实务委员会，它可代表国际会计师联合会理事会制定和公开发布有关审计的标准，并在发布国际审计标准时无须国际会计师联合会理事会的事前批准，它是国际会计师联合会中一个有一定独立性的组织。

　　国际会计师联合会的宗旨是以统一的标准发展和提高世界范围的会计专业，促进国际范围内的会计协调。其任务是：决定国际会计师大会的主办国；保持与参加国际会计师大会的各国的联系；促进国际的地区机构的发展和信息的交流；参考和吸收各国提出的意见，扩大国际会计师联合会的业务，并为改进业务提供咨询。

　　中国注册会计师协会于 1997 年 5 月 8 日正式成为国际会计师联合会成员。

（二）国际四大会计师事务所

当今活跃在国际民间审计舞台上的"巨无霸"，是由英美两国主宰的声名赫赫的国际四大会计师事务所，它们就像一条大章鱼，把触须伸向全球任何可能的角落，无处不在。

国际四大会计师事务所及其主要客户如下。

（1）德勤会计师事务所（Deloitte）（伦敦）主要客户包括微软公司（Microsoft）、宝洁（Procter&Gamble）、美国通用汽车公司（General Motors）、沃达丰公司（Vodafone）、克莱斯勒公司（Chrysler）等。1983年10月其在北京设立了第一家常驻代表机构。1992年12月与上海会计师事务所在上海合作开办了中外合作会计师事务所——沪江德勤会计师事务所，并于1998年6月在北京设立了北京分所。截止到2019年，德勤会计师事务所在北京、重庆、大连、广州、杭州、香港、济南、澳门、南京、上海、深圳、苏州、天津、武汉和厦门共有15个分所。德勤会计师事务所在行业中一向展现的是将人视为最大的财富，重视人、关心人的企业文化。

（2）普华永道（Price Water House Coopers）（伦敦）主要客户包括IBM、日本电报电话公司、强生公司、美国电报电话公司、英国电信、戴尔电脑、福特汽车、雪佛兰、康柏电脑和诺基亚等。到2022年为止，在中国共拥有员工8000人。其中包括接近330名合伙人，并设立办事处，包括北京、重庆、大连、广州、青岛、上海、深圳、苏州、天津、宁波、厦门、西安及沈阳。在中国的经营实体名字为普华永道中天会计师事务所。

（3）安永（Ernst & Young）（伦敦）主要客户包括英特尔、可口可乐、沃尔玛、英国石油、时代华纳、美洲银行、麦当劳、中国银行、中国人寿等。1992年7月，安永会计师事务所与北京的华明会计师事务所在北京合作开办安永华明会计师事务所。安永倡导"以人为本"，尽量为员工营造良好的工作环境和同事关系，提供成长性的培训计划。1981年成为最早获政府批准在北京设立办事处的国际专业服务公司。1992年，安永在北京成立安永华明会计师事务所。目前，安永在中国拥有超过6500名专业人员，北京、香港、上海、广州、深圳、大连、武汉、成都、苏州、沈阳及澳门均设有分所。

（4）毕马威（阿姆斯特丹）主要客户包括美国通用电气公司、苹果公司、壳牌公司、辉瑞制药、雀巢公司、奔驰公司、百事可乐、花旗银行、中国工商银行、中国联通、中国石油、华为等。1983年10月在北京设立了第一家常驻代表机构，现在重庆、沈阳、青岛、南京、成都、杭州、广州、福州、厦门、长沙、上海都建立了分所。毕马威强调"以身作则、为人表率、上下一心、团队精神"，高薪背后希望有你认真的工作态度、吃苦耐劳的勇气和团队合作的精神。

■ 第三节　内部审计机构及人员

引例

某大学不少学生反映食堂饭菜质量差、定价高，而食堂管理部门却说一直在亏本经营。面对这一矛盾，学校决定对食堂2015~2016年度财务收支情况进行审计。

　　该大学一直采用自办食堂的管理方式，食堂负责统一采购主要食材，供应 5 个校区 9 个餐厅的 120 多个经营组。内部审计组以财务收支审计为基础，结合内部控制审计的技术方法，在把握基本情况的基础上突出重点内容进行审计。

　　审计发现食堂存在如下诸多问题。

　　第一，食堂内部管理制度不健全，缺乏章程、岗位职责等基本的内部管理制度。

　　第二，食堂与各经营组之间无成文的经营协议，权责不明确。

　　第三，非政府采购支出缺乏规范程序与合理的内部控制。

　　第四，修理费用等经常性费用支出缺乏规范的控制程序。例如，2016 年 6 月某餐厅修理门锁、清理餐厅屋顶油腻等费用支出 4.2 万元，修理清单上只有食堂经办人一人签字，无餐厅经理或其他验收证明人签字。

　　第五，资产管理制度不健全，遗留问题较多。例如，在 2015 年 11 月盘点中发现的价值 175 万元的 517 件固定资产有账无物，至审计结束时仍未做处理。

　　第六，食堂未按照学校规定的标准发放补贴和奖金，补贴和奖金名目繁多且未统一会计科目核算。食堂在财务核算中通过超额提取福利基金、超额预提水电费、多记应付经营户账款等名目隐匿利润 160 多万元。

　　第七，财务部门未经学校决策程序从学生一卡通就餐费用中无理由提取管理费，2015 年和 2016 年共计提取 9 万元，增加了学生就餐成本。

　　第八，私车公费报销。2015 年，车辆费用支出中有 9.5 万元属于私车公费报销。

　　针对以上发现的问题，审计组提出了整改意见，三个月后的后续审计表明，被审计单位整改工作取得了较好的效果。

　　思考：上述事件的主体都包括谁？他们是处于同一个单位吗？是否肩负着不同的职责？你认为内部审计机构是否独立于单位各部门呢？下面我们将通过学习，了解有关内部审计的相关知识。

一、内部审计机构及其特征

　　内部审计是指由部门或单位内部相对独立的审计机构和审计人员对本部门或本单位的财政财务收支、经营管理活动及其经济效益进行审核和评价，查明其真实性、正确性、合法性、合规性和有效性，提出意见和建议的一种专门经济监督活动。我国内部审计机构可进一步分为部门内部审计机构和单位内部审计机构。

（一）内部审计机构

　　我国的内部审计机构是根据 1994 年公布的《审计法》设置的。1994 年《审计法》第二十九条规定："国务院各部门和地方人民政府各部门、国有的金融机构和企业事业组织，应当按照国家有关规定建立健全内部审计制度。各部门、国有的金融机构和企业事业组织的内部审计，应当接受审计机关的业务指导和监督。"我国的内部审计机构包括部门内部审计机构和单位内部审计机构。

　　1. 部门内部审计机构

　　部门内部审计机构是由国务院和地方各级政府按行业划分的业务主管部门的专门

审计机构。部门内部审计是我国审计组织体系的一个特点，它是由我国政府组织结构的特点所决定的，具有双重性质。对本部门来说，它等同于单位内部审计；对下属各单位来说，它又是一定意义上的外部审计。国务院和县级以上地方政府各部门，应当建立内部审计监督制度，设立审计机构，受本部门的主要负责人领导。

2. 单位内部审计机构

单位内部审计是由国家财政、金融机构、企事业单位设置的专门审计机构。根据我国现行法规，各大中型企事业单位都必须建立内部审计机构。西方各国企事业单位基本上是根据自己的实际需要而自愿地建立内部审计组织，并且只接受本单位最高领导者（总经理、董事会或审计委员会）的领导，和作为会员接受内部审计师协会发布的内部审计标准的约束。大中型企事业单位应当建立内部审计制度，在本单位董事会下设的审计委员会或主要负责人的领导下，负责本单位财务收支及其经济效益的审计。无论部门或单位内部审计机构，都必须单独设立，与财务部门分开。

（二）内部审计的特征

内部审计的特征主要如下。

（1）服务上的内向性。内部审计的主要职责是代表所有股东监督企业及各部门贯彻管理层的意图，维护本单位的利益，为实现企业目标服务。

（2）审查范围的广泛性。内部审计由部门、单位领导在经济管理和经济监督方面的参谋助手来进行，审计报告不具有法律效力。可以满足管理层的不同要求与目的，与外部审计相比，这种业务范围广泛。

（3）作用的稳定性。随着经济的发展，内部审计已从只起制约作用扩展到了改善经营管理与提高风险控制水平的促进作用，并且在相当长的时间内会同时存在。

（4）微观监督与宏观监督的统一性。微观上执行本单位经济监督，为加强内部管理服务，这是内部审计的主要工作内容。宏观上还应该从国家利益出发，对本单位遵守国家政策、法律情况进行审查。

二、内部审计机构的职责权限

（一）内部审计机构的职责

内部审计机构或者内部审计工作人员应当做到对本单位及单位下属单位的规定事项进行审计监督，其主要职责如下。

（1）对本单位及所属单位（含占控股地位或者主导地位的单位，下同）的财政收支、财务收支及其有关的经济活动进行审计。

（2）对本单位及所属单位预算内、预算外资金的管理和使用情况进行审计。

（3）对本单位内设机构及所属单位领导人员的任期经济责任进行审计。

（4）对本单位及所属单位固定资产投资项目进行审计。

（5）对本单位及所属单位内部控制系统的健全性和有效性，以及风险管理进行审计。

（6）对本单位及所属单位经济管理和效益情况进行审计。

（7）法律法规规定及本单位主要负责人或者权力机构要求办理的其他审计事项。

（二）内部审计机构的职权

内部审计机构在审计过程中，有规定的职权。其职权有以下十个。

（1）要求被审计单位按时报送生产计划、经营计划、财务收支计划、预算执行情况、决算、财务会计报告和其他有关文件及资料。

（2）参加本单位有关会议，召开与审计事项有关的会议。

（3）参与研究制定有关的规章制度，提出内部审计规章制度，由单位审定公布后施行。

（4）检查有关生产、经营和财务活动的资料、文件并现场勘察实物。

（5）检查有关的计算机系统及其电子数据和资料。

（6）针对审计事项相关的问题对有关单位和个人进行调查，并取得证明材料。

（7）对正在进行的严重违法违规、严重损失浪费行为做出临时制止决定。

（8）对可能转移、隐匿、篡改、毁弃会计凭证、会计账簿、财务会计报告，以及与经济活动有关的资料，经本单位董事会或者主要负责人批准，有权予以暂时封存。

（9）提出纠正、处理违法违规行为的意见，以及改进经济管理、提高经济效益的建议。

（10）对违法违规及造成损失浪费的单位和人员，给予通报批评或者提出追究责任的建议。

三、国际内部审计组织

（一）国际内部审计组织协会

国际内部审计师协会是内部审计的国际性民间学术团体，其前身是美国的内部审计师协会，于1941年在美国纽约成立，是美国的一个全国性民间学术团体。1941年后，英国、加拿大、澳大利亚、法国、日本等国家的内部审计师先后加入，使该组织逐渐成为世界性的组织。

中国内部审计协会前身为中国内部审计学会，成立于1987年，1998年经审计署同意，并报民政部批准，学会更名为协会，成为对各内审机构进行行业自律管理的全国性社会团体组织。中国内部审计协会于1987年加入国际内部审计师协会，成为国际内部审计师协会的国家分会。

（二）西方国家内部审计机构类型

西方国家很多部门和企业都设有内部审计机构，其隶属关系有以下几种类型。

（1）受本单位主计长领导（相当于我国企业的总会计师）。

（2）受本单位总裁或总经理领导。

（3）受本单位董事会或其下属的审计委员会领导。

（4）受本单位董事会下设的审计委员和主计长双重领导。

四、内部审计发展趋势

（一）开拓风险管理审计新领域

近年来，很多内部审计组织开始介入风险管理，并将其作为内部审计的重要领域。内部审计之所以涉足风险管理领域，主要有以下几个原因。

1. 内部审计顺应加强风险管理的要求

随着社会经济的发展，特别是经济全球化及国际化程度的加深，公司的经营环境日趋复杂，经营风险也大大增加。公司在对外经营运作过程中，面临各种经营风险，包括竞争对手的恶意竞争行为导致的风险、合作伙伴履约资信问题导致的风险及经营环境变化导致的风险。在内部的运营过程中，公司也面临运作效率低下所带来的损失风险等。公司、行业之间的竞争日益加剧，如何防范风险、加强风险管理，已成为公司经营者面临的重要问题。因此，减少公司面临的风险是组织实现目标的关键，也是公司管理人员十分关心的问题。内部审计的目的在于增加组织的价值和改善组织的经营，内部审计人员是公司的管理咨询师，因此，内部审计部门和内部审计人员参与公司的风险管理也就顺理成章了。

2. 内部审计组织对拓展新领域的探索

内部审计组织为了自身的发展，为了在公司中担当更重要的角色和发挥更重要的作用，不断探索内部审计的新领域。公司高层管理人员对风险管理的空前重视，为内部审计发展提供了一个良好的机会。内部审计组织对风险管理的介入，使内部审计在公司中成为一个重要的角色，并将其作用推上一个新台阶。国际内部审计师协会推进内部审计由以财务审计为主逐步向以风险管理审计为主转变，既是内部审计发展的结果，更是受托责任关系发展变化的体现。1999 年，国际内部审计师协会通过的内部审计新定义，对内部审计的定位为"评价并改善风险管理、控制和治理过程的效果，帮助组织实现其目标"。

3. 内部审计发展和作用发挥的内在要求

内部审计作为内部控制的重要组成部分，其在风险管理中发挥着不可替代的独特作用，主要有以下几个方面：①内部审计人员从事具体的业务活动，独立于业务管理部门，这使得他们可以从全局出发，从客观的角度对风险进行识别，及时建议管理部门采取措施控制风险。②内部审计人员通过对长期风险策略与各种决策的审计、调查，可以调控、指导公司的风险管理策略。③内部审计部门独立于公司高级管理层，其风险评估的意见可以直接上报给董事会，其建议更易引起管理当局的重视。从内部审计发挥的上述职能看，内部审计已经参与到公司治理与风险管理中，帮助组织发现并评价重要的风险因素，促进组织改进风险管理体系。内部审计人员是风险管理专家，通过对风险的把握和评价，实现对风险的控制。

4. 内部审计受外部审计开展风险评估的影响

近年来，注册会计师的业务领域不断扩展，在其所扩展的新的保证服务业务中就包括了风险评估，且是其主要业务之一。这不能不对内部审计界产生影响，因为内部审计部门和内部审计人员在风险管理方面拥有注册会计师无可比拟的优势。比如，内部审计部门和内部审计人员对公司面临的风险更了解，对防范公司风险、实现公司目标有着更强烈的责任感。既然外部审计可以从事此项业务，内部审计就更可以从事这一工作。

（二）深入介入内部控制评价

在 20 世纪 80 年代，内部控制是企业管理的重要内容，检查和评价内部控制制度是否充分、有效和具有可操作性是内部审计的重要工作。从 1991 年开始，世界许多大公司开始了兼并、重组和公司治理工作，企业面临的风险普遍增大。

1. 深入介入内部控制的原因

由于企业实行多样化经营，进入了许多以前未涉及的领域；实施国际化发展战略，控制链大大延长；信息技术在经营管理中广泛应用导致计算机犯罪增加。在这种情况下，企业开始注重风险管理，内部审计的重点也从制度基础审计转向风险导向审计。

2. 内部控制自我评价

内部控制自我评价是西方国家内部控制系统评审的一种方法，是公司监督和评估内部控制的主要工具。它将运行和维持内部控制的主要责任赋予管理层，同时，使员工和内部审计师与管理人员合作评估控制程序的有效性，共同承担对内部控制评价的责任。这使以往由内部审计部门对控制的适当性及有效性进行独立验证，发展到全新的阶段，即通过设计、规划和运行内部控制自我评价程序，由企业整体对管理控制和治理负责。它要求从整个业务流程中发现问题，由计算机汇总并反馈问题；审计人员转变成外向型人才，广泛接触各部门人员，采用多种技术方法，促进经营管理目标的实现。简言之，这种方法不再以内审部门实施内部控制评价为主，而是以管理部门的自我评价为主。

通过内部控制自我评价，内部审计人员不再仅仅是独立的问题发现者，而成为推动公司改革的使者，将以前消极的以发现和评价为主要内容的内部审计活动向积极的防范和解决方案的内部审计活动转变，从事后发现内部控制薄弱环节转向事前防范，从单纯强调内部控制转向积极关注利用各种方法来改善公司的经营业绩。另外，内部控制自我评价可以发挥管理人员的积极性，使他们学到风险管理、控制的知识，熟悉本部门的控制过程，使风险更易于发现和监控，纠正措施更易于落实，业务目标的实现更有保证。内部审计人员广泛接触各部门人员，与各管理部门建立经营伙伴关系，有利于共同采取措施防止内部控制薄弱环节的产生。

3. 出具内部控制评价报告

《萨班斯·奥克斯利法案》第 404 条款——管理层对内部控制的评价：强调公司管理层对建立和维护内部控制系统及相应控制程序充分有效的责任；上市公司管理层在最近财务年度末应对内部控制系统及控制程序的有效性进行评价。国际内部审计深入介入内部控制这一领域，这一举动是与该法案的明确要求密切相关的。这是因为人们已经认识到内部控制在组织目标实现过程中所起的关键作用，因此，公司内部控制的运行状况已不仅仅是公司内部关心的对象，还会受到外部相关人士的关注。

对于第 404 条款中要求的管理层对内部控制的评价，担任年度财务报告审计的会计师事务所应当对其进行测试和评价，并出具评价报告。上述评价和报告应当遵循上市公司会计监督委员会发布或认可的准则，上述评价过程不应当作为一项单独的业务。

（三）推动更有效的公司治理

在现代市场经济条件下，公司治理结构完善与否决定了公司能否有序运转，公司效益和持续发展能力能否不断提高，进而关系到整个资本市场能否规范有效运行。这也是近年来公司治理越来越受到政府监管部门和社会各界广泛关注的原因。

1. 公司治理过程

国际内部审计师协会对治理过程的定义是："组织的投资人代表，如股东等所遵循的程序，旨在对管理层执行的风险和控制过程加以监督。"国际内部审计师协会颁布的《内部审计实务标准》实务公告 2130 规定：内部审计活动应该评价并改进组织的治理过程，为组织的治理做贡献。内部审计部门和内部审计师由于在组织中得到高度的信任，有良好的职业操守和技能，有能力提请领导层、管理人员和员工遵守法律、道德规范和社会责任，应当支持组织在道德文化建设中发挥积极作用。

2. 强化公司治理的重要举措

美国的公司治理结构大多为三位一体，即董事会、管理层和外部审计。但是三位一体的公司治理结构存在着缺陷：管理层聘请外部审计，使会计师事务所自身的利益与公司管理层密切相关，丧失独立性；内部监督机制不健全，内部审计缺乏相对的独立性。许多公司的内部审计机构向公司管理层报告工作，审计的内容、范围和结果报告受到管理层的限制，致使董事会无法全面了解公司经营管理和财务的真实状况。

采用审计委员会这种内部监督机制，可以避免由管理层直接聘请会计师事务所和决定审计费用的现象，从而强化对公司管理层的监督功能。在审计委员会领导下的内部审计机构，受公司董事长的直接领导，地位比较超脱，有较强的独立性和权威性，其工作范围不受管理部门的限制，能够确保审计结果受到足够的重视，进而提高内部审计的效率。

3. 内部审计与公司治理

首先，内部审计是为企业科学经营管理而产生的。内部审计起源于受托责任关系，受托责任关系是资源占有人实现对资源的有效管理与使用的必要手段和保证机制，而审计是受托责任关系能够顺利实现的必要手段和保证机制，即内部审计是经营管理实行分权制的产物，是在受托责任关系下，基于经济监督的需要而产生和发展的。因此，内部审计是捍卫企业内部控制体系与公司治理结构的重要手段。

其次，内部审计是公司治理的有机组成部分。内部审计能够保证所有者与经营者权力的制衡，是提高公司治理有效性的重要手段。国际内部审计师协会曾强调，内部审计与公司治理有着紧密的联系。健全的公司治理结构是促使内部审计有效运行，保证内部审计功能发挥的前提和基础。同时内部审计又反作用于公司治理，在公司治理中为管理层监督评价会计制度和其他控制制度的有效执行提供保证，成为公司治理不可或缺的组成部分。

最后，内部审计也是公司治理健康有序发展的必要手段。内部审计不仅可以针对发现的问题提出有建设性的意见和建议，保护股东或企业的利益，维护企业的合法权益，还能够完善现代公司治理体系，使公司治理结构更趋合理。内部审计能够对公司治理行为的有效性起到质量上的保障作用，这种作用是其他监督体系所无法替代的。

思维导图

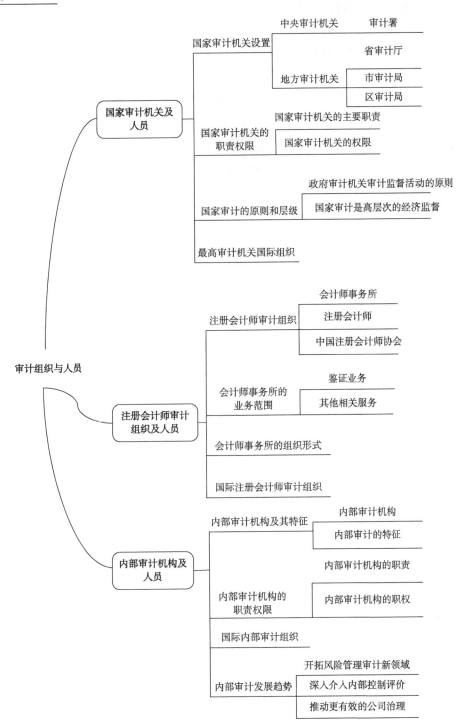

课后思考题

1. 阐述我国国家审计的职责和权限。
2. 阐述会计师事务所的业务范围。
3. 阐述我国内部审计的新的发展趋势。

第二章习题

第三章

审计职业规范体系

审计职业规范是由国家机关或职业团体制定的一整套权威性标准，用以规定审计人员在提供审计服务时应具有的素质与资格、应遵循的行为准则，它是衡量和评价审计人员审计服务质量的基本判定标准。

通过本章学习需要了解三大类审计的职业规范体系的框架，重点掌握审计职业道德的基本要求和独立性概念框架及具体应用。审计的业务准则我们在下一章开始做详细的阐述。

第一节　审计职业规范体系概述

一、审计职业规范定义

审计职业规范是由国家机关或职业团体制定的一整套权威性标准，用以规定审计人员在提供审计服务时应具有的素质与资格、应遵循的行为准则，它是衡量和评价审计人员审计服务质量的基本判定标准。

二、审计职业规范体系框架

审计规范包括三个层次：宪法、审计法规、部门规章，审计规范体系图见图 3-1。审计职业规范体系包括四项内容：业务准则（技术标准规范）、审计职业道德规范、质量管理规范和职业后续教育规范。本书重点介绍审计职业规范中的业务准则和审计职业道德规范。

（一）国家审计职业规范

国家审计职业规范体系是指我国审计署为全面贯彻执行《审计法》及其他有关法律法规而制定的审计机关和审计人员应遵循的准则、规定及办法等规范的总称。

1. 《审计法》

1994 年 8 月 31 日全国人民代表大会常务委员会制定、2006 年 2 月 28 日修正的《审计法》是专门规定国家审计制度的法律，是我国国家审计的基本法律。《审计法》对我国审计监督的基本原则、审计机关、审计人员、审计机关职责、审计机关权限、审计程序

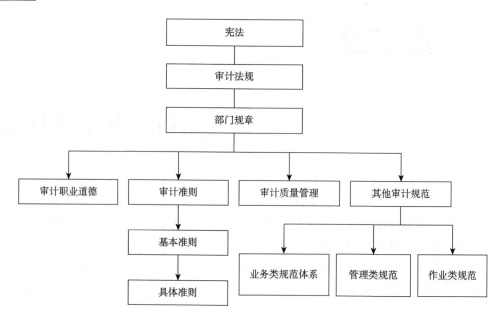

图 3-1   审计规范体系

和法律责任等国家审计的基本制度作了全面规定。国家实行审计监督制度。国务院和县级以上地方人民政府设立审计机关。

审计机关依照法律规定独立行使审计监督权，不受其他行政机关、社会团体和个人的干涉。审计机关和审计人员办理审计事项，应当做到客观公正、实事求是、廉洁奉公、保守秘密。

2021 年 5 月 6 日，国务院总理李克强主持召开了国务院常务会议，通过了《中华人民共和国审计法（修正草案）》。草案保持审计基本制度不变，在宪法和法律框架下扩展审计范围，增加了对除政府投资建设项目外的其他重大公共工程项目、国有资源、国有资产、公共资金和地方银行等进行审计监督的规定，强化审计监督手段，增强审计监督的独立性和公信力，明确要求被审计单位应按规定时间整改审计查出的问题，审计机关应对整改情况进行跟踪检查，对拒不整改或整改时弄虚作假的依法追究责任。会议决定将草案提请全国人民代表大会常务委员会审议。

根据 2021 年 10 月 23 日第十三届全国人民代表大会第三十一次会议《关于修改〈中华人民共和国审计法〉的决定》第二次修正，修订后《审计法》共计 60 条，于 2022 年 1 月 1 日起实施。

2. 国家审计准则

2010 年 9 月 8 日审计署网站公布了新修订的《中华人民共和国国家审计准则》，于 2011 年 1 月 1 日起施行。修订后的准则共分七章，包括总则、审计机关和审计人员、审计计划、审计实施、审计报告、审计质量控制和责任、附则。准则对执行审计业务基本程序做了系统规范，是审计机关和审计人员履行法定职责的行为规范，是执行审计业务的职业标准，是评价审计质量的基本尺度，适用于审计机关开展的各项审计业务。

3. 国家审计基本准则

国家审计基本准则是审计机关及其审计人员应当具备的资格条件和职业要求，是实施审计、反映审计结果、审定审计报告、出具审计意见书和做出审计决定时应当遵循的行为规范，是衡量审计质量的基本尺度。从具体内容上看，国家审计基本准则由一般准则、作业准则、报告准则、处理和处罚准则构成。

一般准则规定如下。

（1）审计机关办理审计事项和审计人员承办审计业务应具备的条件。审计机关办理审计事项的条件为要有独立的审计组织和合格的审计人员，法定的职责和权限，健全的审计质量控制制度，必需的经费保证；承办审计业务的审计人员的条件为要熟悉有关的法律、法规和政策，掌握会计、审计及其他相关专业知识，有一定的会计、审计或其他相关专业工作经历，具有调查研究、综合分析和一定的文字表达能力。审计机关及其审计人员办理审计事项，应当做到客观公正、实事求是、廉洁奉公，并保持严谨、稳健、负责的职业态度。

（2）对审计机关和审计人员独立性的要求，即审计机关和审计人员不得参与被审计单位的行政或经营管理活动，审计人员办理审计事项，与被审计单位或者审计事项有利害关系的，应当回避。

（3）对审计人员保守秘密的要求。审计人员应当保守其在执行公务中知悉的国家秘密、被审计单位的商业秘密，在执行公务中取得的被审计单位财政收支或者与财务收支有关的资料不得用于与审计工作无关的目的。

（4）一般准则还对审计人员的继续教育和专业技术资格等进行了规范。

按国家审计作业准则的要求，国家审计的工作过程应为以下几个步骤。

（1）根据法律、法规和政府工作的要求，确定审计工作重点，编制年度审计项目计划，确定审计事项，并按审计组组长负责制的要求委派审计人员。

（2）编制具体审计事项的审计方案，确定审计目标和审计重点；审计方案经批准后，应提前向被审计单位送达审计通知书。

（3）审计组实施审计应对被审单位的内部控制制度和会计资料进行控制测试与实质性程序，确定证明材料，并对审计工作进行记录，编制审计工作底稿，审计组组长应对审计工作底稿进行必要的检查和复核。

（4）审计中如有特殊需要，可以委派或聘请专门机构及有专门知识的人员，对审计事项中某些专门问题进行鉴定；审计机关应对审计组的工作情况进行监督等。

报告准则、国家审计准则对审计报告的要求有以下几点。审计组完成审计工作后，应按时向审计机关提交审计报告；在提交审计报告之前，要征求被审计单位对审计报告的意见；审计报告的内容包括审计的内容、范围、方式、时间，被审计单位的有关情况，实施审计的有关情况，审计评价意见，对违反国家规定的财政收支、财务收支行为的定性、处理、处罚建议及其依据；审计机关要建立对审计报告的复核制度，审计报告经复核后，送交审计机关审定。

审定审计报告后，应根据不同情况出具审计意见书或审计决定，对被审计单位做出审计处理或处罚。审计意见书的内容包括审计的内容、范围、方式和时间，对审计事项的评价意见和评价依据，责令被审计单位自行纠正的事项，改进被审计单位财政收支、财务收支管理和提高效益的意见及建议。审计决定的内容包括审计的内容、范围、方式和时间，被审计单位违反国家规定的财政收支、财务收支的行为，定性、处理、处罚决定及其依据，处理、处罚决定执行的期限和要求，依法申请复议的期限和复议机关。

审计处理的种类包括：责令限期缴纳应当缴纳或上缴的财政收入、责令限期退还违法所得、责令限期退还被侵占的国有资产、责令冲转或者调整有关会计账目、依法采取其他处理措施。审计处罚的种类包括：警告、通报批评、罚款、没收违法所得、依法采取其他处罚措施。除上述内容外，审计机关还应每年向政府提出对本级财政预算执行和其他财政收支的审计报告及对财政收支、财务收支与宏观经济管理有关重要问题的专题报告。

4. 审计机关的职业道德准则

国家审计职业道德是国家审计人员在审计工作中形成的应当满足社会需要、承担社会责任、履行社会义务的行为规范，它是审计工作质量的重要保障，是维护和提高政府及审计行业形象与公信力的有效途径。一般地，国家审计职业道德包含敬业爱岗、依法审计、好学进取、廉洁奉公和保守秘密等。

国家审计运作了三十多年，职业道德建设在不断地完善，1988年发布的《中华人民共和国审计条例》规定"审计工作人员应当依法审计、忠于职守、坚持原则、客观公正、廉洁奉公、保守秘密"，1994年颁布和2006年修正的《审计法》明确"审计机关和审计人员办理审计事项，应当客观公正，实事求是，廉洁奉公，保守秘密"；审计署也先后出台了《审计机关审计人员职业道德准则》《审计署关于加强审计纪律的规定》。2011年起施行的《中华人民共和国国家审计准则》把"严格依法、正直坦诚、客观公正、勤勉尽责、保守秘密"作为基本审计职业道德。

（二）内部审计职业规范

内部审计职业规范是指内部审计工作人员在审计工作中应当遵循的业务标准和行为准则的总称，主要包括《审计署关于内部审计工作的规定》和《中国内部审计准则》。

1. 《审计署关于内部审计工作的规定》

2018年1月12日，中华人民共和国审计署第11号令正式发布了新修订《审计署关于内部审计工作的规定》，并于2018年3月1日起施行。《审计署关于内部审计工作的规定》的出台为新时代内部审计工作提供了坚强的制度保障，对于各部门（单位）建立完善内部审计制度、规范内部审计行为、增强审计监督效能、推动工作健康发展具有重要意义和作用。

出台《审计署关于内部审计工作的规定》是审计署贯彻落实党中央、国务院加强内部审计工作、充分发挥内部审计作用指示精神的重大举措，是审计机关在新形势下依法履行指导和监督职责的具体体现，对于促进国家治理体系和治理能力现代化、推动建立现代经济体系和提升公共管理效能具有重大意义，对于规范、引导内部审计机构有效履职尽责和切实发挥作用提供了基本遵循。

2. 内部审计准则

1）制定内部审计准则的目标

贯彻落实《审计法》《审计署关于内部审计工作的规定》及相关法律法规，加强内部审计工作，实现内部审计的制度化、规范化和职业化；促使内部审计机构和人员按照统一的内部审计准则开展内部审计工作，保障内部审计机构和人员依法行使职权，保证内部审计质量，提高内部审计效率，防范审计风险，促进组织的自我完善与发展；明确内部审计机构和人员的责任，发挥内部审计对强化内部控制、改善风险管理、完善组织治理结构、促进组织目标实现的作用；建立与国际内部审计准则相衔接的中国内部审计准则。

2）内部审计准则的约束力

内部审计基本准则、内部审计具体准则是内部审计机构和人员进行内部审计的执业规范，内部审计机构和人员在进行内部审计时应当遵照执行。内部审计实务指南是对内部审计机构和人员实施内部审计的具体指导，内部审计机构和人员在进行内部审计时应当参照执行。

内部审计准则适用于内部审计机构和人员进行内部审计的全过程、适用于各类组织。无论组织是否以营利为目的，也无论组织规模大小和组织形式如何，内部审计机构和人员在进行内部审计时，都应遵循内部审计准则。

3）内部审计准则的内容

中国内部审计协会 2003 年对内部审计准则进行了全面系统的修订，于 2014 年 1 月 1 日起施行。《中国内部审计准则》包括内部审计基本准则、内部审计人员职业道德规范、25 个内部审计具体准则和 5 个实务指南。2021 年中国内部审计协会对《第 2205 号内部审计具体准则——经济责任审计》进行了修订并于 2021 年 3 月 1 日起执行。

（三）注册会计师审计职业规范

见本章第二节内容。

第二节　注册会计师审计职业规范

我国注册会计师执业准则体系包括中国注册会计师业务准则和会计师事务所质量管理准则，其中中国注册会计师业务准则又包括鉴证业务准则和相关服务准则，鉴证业务准则可以进一步细分为审计准则、审阅准则和其他鉴证业务准则，而相关服务准则包括商定程序、代编财务信息等方面的准则。中国注册会计师业务准则体系见图 3-2。

执业准则作为规范注册会计师执行业务的权威性标准，对提高注册会计师的执业质量，降低执业风险，维护社会公众的利益具有重要的作用。会计师事务所质量控制准则用以规范会计师事务所在执行各类业务时应当遵守的质量控制政策和程序，是对会计师事务所质量控制提出的制度要求。

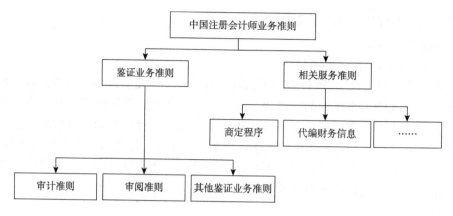

图 3-2　中国注册会计师业务准则体系

一、鉴证业务基本准则

（一）鉴证业务概念

鉴证业务准则由鉴证业务基本准则统领，按照鉴证业务提供的保证程度和鉴证对象的不同，分为审计准则、审阅准则和其他鉴证业务准则。其中，审计准则是整个执业准则体系的核心。

鉴证业务基本准则是鉴证业务准则概念框架，旨在规范注册会计师执行鉴证业务，明确鉴证业务的目标和要素，确定审计准则、审阅准则、其他鉴证业务准则适用的鉴证业务类型。鉴证业务是指注册会计师对鉴证对象信息提出结论，以增强除责任方之外的预期使用者对鉴证对象信息信任程度的业务。

鉴证对象信息是按照标准对鉴证对象进行评价和计量的结果，如责任方按照会计准则和相关会计制度（标准）对其财务状况、经营成果和现金流量（鉴证对象）进行确认、计量和列报（包括披露，下同）而形成的财务报表（鉴证对象信息）。鉴证业务包括历史财务信息审计业务、历史财务信息审阅业务和其他鉴证业务。注册会计师执行历史财务信息审计业务、历史财务信息审阅业务和其他鉴证业务时，应当遵守本准则，以及依据本准则制定的审计准则、审阅准则和其他鉴证业务准则。

审计准则用以规范注册会计师执行历史财务信息的审计业务。在提供审计业务时，注册会计师对所审计信息是否不存在重大错报提供合理保证，并以积极方式提出结论。

审阅准则用以规范注册会计师执行历史财务信息的审阅业务。在提供审阅业务时，注册会计师对所审阅信息是否不存在重大错报提供有限保证，并以消极方式提出结论。

其他鉴证业务准则用以规范注册会计师执行历史财务信息审计或审阅以外的其他鉴证业务，根据鉴证业务的性质和业务约定的要求，提供有限保证或合理保证。

相关服务业务准则用以规范注册会计师代编财务信息、执行商定程序，提供管理咨询等其他服务。在提供相关服务业务时，注册会计师不提供任何程度的保证。

（二）鉴证业务要素

鉴证业务要素是指鉴证业务的三方关系、鉴证对象、标准、证据和鉴证报告。

1. 三方关系

鉴证业务涉及的三方关系人包括注册会计师、责任方和预期使用者。责任方与预期使用者可能是同一方，也可能不是同一方。在某些情况下，责任方和预期使用者可能来自同一个企业，但并不意味着两者就是同一方。例如，某公司同时设有董事会和监事会，监事会需要对董事会和管理层提供的信息进行监督。

责任方也会成为预期使用者之一，但不是唯一的预期使用者。例如，在财务报表审计中，责任方是被审计单位的管理层，此时被审计单位的管理层便是审计报告的预期使用者之一，但同时预期使用者还包括企业的股东、债权人、监管机构等。

因此，是否存在三方关系人是判断某项业务是否属于鉴证业务的重要标准之一。如果某项业务不存在除责任方之外的其他预期使用者，那么该业务不构成一项鉴证业务。鉴证业务还会涉及委托人，但委托人不是单独存在的一方，委托人通常是预期使用者之一，委托人也可能由责任方担任。

注册会计师是指取得注册会计师证书并在会计师事务所执业的人员，有时也指其所在的会计师事务所。

对责任方的界定与所执行鉴证业务的类型有关。责任方是指下列组织或人员：①在直接报告业务中，对鉴证对象负责的组织或人员。例如，在系统鉴证业务中，注册会计师直接对系统的有效性进行评价并出具鉴证报告，该业务的鉴证对象是被鉴证单位系统的有效性，责任方是对该系统负责的组织或人员，即被鉴证单位的管理层。②在基于责任方认定的业务中，对鉴证对象信息负责并可能同时对鉴证对象负责的组织或人员。例如，企业聘请注册会计师对企业管理层编制的持续经营报告进行鉴证。在该业务中，鉴证对象信息为持续经营报告，由该企业的管理层负责，企业管理层为责任方。该业务的鉴证对象为企业的持续经营状况，它同样由企业的管理层负责。再如，某政府组织聘请注册会计师对某企业的持续经营报告进行鉴证，该持续经营报告由该政府组织编制并分发给预期使用者。在该业务中，鉴证对象信息由该政府组织负责，该政府组织为责任方。该业务的鉴证对象为企业的持续经营状况，责任方即该政府组织却无须为它负责。责任方可能是鉴证业务的委托人，也可能不是委托人。

预期使用者是指预期使用鉴证报告的组织或人员。责任方可能是预期使用者，但不是唯一的预期使用者。

注册会计师可能无法识别使用鉴证报告的所有组织和人员，尤其在各种可能的预期使用者对鉴证对象存在不同的利益需求时，此时，预期使用者主要是指那些与鉴证对象有重要和共同利益的主要利益相关者。例如，在上市公司财务报表审计中，预期使用者主要是指上市公司的股东。

注册会计师应当根据法律法规的规定或与委托人签订的协议识别预期使用者。

2. 鉴证对象

鉴证对象与鉴证对象信息具有多种表现形式，主要包括：①当鉴证对象为财务业绩或状况时（如历史或预测的财务状况、经营成果和现金流量），鉴证对象信息是财务报表；②当鉴证对象为非财务业绩或状况时（如企业的运营情况），鉴证对象信息可能是反映效率或效果的关键指标；③当鉴证对象为物理特征时（如设备的生产能力），鉴证对象信息可能是有关鉴证对象物理特征的说明文件；④当鉴证对象为某种系统和过程时（如企业的内部控制或信息技术系统），鉴证对象信息可能是关于其有效性的认定；⑤当鉴证对象为一种行为时（如遵守法律法规的情况），鉴证对象信息可能是对法律法规遵守情况或执行效果的声明。

鉴证对象具有不同的特征，可能表现为定性或定量、客观或主观、历史或预测、时点或期间。这些特征将对下列方面产生影响：①按照标准对鉴证对象进行评价或计量的准确性；②证据的说服力。

通常，如果鉴证对象的特征表现为定量的、客观的、历史的或时点的、评价和计量的准确性相对较高，注册会计师获取证据的说服力就相对较强，相应地，对鉴证对象信息提供的保证程度也较高。

鉴证对象是否适当是注册会计师能否将一项业务作为鉴证业务予以承接的前提条件，适当的鉴证对象应当同时具备下列条件：①鉴证对象可以识别；②不同的组织或人员对鉴证对象按照既定标准进行评价或计量的结果合理一致；③注册会计师能够收集与鉴证对象有关的信息，获取充分、适当的证据，以支持其提出适当的鉴证结论。

3. 标准

标准是指用于评价或计量鉴证对象的基准，当涉及列报时，还包括列报的基准（列报包括披露）。标准是鉴证业务中不可或缺的一项要素。运用职业判断对鉴证对象做出评价或计量，离不开适当的标准。标准是对所要发表意见的鉴证对象进行"度量"的一把"尺子"，责任方和注册会计师可以根据这把"尺子"对鉴证对象进行"度量"。

标准包括很多类型：①正式的规定。正式的规定通常是一些既定的标准，是由法律法规规定的，或是由政府主管部门或国家认可的专业团体依照公开、适当的程序发布的。②非正式的规定。非正式的规定通常是一些专门制定的标准，是针对具体的业务项目量身定做的，包括企业内部制定的行为准则、确定的绩效水平或商定的行为要求等。标准的类型不同，注册会计师在评价标准是否适合于具体的鉴证业务时，所关注的重点也不同。对于公开发布的标准，注册会计师通常不需要对标准的适当性进行评价，而只需评价该标准对具体业务的适用性。例如，在我国，会计标准由国家统一制定并强制执行。注册会计师无须评价会计标准是否适当，只需要判断责任方采用的标准是否适用于被鉴证单位即可（如小企业可以采用《小企业会计准则》）。

对于专门制定的标准，注册会计师首先要对这些标准本身的适当性加以评价，否则，注册会计师连自己所用的"尺子"是否适当都无法判断，又如何用这把"尺子"去"度量"要发表意见的鉴证对象。

注册会计师在运用职业判断对鉴证对象做出合理一致的评价或计量时，需要有适当的标准。如果使用的标准不适当或不适用于具体业务，发表的鉴证结论便毫无意义。

适当的标准应当具备下列所有特征：①相关性，相关的标准有助于得出结论，便于预期使用者做出决策；②完整性，完整的标准不应忽略业务环境中可能影响得出结论的相关因素，当涉及列报时，还包括列报的基准；③可靠性，可靠的标准能够使能力相近的注册会计师在相似的业务环境中，对鉴证对象做出合理一致的评价或计量；④中立性，中立的标准有助于得出无偏向的结论；⑤可理解性，可理解的标准有助于得出清晰、易于理解、不会产生重大歧义的结论。

注册会计师基于自身的预期、判断和个人经验对鉴证对象进行的评价与计量，不构成适当的标准。标准应当能够为预期使用者获取，以使预期使用者了解鉴证对象的评价或计量过程。

4. 证据

获取充分、适当的证据是注册会计师提出鉴证结论的基础（证据的具体内容见第五章）。

5. 鉴证报告

注册会计师应当针对鉴证对象信息（或鉴证对象）在所有重大方面是否符合适当的标准，以书面报告的形式发表能够提供一定保证程度的结论。

（三）鉴证业务的分类

鉴证业务分为基于责任方认定的业务和直接报告业务。

1. 基于责任方认定的业务

在基于责任方认定的业务中，责任方对鉴证对象进行评价或计量，鉴证对象信息以责任方认定的形式为预期使用者获取。例如，在财务报表审计中，被审计单位管理层（责任方）对财务状况、经营成果和现金流量（鉴证对象）进行确认、计量和列报（评价或计量）而形成的财务报表（鉴证对象信息）即为责任方的认定，该财务报表可为预期使用者获取，注册会计师针对财务报表出具审计报告。这种业务属于基于责任方认定的业务。

2. 直接报告业务

在直接报告业务中，注册会计师直接对鉴证对象进行评价或计量，或者从责任方获取对鉴证对象评价或计量的认定，而该认定无法为预期使用者获取，预期使用者只能通过阅读鉴证报告获取鉴证对象信息。例如，在内部控制鉴证业务中，注册会计师可能无法从管理层（责任方）获取其对内部控制有效性的评价报告（责任方认定），或虽然注册会计师能够获取该报告，但预期使用者无法获取该报告，注册会计师直接对内部控制的有效性（鉴证对象）进行评价并出具鉴证报告，预期使用者只能通过阅读该鉴证报告获得内部控制有效性的信息（鉴证对象信息），这种业务属于直接报告业务。

3. 基于责任方认定的业务和直接报告业务的区别

基于责任方认定的业务和直接报告业务的区别主要表现在以下四个方面：①预期使用者获取鉴证对象信息的方式不同。在基于责任方认定的业务中，预期使用者可以直接获取鉴证对象信息（责任方认定），而不一定要通过阅读鉴证报告。在直接报告业务中，可能不存在责任方认定，即便存在，该认定也无法为预期使用者所获取，预期使用者只能通过阅读鉴证报告获取有关的鉴证对象信息。②注册会计师提出结论的对象不同。在基于责任方认定的业务中，注册会计师提出结论的对象可能是责任方，也可能是鉴证对象。此类业务的逻辑顺序是：首先，责任方按照标准对鉴证对象进行评价和计量，形成责任方认定，注册会计师获取该认定；其次，注册会计师根据适当的标准对鉴证对象再次进行评价和计量，并将结果与责任方认定进行比较；最后，注册会计师针对责任方认定提出鉴证结论，或直接针对鉴证对象提出结论。在直接报告业务中，无论责任方认定是否存在、注册会计师能否获取该认定，注册会计师在鉴证报告中都将直接对鉴证对象提出结论。③责任方的责任不同。在基于责任方认定的业务中，由于责任方已经将既定标准应用于鉴证对象，形成了鉴证对象信息（即责任方认定），因此，责任方应当对鉴证对象信息负责。责任方可能同时也要对鉴证对象负责。例如，在财务报表审计中，被审计单位管理层既要对财务报表（鉴证对象信息）负责，也要对财务状况、经营成果和现金流量（鉴证对象）负责。在直接报告业务中，无论注册会计师是否获取了责任方认定，鉴证报告中都不体现责任方的认定，责任方仅需要对鉴证对象负责。④鉴证报告的内容和格式不同。在基于责任方认定的业务中，鉴证报告的引言段通常会提供责任方认定的相关信息，进而说明其所执行的鉴证程序并提出鉴证结论。在直接报告业务中，注册会计师直接说明鉴证对象、执行的鉴证程序并提出鉴证结论。

（四）鉴证业务的目标

鉴证业务的保证程度分为合理保证和有限保证。合理保证的保证水平要高于有限保证的保证水平。

合理保证的鉴证业务的目标是注册会计师将鉴证业务风险降至该业务环境下可接受的低水平，以此作为以积极方式提出结论的基础。例如，在历史财务信息审计中，要求注册会计师将审计风险降至该业务环境下可接受的低水平，对审计后的历史财务信息提供高水平保证（合理保证），在审计报告中对历史财务信息采用积极方式提出结论，这种业务属于合理保证的鉴证业务。

有限保证的鉴证业务的目标是注册会计师将鉴证业务风险降至该业务环境下可接受的水平，以此作为以消极方式提出结论的基础。例如，在历史财务信息审阅中，要求注册会计师将审阅风险降至该业务环境下可接受的水平（高于历史财务信息审计中可接受的低水平），对审阅后的历史财务信息提供低于高水平的保证（有限保证），在审阅报告中对历史财务信息采用消极方式提出结论，这种业务属于有限保证的鉴证业务。

（五）业务承接

1. 承接鉴证业务的条件

在接受委托前，注册会计师应当初步了解业务环境。业务环境包括业务约定事项、鉴证对象特征、使用的标准、预期使用者的需求、责任方及其环境的相关特征，以及可能对鉴证业务产生重大影响的事项、交易、条件和惯例等其他事项。

在初步了解业务环境后，只有认为符合独立性和专业胜任能力等相关职业道德规范的要求，并且拟承接的业务具备下列所有特征，注册会计师才能将其作为鉴证业务予以承接：①鉴证对象适当；②使用的标准适当且预期使用者能够获取该标准；③注册会计师能够获取充分、适当的证据以支持其结论；④注册会计师的结论以书面报告形式表述，且表述形式与所提供的保证程度相适应；⑤该业务具有合理的目的。如果鉴证业务的工作范围受到重大限制，或者委托人试图将注册会计师的名字和鉴证对象不适当地联系在一起，则该项业务可能不具有合理的目的。

当拟承接的业务不具备上述鉴证业务的所有特征，不能将其作为鉴证业务予以承接时，注册会计师可以提请委托人将其作为非鉴证业务（如商定程序、代编财务信息、管理咨询、税务咨询等相关服务业务），以满足预期使用者的需要。

2. 标准不适当时的处理方式

如果拟承接的鉴证业务所采用的标准不适当，注册会计师一般应当拒绝承接该项业务，但这并不是绝对的。如果某项鉴证业务采用的标准不适当，但满足下列条件之一时，注册会计师可以考虑将其作为一项新的鉴证业务：①委托人能够确认鉴证对象的某个方面适用于所采用的标准，注册会计师可以针对该方面执行鉴证业务，但在鉴证报告中应当说明该报告的内容并非针对鉴证对象整体。例如，鉴证对象是企业运营情况（包括企业的内部控制），对运营情况的评价缺乏相关的标准，但可以确信的是，评价企业内部控制情况可以以权威的内部控制规范作为标准。②能够选择或设计适用于鉴证对象的其他标准。例如，鉴证对象是某一都市报的运营情况，其本身可能缺乏相关的评价标准。在这种情况下，注册会计师可以选择报纸发行总量、所在城市每百户平均订阅量，以及报纸的广告收入等行业协会发布的有关报社效率或效果的关键指标作为标准。

3. 已承接鉴证业务的变更

对已承接的鉴证业务，如果没有合理理由，注册会计师不应将该项业务变更为非鉴证业务，或将合理保证的鉴证业务变更为有限保证的鉴证业务。

在实务中，注册会计师一般是应委托人的要求来变更业务类型的。委托人要求变更业务类型主要有以下三个方面的原因：①业务环境变化影响预期使用者的需求；②预期使用者对该项业务的性质存在误解；③业务范围存在限制。但如果有迹象表明该变更要求与错误的、不完整的或者不能令人满意的信息有关，注册会计师不应当认为该变更是合理的。如果没有合理的理由，注册会计师不应当同意变更业务。如果注册会计师不同意变更业务，委托人又不同意继续执行原鉴证业务，注册会计师应当考虑解除业务约定，并考虑是否有义务向有关方面（如委托单位董事会或股东会）说明解除业务约定的理由。

二、相关服务准则及会计师事务所质量管理准则

（一）相关服务准则

相关服务准则用以规范注册会计师代编财务报表、执行商定程序、管理咨询、税

务咨询和其他服务。由于业务性质属于代理和咨询服务，注册会计师不提供任何程度的保证。

1. 对财务信息执行商定程序

对财务信息执行商定程序是指注册会计师对特定财务数据、单一财务报表或整套财务报表等财务信息执行与特定主体商定的具有审计性质的程序，并就执行的商定程序及其结果出具报告。该部分所称的特定主体是指委托人和业务约定书中指明的报告致送对象。

注册会计师执行商定程序业务仅报告执行的商定程序及其结果，并不提出鉴证结论。报告使用者自行对注册会计师执行的商定程序及其结果做出评价，并根据注册会计师的工作得出自己的结论。注册会计师执行商定程序业务，应当遵守相关职业道德规范，恪守客观、公正的原则，保持专业胜任能力和应有的关注，并对执业过程中获知的信息保密。

对财务信息执行商定程序时，注册会计师应当：与特定主体进行沟通确保其已经清楚理解拟执行的商定程序和业务约定条款；合理制订工作计划以有效执行商定程序业务；将执行商定程序时获取的证据作为出具报告的基础。商定程序业务报告应当详细说明业务的目的和商定的程序以便使用者了解所执行工作的性质和范围。

2. 代编财务信息

代编业务的目标是注册会计师运用会计而非审计的专业知识和技能，代客户编制一套完整或非完整的财务报表，或代为收集、分类和汇总其他财务信息。注册会计师执行代编业务，应当遵守相关职业道德规范，恪守客观、公正的原则，保持专业胜任能力和应有的关注，并对执业过程中获知的信息保密。

（二）会计师事务所质量管理准则

R 会计师事务所的 4 份行政处罚决定书[8]

R 会计师事务所成立于 2011 年 2 月 22 日，是一家专业化、规模化、国际化的大型会计师事务所。2017 年，R 会计师事务所综合评价名列全行业第二位，国内所第一位，连续四年领跑国内所。R 会计师事务所 2015 年度实现业务收入 40.30 亿元，拥有注册会计师 2514 人，截止到 2016 年是我国注册会计师人数最多的会计师事务所。

2017 年 2 月 14 日，财政部联合证监会发布通知，责令 R 会计师事务所暂停新证券业务并限期整改。

自财政部联合证监会发布通知后，R 会计师事务所被罚事件仍在持续发酵。短短四个多月，R 会计师事务所收到了 4 份行政处罚决定书，审计质量问题接连发生，令行业唏嘘不已。2017 年 1 月 7 日到 4 月 7 日长达 3 个月的整改核查期内，被罚暂停承接新证券业务，加之声誉受损等影响，R 会计师事务所客户大量流失。

为了回应社会各界对审计质量的关切，指导会计师事务所建立健全质量管理体系，提高会计师事务所质量管理能力，提升审计质量，防范审计风险，中国注册会计师协会拟订（修订）了会计师事务所质量管理相关准则。本次拟订（修订）的准则包括三项，分别是《会计师事务所质量管理准则第 5101 号——业务质量管理》（修订）、《会计师事务所质量管理准则第 5102 号——项目质量复核》（拟订）和《中国注册会计师审计准则第 1121 号——对财务报表审计实施的质量管理》（修订），2020 年 11 月财政部批准印发。

会计师事务所应当按照《会计师事务所质量管理准则第 5101 号——业务质量管理》的要求，结合本事务所及其业务的实际情况，设计、实施和运行适合本所的质量管理体系，并定期对质量管理体系进行评价；作为质量管理体系的一部分，会计师事务所应当制定与项目质量复核有关的政策和程序，并对符合特定条件的业务实施项目质量复核；财务报表审计是会计师事务所的核心业务，财务报表审计质量对会计师事务所的生存发展和市场信誉尤为重要，因此，会计师事务所应当针对财务报表审计业务严格实施质量管理，确保审计的高质量。

1. 质量管理体系的目标

质量管理体系是会计师事务所为实施质量管理而设计、实施和运行的系统，其目标是在以下两个方面提供合理保证。

（1）会计师事务所及其人员按照适用的法律法规和职业准则的规定履行职责，并根据这些规定执行业务。

（2）会计师事务所和项目合伙人出具适合具体情况的业务报告。

2. 质量管理体系的组成要素

会计师事务所质量管理体系应当包括针对下列八个要素制定的政策和程序。

（1）会计师事务所的风险评估程序。

（2）治理和领导层。

（3）相关职业道德要求。

（4）客户关系和具体业务的接受与保持。

（5）业务执行。

（6）资源。

（7）信息与沟通。

（8）监控和整改程序。

上述各要素应当有效衔接、互相支撑、协同运行，以保障会计师事务所能够积极有效地实施质量管理。

3. 会计师事务所的风险评估程序

会计师事务所在识别和评估质量风险时，应当了解可能对实现质量目标产生不利影响的事项或情况，包括相关人员的作为或不作为。这些事项或情况包括下列几个方面。

（1）会计师事务所的性质和具体情况，具体包括：会计师事务所的复杂程度和经营特征；会计师事务所在战略和运营方面的决策与行动、业务流程及业务模式；会计师事务所领导层的特征和管理风格；会计师事务所的资源，包括其拥有的内部资源和可获得的外部资源；法律法规、职业准则的规定；会计师事务所运营所处的环境；会计师事务所所在网络向其成员组织统一提出的要求或统一提供的服务的性质和范围（如适用）。

（2）会计师事务所业务的性质和具体情况，具体包括：会计师事务所执行业务的类型和出具报告的类型（如所执行业务的类型是否是审计等要求提供保证程度较高的业务）；业务执行对象的实体类型（如业务执行对象是否为上市公司）。

在了解上述事项或情况的基础上，会计师事务所应当考虑这些事项或情况可能对实现质量目标产生哪些不利影响，以及不利影响的程度。会计师事务所应当根据质量风险的评估结果及得出该评估结果的理由设计和采取应对措施，以应对质量风险。

4. 相关职业道德要求

为确保会计师事务所执业人员按照相关职业道德要求（包括独立性要求）履行职责，会计师事务所应当设定下列质量目标：①会计师事务所及其人员充分了解相关职业道德要求，并严格按照这些职业道德要求履行职责；②受相关职业道德要求约束的其他组织或人员（如网络事务所及其人员），充分了解与其相关的职业道德要求，并严格按照这些职业道德要求履行职责。为此，会计师事务所应当制定下列政策和程序：①识别、评价和应对对遵守相关职业道德要求的不利影响；②识别、沟通、评价和报告任何违反相关职业道德要求的情况，并针对这些情况的原因和后果及时做出适当应对；③至少每年一次向所有需要按照相关职业道德要求保持独立性的人员获取其已遵守独立性要求的书面确认。

如果注册会计师长期连续执行同一审计客户的审计业务，将会因密切关系和自身利益对独立性产生不利影响。会计师事务所应当对本所关键审计合伙人轮换情况进行监督和管理。会计师事务所应当按照相关职业道德要求，建立并完善与公众利益实体审计业务有关的关键审计合伙人轮换机制，明确轮换要求，确保做到实质性轮换，防止流于形式。针对公众利益实体审计业务，会计师事务所应当对关键审计合伙人的轮换情况进行实时监控，通过建立关键审计合伙人服务年限清单等方式，管理关键审计合伙人相关信息，每年对轮换情况实施复核，并在全所范围内统一进行轮换。会计师事务所应当完善利益分配机制，保证全所的人力资源和客户资源实现一体化统筹管理。会计师事务所应当定期评价利益分配机制的设计和执行情况。这样做是为了避免某合伙人或项目组的利益与特定客户长期直接挂钩而影响其独立性。

5. 客户关系和具体业务的接受与保持

针对客户关系和具体业务的接受与保持，会计师事务所应当设定下列质量目标。

（1）会计师事务所就是否接受或保持某项客户关系或具体业务所做出的判断是适当的，充分考虑了以下方面：①会计师事务所是否针对业务的性质和具体情况，以及客户（包括客户的管理层和治理层）的诚信和道德价值观获取了足以支持上述判断的充分信息；②会计师事务所是否具备按照适用的法律法规和职业准则的规定执行业务的能力。

（2）会计师事务所在财务和运营方面对优先事项的安排，并不会导致对是否接受或保持客户关系或具体业务做出不恰当的判断。

会计师事务所应当制定相关政策和程序以应对以下情形。

（1）会计师事务所在接受或保持某一客户关系或具体业务后知悉了某些信息，而这些信息如果在接受或保持该客户关系或具体业务之前知悉，将会导致其拒绝接受该客户关系或业务。

（2）根据法律法规的规定，会计师事务所有义务接受某项客户关系或具体业务。

会计师事务所应当在客户关系和具体业务的接受与保持方面树立风险意识，确保对拟承接项目的风险评估真实、到位，并制定相关政策和程序，在全所范围内统一决策，在决策时，会计师事务所应当充分考虑相关职业道德要求、管理层和治理层的诚信状况、业务风险及是否具备执行业务所必需的时间和资源，审慎做出承接与保持的决策。

对于会计师事务所认定存在高风险的业务，应当设计和实施专门的质量管理程序，如加强与前任注册会计师的沟通、与相关监管机构沟通、访谈拟承接客户以了解有关情况、加强内部质量复核等，并经质量管理主管合伙人（或类似职位的人员）或其授权的人员审批。

6. 业务执行

针对业务执行，会计师事务所应当设定下列质量目标：①项目组了解并履行其与所执行业务相关的责任，包括项目合伙人对项目管理和项目质量承担总体责任，并充分、适当地参与项目全过程；②对项目组进行的指导和监督，以及对项目组已执行的工作进行的复核是恰当的，并且由经验较为丰富的项目组成员对经验较为缺乏的项目组成员的工作进行指导、监督和复核；③项目组恰当运用职业判断并保持职业怀疑；④项目组对困难或有争议的事项进行了咨询，并已按照达成的一致意见执行业务；⑤项目组内部、项目组与项目质量复核人员之间（如适用），以及项目组与会计师事务所内负责执行质量管理体系相关活动的人员之间存在的意见分歧，能够得到会计师事务所的关注并予以解决；⑥业务工作底稿能够在业务报告日之后及时得到整理，并得到妥善的保存和维护，以遵守法律法规、相关职业道德要求和其他职业准则的规定，并满足会计师事务所自身的需要。

7. 资源

会计师事务所的资源是一个宽泛的概念，既包括财务资源等各种有形资源，也包括人力资源、知识资源和技术资源。从某种意义上说，人力资源、知识资源和技术资源与会计师事务所的整体质量具有更高的相关性。

会计师事务所应当设定下列质量目标，以及时且适当地获取、开发、利用、维护和分配资源，支持质量管理体系的设计、实施和运行。

（1）会计师事务所招聘、培养和留住在下列方面具备胜任能力的人员：具备与会计师事务所执行的业务相关的知识和经验，能够持续高质量地执行业务；执行与质量管理体系运行相关的活动或承担与质量管理体系相关的责任。

（2）会计师事务所人员通过其行为展示出对质量的重视，不断培养和保持适当的胜任能力以履行其职责。会计师事务所通过及时的业绩评价、薪酬调整、晋升和其他奖惩措施对这些人员进行问责或认可。

（3）当会计师事务所在质量管理体系的运行方面缺乏充分、适当的人员时，能够从外部（如网络、网络事务所或服务提供商）获取必要的人力资源支持。

（4）会计师事务所为每项业务分派具有适当胜任能力的项目合伙人和其他项目组

成员，并保证其有充足的时间持续高质量地执行业务。

（5）会计师事务所分派具有适当胜任能力的人员执行质量管理体系内的各项活动，并保证其有充足的时间执行这些活动。

（6）会计师事务所获取、开发、维护、利用适当的技术资源，以支持质量管理体系的运行和业务的执行。

（7）会计师事务所获取、开发、维护、利用适当的知识资源，为质量管理体系的运行和高质量业务的持续执行提供支持，并且这些知识资源符合相关法律法规和职业准则的规定。

（8）结合上述第 4 项至第 7 项所述的质量目标，从服务提供商获取的人力资源、技术资源或知识资源能够适用于质量管理体系的运行和业务的执行。

8. 信息与沟通

会计师事务所应当设定下列质量目标，以支持质量管理体系的设计、实施和运行，确保相关方能够及时获取、生成和利用与质量管理体系有关的信息，并及时在会计师事务所内部或外部与各方沟通信息。

（1）会计师事务所的信息系统能够识别、获取、处理和维护来自内部或外部的相关、可靠的信息，为质量管理体系提供支持。

（2）会计师事务所的组织文化认同并强调会计师事务所人员与会计师事务所之间，以及这些人员彼此之间交换信息的责任。

（3）会计师事务所内部及各项目组之间能够交换相关、可靠的信息，这种信息交换包括以下方面：会计师事务所向相关人员和项目组传递信息，传递的性质、时间安排和范围足以使其理解和履行与执行业务或质量管理体系各项活动相关的责任；会计师事务所人员和项目组在执行业务或质量管理体系各项活动的过程中向会计师事务所传递信息。

（4）会计师事务所向外部各方传递相关、可靠的信息，这种信息传递包括以下方面：会计师事务所向其所在的网络、网络中的其他事务所，或者向服务提供商（如有）传递信息；会计师事务所根据相关法律法规或职业准则的规定向外部利益相关方传递信息，或为了帮助外部各利益相关方了解质量管理体系而向其传递信息。

9. 监控和整改程序

会计师事务所应当建立在全所范围内统一的监控和整改程序，并开展实质性监控，以实现下列质量目标：①就质量管理体系的设计、实施和运行情况提供相关、可靠、及时的信息；②采取适当的行动以应对识别出的质量管理体系的缺陷，使该缺陷能够及时得到整改。

会计师事务所应当设计和实施监控活动，既包括定期实施的监控活动，又包括持续实施的监控活动。在确定监控活动的性质、时间安排和范围时，会计师事务所应当考虑下列方面：①对相关质量风险的评估结果及得出该评估结果的理由；②针对质量风险的评估结果设计和采取的应对措施；③会计师事务所的风险评估程序及监控和整改程序的设计；④质量管理体系发生的变化；⑤以前实施监控活动的结果；⑥其他相关信息。

　　会计师事务所的监控活动应当包括从会计师事务所已经完成的项目中周期性地选择部分项目进行检查。在每个周期内,对每个项目合伙人,至少选择一项已完成的项目进行检查。对承接上市实体审计业务的每个项目合伙人,检查周期最长不得超过三年。

　　会计师事务所质量管理体系的缺陷,是指会计师事务所质量管理体系的设计、实施或运行无法合理保证实现其目标。当存在下列情况之一时,表明会计师事务所质量管理体系存在缺陷:①未能设定某些质量目标,而这些质量目标对实现质量管理体系的目标是必要的;②未能识别或恰当评估一项或多项质量风险;③未能恰当设计和采取应对措施,或者应对措施未能有效发挥作用,导致一项应对措施或者多项应对措施的组合未能将相关质量风险发生的可能性降低至可接受的低水平;④质量管理体系的某些方面缺失,或者某些方面未能得到恰当的设计、实施或有效运行。

　　在实施监控的过程中,会计师事务所应当评价发现的情况,以确定是否存在缺陷,包括监控和整改程序中存在的缺陷。针对识别出的缺陷,会计师事务所应当通过下列方法评价缺陷的严重程度和广泛性:①调查缺陷的根本原因;②评价这些缺陷单独或累积起来对质量管理体系的影响。

　　会计师事务所应当根据对根本原因的调查结果,设计和采取整改措施,以应对识别出的缺陷。对监控和整改程序的运行承担责任的人员应当评价整改措施是否得到恰当的设计,以应对识别出的缺陷及其根本原因,并确定这些措施是否已得到实施。该人员还应当评价针对以前识别出的缺陷采取的整改措施是否有效。如果评价表明整改措施并未得到恰当的设计和执行,或未达到预期效果,则该人员应当采取适当措施以确保对这些整改措施已做出必要调整以使其能够达到预期效果。会计师事务所应当就监控的实施情况,发现的缺陷,评价、补救和改进措施、问责等形成监控报告,并针对存在的缺陷,及时修订完善质量管理体系。

第三节　注册会计师职业道德规范

引例

审计人员与被审单位的高级管理人员存在亲密关系

　　A 会计师事务所作为世界四大会计师事务所之一,是全球领先的专业服务公司,为世界各地的企业提供审计、税务及财务交易咨询等专业服务。A 会计师事务所总部设在英国伦敦,截止到 2022 年,在全球 140 个国家已有 700 个办事机构。

　　A 会计师事务所审计人员 G 与被审单位首席财务官及其家人成为好朋友,一同外出游玩并且互相出席对方家庭聚会,在 2012 年至 2015 年 A 会计师事务所合伙人消费了近 10.90 万美元,供该首席财务官及其儿子进行旅游和娱乐。审计人员 P 在审计房地产投资信托 V 公司时,与 V 公司的首席财务官 R 保持恋爱关系。

　　事务所知晓 G 及 P 与被审单位高级管理人员的亲近关系,未能展开合理调查,或在内部提出关切,未采取任何防范措施。

　　资料来源:根据网络资料整理。

一、职业道德基本原则

（一）美国注册会计师职业道德规范

注册会计师职业道德规范是指审计人员在长期审计工作过程中逐步形成的应当普遍遵守的行为规范。审计职业道德主要靠审计人员的内心信念、社会公德、文化背景等支持，它对审计人员而言，并没有强制约束力。但当以国家认可的方式将其制度化时，便成为由国家强制力保证实施的道德法律规范。

1. 职业道德原则

职业道德原则是职业人员行为的理想状态，是注册会计师应努力达到的目标，它不具有强制性，但为第二层次的职业行为守则提供了基本的概念标准。具体内容如下：①责任。注册会计师必须在执业活动中做出专业判断与道德判断，以履行作为专业人员的职业责任。②公众利益。注册会计师的所有行为都应为公众利益服务，应当做到不辜负公众的信任，并具备职业奉献精神。③正直。注册会计师应在其执业活动中保持最高标准的正直态度。④客观与独立。注册会计师在执业的过程中必须保持客观，避免一切可能的利益冲突。在提供审计和其他鉴证服务时，注册会计师既要保持形式上的独立性，也要保持实质上的独立性。⑤应有的职业谨慎。注册会计师必须遵循专业技术准则和职业道德准则，必须提高自身的胜任能力以提高专业服务的质量，并尽自己最大的能力履行好职业责任。⑥服务的范围与性质。注册会计师在决定服务的范围与性质时，必须遵循职业道德行为准则的要求。

2. 行为守则

行为守则是职业道德规范的核心部分，也是职业道德概念的具体化，它规定了注册会计师职业道德的最低标准，具有强制性。因此，这个部分的条文在措辞方面更加严谨，用语也更加规范。在美国，很多执业人员在谈到职业道德规范时往往指的就是职业行为守则这一部分。行为守则与职业道德原则的区别在于：职业道德原则是在理想状态下执业人员追求的崇高目标，而行为守则是执业人员必须达到的最低标准。注册会计师的实际道德行为将处于这两个标准的范围内，如果低于行为守则，注册会计师的行为将被认为违背了职业道德，会受到相应的处罚。

3. 行为守则解释与道德裁决

虽然行为守则的用词已经相当规范，但注册会计师在理解行为守则时仍旧会出现不同程度的偏差，经常出现注册会计师对某一具体守则提出问题的情况，因此美国注册会计师协会职业道德部成立了一个委员会，由其对行为守则做出解释，因而产生了行为守则解释。行为守则解释规定的是行为守则的范围和适用性，是对行为守则的具体说明，它不具备强制性，但注册会计师必须根据这些条款来修正自己的行为，需要的话还应在纪律检查听证会上证明背离解释的正当理由。

道德裁决则是美国注册会计师协会职业道德部执行委员会根据一些具体情况做出的解释，即行为守则及其解释在具体情况和案件中的应用。相对于行为守则解释，它更为具体详尽。道德裁决中涉及的部分问题可能不具有普遍意义，因此不具备强制性，但注册会计师必须根据其中的解释来修正自己的行为。美国的注册会计师职业道德规范框架见图 3-3。

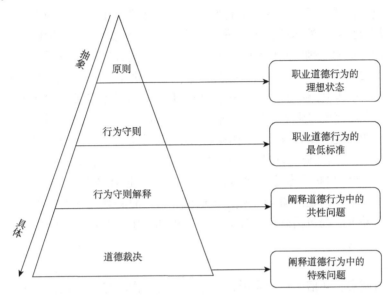

图 3-3 美国注册会计师职业道德规范框架

（二）我国注册会计师职业道德规范

道德是一定社会为了调整人们之间，以及个人和社会之间关系所提倡的行为规范的总和，它通过各种形式的教育和社会舆论的力量，使人们具有善和恶、荣誉和耻辱、正义和非正义等概念，并逐渐形成一定的习惯和传统，以指导或控制自己的行为。职业道德是某一职业组织以公约、守则等形式公布的，其会员自愿接受的职业行为标准。注册会计师的职业道德是指注册会计师的职业品德、职业纪律、执业能力及职业责任等的总称。

注册会计师的职业性质决定了其对社会公众应承担的责任。注册会计师行业之所以在现代社会中产生和发展，是因为注册会计师能够站在独立的立场对企业管理层编制的财务报表进行审计，并提出客观、公正的审计意见，作为财务报表使用人进行决策的依据。财务报表使用人包括现有和潜在的投资人、债权人及政府有关部门等所有与企业有关并关心企业的人士，可泛指为社会公众。社会公众在很大程度上依赖企业管理层编制的财务报表和注册会计师发表的审计意见，并以此作为决策的基础。注册会计师尽管接受被审计单位的委托并向其收取费用，但从本质上讲，服务的对象却是社会公众，这就决定了注册会计师从诞生的那一天起就承担了对社会公众的责任。

为使注册会计师切实担负起神圣的职责，为社会公众提供高质量的、可信赖的专业服务，在社会公众中树立良好的职业形象和职业信誉，就必须大力加强对注册会计师的职业道德教育、强化道德意识、提高道德水准。注册会计师的道德水平如何是关系到整个行业能否生存和发展的大事，尤其在我国，注册会计师事业恢复与重建的历史只有 30 年（1994 年至今），注册会计师尚未普遍树立起强烈的风险意识、责任意识和道德意识。

在推进社会主义市场经济建设中，强调注册会计师的职业道德，更有其深刻的现实意义和深远的历史意义。

为了顺应经济社会发展对注册会计师诚信和职业道德水平提出的更高要求，规范中国注册会计师协会会员的职业行为，进一步提高职业道德水平，维护职业形象，保持与国际职业会计师道德守则的持续动态趋同，中国注册会计师协会对《中国注册会计师职业道德守则》（2009年）和《中国注册会计师协会非执业会员职业道德守则》（2009年）进行了全面修订。其中，修订后的《中国注册会计师职业道德守则（2020）》具体包括《中国注册会计师职业道德守则第1号——职业道德基本原则》《中国注册会计师职业道德守则第2号——职业道德概念框架》《中国注册会计师职业道德守则第3号——提供专业服务的具体要求》《中国注册会计师职业道德守则第4号——审计和审阅业务对独立性的要求》《中国注册会计师职业道德守则第5号——其他鉴证业务对独立性的要求》。

职业道德基本原则是注册会计师在实现执业目标时必须遵守的一些基本原则。与职业道德有关的基本原则包括诚信、独立性、客观和公正、专业胜任能力和勤勉尽责、保密、良好职业行为。

1. 诚信

诚信是指诚实、守信。也就是说，一个人言行与内心思想一致，不虚假；能够履行与别人的约定而取得对方的信任。诚信原则要求会计人员应当在所有的职业关系和商业关系中保持正直与诚实、秉公处事、实事求是。诚信原则要求注册会计师应当在所有的职业活动中保持正直、诚实守信。注册会计师如果认为业务报告、申报资料或其他信息存在含有严重虚假或误导性的陈述，含有缺少充分依据的陈述或信息，存在遗漏或含糊其词的信息的问题，则不得与这些有问题的信息发生牵连。注册会计师如果注意到已与有问题的信息发生牵连，应当采取措施消除牵连。在鉴证业务中，如果存在上述情形，注册会计师依据执业准则出具了恰当的非标准审计报告，则不被视为违反上述规定。

2. 独立性

独立性是指不受外来力量控制、支配，按照一定之规行事。独立性原则通常是对注册会计师而非非执业会员提出的要求。在执行鉴证业务时，注册会计师必须保持独立性。

独立性是注册会计师执行鉴证业务的灵魂，因为注册会计师要以自身的信誉向社会公众表明，被审计单位的财务报表是真实与公允的。在市场经济条件下，投资者主要依赖财务报表判断投资风险，在投资机会中做出选择。如果注册会计师与客户之间不能保持独立，存在经济利益、关联关系，或屈从外界压力，就很难取信于社会公众。

为了规范注册会计师职业行为，指导注册会计师运用独立性概念框架，解决执行审计和审阅业务时遇到的独立性问题，制定了《中国注册会计师职业道德守则第4号——审计和审阅业务对独立性的要求》，其中对注册会计师的独立性进行了定义。独立性原则要求注册会计师在执行鉴证业务时，必须保持独立性，否则将难以取信于社会公众。注册会计师的独立性包括两个方面——实质上的独立和形式上的独立。①实质上的独立性。实质上的独立性是一种内心状态，使得注册会计师在提出结论时不受损害职业判断的因素影响，诚信行事，遵循客观和公正原则，保持职业怀疑态度。②形式上的独立性。形式上的独立性是一种外在表现，使得一个理性且掌握充分信息的第三方，在权衡所有相关事实和情况后，认为会计师事务所或审计项目组成员没有损害诚信原则、客观和公正原则或职业怀疑态度。注册会计师执行审计、审阅业务及其他鉴证业务时，应当在实质上和形式上保持独立性，不得因任何利害关系影响其客观性。

在提供审计服务的过程中，可能存在多种对独立性产生不利影响的情形，注册会计师应当：①识别对独立性的不利影响；②评价不利影响的严重程度；③必要时采取防范措施消除不利影响或将其降低至可接受的水平。如果无法采取适当的防范措施消除不利影响或将其降低至可接受的水平，注册会计师应当消除产生不利影响的情形，或者拒绝接受审计业务委托或终止审计业务。会计师事务所在承办审计、审阅业务及其他鉴证业务时，应当从整体层面和具体业务层面采取措施，以保持会计师事务所和项目组的独立性。

3. 客观和公正

客观是指按事物的本来面目去反映，不添加个人的主观意愿，也不被他人的意见左右。公正就是平等、公平正直、不偏袒。客观和公正原则要求注册会计师应当公正处事、实事求是，不得由于偏见、利益冲突或他人的不当影响而损害自己的职业判断。如果存在导致职业判断出现偏差或对职业判断产生不当影响的情形，注册会计师不得提供相关专业服务。

4. 专业胜任能力和勤勉尽责

专业胜任能力原则要求注册会计师应当通过教育、培训和执业实践获取与保持专业胜任能力。注册会计师应当持续了解并掌握当前法律、技术和实务的发展变化，将专业知识和技能始终保持在应有的水平，确保为客户提供具有专业水准的服务。会计人员作为专业人士，在许多方面都要履行相应的责任，保持和提高专业胜任能力就是其中的重要内容。专业胜任能力是指会计人员具有专业知识、技能和经验，能够经济、有效地完成客户委托的业务。会计人员如果不能保持和提高专业胜任能力，就难以完成客户委托的业务。事实上，如果会计人员在缺乏足够的知识、技能和经验的情况下提供专业服务，就构成了一种欺诈。一个合格的会计人员，不仅要充分认识自己的能力，对自己充满信心，更重要的是，必须清醒地认识到自己在专业胜任能力方面存在的不足。如果会计人员不能认识到这一点，承接了难以胜任的业务，就可能给客户乃至社会公众带来危害。

会计人员在应用专业知识和技能时，应当合理运用职业判断。专业胜任能力可分为两个独立阶段：①专业胜任能力的获取；②专业胜任能力的保持。会计人员应当持续了解和掌握相关的专业技术与业务的发展，以保持专业胜任能力。持续职业发展能够使会计人员发展和保持专业胜任能力，使其能够胜任特定业务环境中的工作。

勤勉尽责要求会计人员遵守法律法规、相关职业准则并保持应有的职业怀疑，认真、全面、及时地完成工作任务。同时，会计人员应当采取适当措施以确保在其授权下从事专业服务的人员得到应有的培训和督导。在适当时，会计人员应当使客户、工作单位和专业服务的其他使用者了解专业服务的固有局限。

5. 保密

会计人员能否与客户维持正常的关系，有赖于双方能否自愿而又充分地进行沟通和交流，不掩盖任何重要的事实和情况。这决定了会计人员能否有效地完成工作。会计人员与客户的沟通，必须建立在为客户信息保密的基础上。客户信息通常是指涉密信息。

一旦涉密信息被泄露或被利用，就会给客户造成损失。因此，许多国家规定，在公众领域执业的注册会计师，在没有取得客户同意的情况下，不能泄露任何客户的涉密信息。保密原则要求注册会计师应当对职业活动中获知的涉密信息保密，不得有下列行为：一是未经客户授权或法律法规允许，向会计师事务所以外的第三方披露其所获知的涉密信息；二是利用所获知的涉密信息为自己或第三方牟取利益。注册会计师应当对拟接受的客户或拟受雇的工作单位向其披露的涉密信息保密，应当对所在会计师事务所的涉密信息保密。注册会计师在社会交往中应当履行保密义务，警惕无意中泄密的可能性，特别是警惕无意中向近亲属或关系密切的人员泄密的可能性。近亲属是指配偶、父母、子女、兄弟姐妹、祖父母、外祖父母、孙子女、外孙子女。

另外，会计人员应当对拟接受的客户或拟受雇的工作单位向其披露的涉密信息保密。在终止与客户或工作单位的关系之后，会计人员仍然应当对在职业关系和商业关系中获知的信息保密。如果变更工作单位或获得新客户，会计人员可以利用以前的经验，但不应利用或披露任何因职业关系和商业关系获得的涉密信息。会员应当明确在会计师事务所内部保密的必要性，采取有效措施，确保其下级员工，以及为其提供建议和帮助的人员遵循保密义务。

会计人员在下列情况下可以披露涉密信息：①法律法规允许披露，并且取得客户或工作单位的授权；②根据法律法规的要求，为法律诉讼、仲裁准备文件或提供证据，以及向有关监管机构报告发现的违法行为；③法律法规允许的情况下，在法律诉讼、仲裁中维护自己的合法权益；④接受注册会计师协会或监管机构的执业质量检查，答复其询问和调查；⑤法律法规、执业准则和职业道德规范规定的其他情形。在决定是否披露涉密信息时，注册会计师应当考虑下列因素：①客户同意披露的涉密信息，是否为法律法规所禁止；②如果客户同意披露涉密信息，是否会损害利害关系人的利益；③是否已了解和证实所有相关信息；④信息披露的方式和对象；⑤可能承担的法律责任和后果。

6. 良好职业行为

良好职业行为原则要求注册会计师遵守相关法律法规，避免发生任何损害职业声誉的行为。注册会计师在向公众传递信息和推介自己的工作时，应当客观、真实、得体，不得损害职业形象。同时，注册会计师应当诚实、实事求是，不得夸大宣传其提供的服务、拥有的资质或获得的经验，不得贬低或无根据地比较其他注册会计师的工作。

二、职业道德概念框架

中国注册会计师职业道德守则提出职业道德概念框架，以指导会计人员遵循职业道德基本原则，履行维护公众利益的职责。职业道德概念框架是指解决职业道德问题的思路和方法，用以指导注册会计师遵循职业道德基本原则，具体内容包括识别对职业道德基本原则的不利影响、评价不利影响的严重程度，以及必要时采取防范措施消除不利影响或将其降低至可接受的水平。

在运用职业道德概念框架时，注册会计师应当运用职业判断。如果发现存在可能违反职业道德基本原则的情形，注册会计师应当评价其对职业道德基本原则的不利影响。在评价不利影响的严重程度时，注册会计师应当从性质和数量两个方面予以考虑。如果认为对职业道德基本原则的不利影响超出可接受的水平，注册会计师应当确定是否能够采取防范措施消除不利影响或将其降低至可接受的水平。

（一）对遵循职业道德基本原则产生不利影响的因素

注册会计师对职业道德基本原则的遵循可能受到多种因素的不利影响，不利影响的性质和严重程度随注册会计师提供服务类型的不同而不同。可能对职业道德基本原则产生不利影响的因素包括自身利益、自我评价、过度推介、密切关系和外在压力。

1. 自身利益导致的不利影响

如果经济利益或其他利益对注册会计师的职业判断或行为产生不当影响，将产生自身利益导致的不利影响。自身利益导致的不利影响包括：鉴证业务项目组成员在鉴证客户中拥有直接经济利益；会计师事务所的收入过分依赖某一客户；鉴证业务项目组成员与鉴证客户存在重要且密切的商业关系；会计师事务所担心可能失去某一重要客户；鉴证业务项目组成员正在与鉴证客户协商受雇于该客户；会计师事务所与客户就鉴证业务达成或有收费的协议；注册会计师在评价所在会计师事务所以往提供的专业服务时，发现了重大错误。

2. 自我评价导致的不利影响

如果注册会计师对其以前的判断或服务结果做出不恰当的评价，并且将据此形成的判断作为当前服务的组成部分时，将产生自我评价导致的不利影响。自我评价导致的不利影响包括：会计师事务所在对客户提供财务系统的设计或操作服务后，又对系统的运行有效性出具鉴证报告；会计师事务所为客户编制原始数据，这些数据构成鉴证业务的对象；鉴证业务项目组成员担任或最近曾经担任客户的董事或高级管理人员；鉴证业务项目组成员目前或最近曾受雇于客户，并且所处职位能够对鉴证对象施加重大影响；会计师事务所为鉴证客户提供直接影响鉴证对象信息的其他服务。

3. 过度推介导致的不利影响

如果注册会计师过度推介客户或工作单位的某种立场或意见将损害客观性，从而产生过度推介导致的不利影响。过度推介导致的不利影响包括：会计师事务所推介审计客户的股份；在审计客户与第三方发生诉讼或纠纷时，注册会计师担任该客户的辩护人。

4. 密切关系导致的不利影响

如果注册会计师与客户或工作单位存在长期或亲密的关系而过于倾向他们的利益，或认可他们的工作，这将产生密切关系导致的不利影响。密切关系导致的不利影响包括：项目组成员的近亲属担任客户的董事或高级管理人员；项目组成员的近亲属是客户的员工，其所处职位能够对业务对象施加重大影响；客户的董事、高级管理人员或所处职位能够对业务对象施加重大影响的员工，最近曾担任会计师事务所的项目合伙人；注册会计师接受客户的礼品或款待；会计师事务所的合伙人或高级员工与鉴证客户存在长期业务关系。

5. 外在压力导致的不利影响

如果注册会计师受到实际的压力或感受到压力而无法客观执行业务，将产生外在压力导致的不利影响。外在压力导致的不利影响包括：会计师事务所受到客户解除业务关系的威胁；审计客户表示，如果会计师事务所不同意对某项交易的会计处理，则不再委托其承办拟议中的非鉴证业务；客户威胁将起诉会计师事务所；会计师事务所受到降低收费的影响而不恰当地缩小工作范围；由于客户员工对所讨论的事项更具有专长，注册会计师面临服从其判断的压力；会计师事务所合伙人告知注册会计师，除非同意审计客户不恰当的会计处理，否则将影响晋升。

（二）应对不利影响的防范措施

应对不利影响的防范措施包括两类：一是法律法规和职业规范规定的防范措施；二是在具体工作中采取的防范措施。其中，法律法规和职业规范规定的防范措施主要包括：取得注册会计师资格必需的教育、培训和经验要求；持续的职业发展要求；公司治理方面的规定；执业准则和职业道德规范的要求；监管机构或注册会计师协会的监控和惩戒程序，以及由依法授权的第三方对注册会计师编制的业务报告、申报资料或其他信息进行外部复核。至于在具体工作中，应对不利影响的防范措施则又可分为会计师事务所层面的防范措施和具体业务层面的防范措施。

其中，会计师事务所层面的防范措施主要包括：①领导层强调遵循职业道德基本原则的重要性，以及强调鉴证业务项目组成员应当维护公众利益。②制定有关政策和程序，实施项目质量控制，监督业务质量；识别对职业道德基本原则的不利影响，评价不利影响的严重程度，采取防范措施消除不利影响或将其降低至可接受的水平；保证遵循职业道德基本原则；识别会计师事务所或项目组成员与客户之间的利益或关系；监控对某一客户收费的依赖程度；防止项目组以外的人员对业务结果施加不当影响；鼓励员工就遵循职业道德基本原则方面的问题与领导层沟通。③向鉴证客户提供非鉴证服务时，指派鉴证业务项目组以外的其他合伙人和项目组，并确保鉴证业务项目组和非鉴证业务项目组分别向各自的业务主管报告工作。④及时向所有合伙人和专业人员传达会计师事务所的政策和程序及其变化情况，并就这些政策和程序进行适当的培训；向合伙人和专业人员提供鉴证客户及其关联实体的名单，并要求合伙人和专业人员与之保持独立。⑤指定高级管理人员负责监督质量控制系统是否有效运行。⑥建立惩戒机制，保障相关政策和程序得到遵守。

具体业务层面的防范措施主要包括：对已执行的非鉴证业务，由未参与该业务的注册会计师进行复核，或在必要时提供建议；对已执行的鉴证业务，由鉴证业务项目组以外的注册会计师进行复核，或在必要时提供建议；向客户审计委员会、监管机构或注册会计师协会咨询；与客户治理层讨论有关的职业道德问题；向客户治理层说明提供服务的性质和收费的范围；由其他会计师事务所执行或重新执行部分业务；轮换鉴证业务项目组合伙人和高级员工。

某些防范措施可以增加识别或制止不道德行为发生的可能性。由行业、法律法规、监管机构，以及工作单位规定的某些防范措施可以增加识别或制止不道德行为发生的可能性，包括由所在的工作单位、行业及监管机构建立有效的公开投诉系统，使同行、工作单位及社会公众能够注意到不专业或不道德的行为，明确规定会员有义务报告违反职业道德守则的行为或情形。注册会计师也可以根据业务的性质考虑依赖客户采取的防范措施，但是仅依赖客户的防范措施，不可能将不利影响降低至可接受的水平。

（三）道德冲突问题的解决

在遵循职业道德基本原则时，注册会计师应当解决遇到的道德冲突问题，在解决道德冲突问题时，注册会计师应当考虑下列因素：与道德冲突问题有关的事实、涉及的道德问题、道德冲突问题涉及的职业道德基本原则、会计师事务所制定的解决道德冲突问题的程序及可供选择的措施。

在考虑上述因素并权衡了可供选择措施的后果后，注册会计师应当确定适当的措施，如果道德冲突问题仍无法解决，注册会计师应当考虑向会计师事务所内部的适当人员咨询。如果与所在会计师事务所或外部单位存在道德冲突，注册会计师应当确定是否与会计师事务所领导层或外部单位治理层讨论。注册会计师应当考虑记录涉及的道德冲突问题、解决问题的过程及做出的相关决策。如果某项重大道德冲突问题未能解决，注册会计师可以考虑向注册会计师协会或法律顾问咨询。如果所有可能采取的措施都无法解决道德冲突问题，注册会计师不得再与产生道德冲突问题的事项发生牵连。在这种情况下，注册会计师应当确定是否退出项目组或不再承担相关任务，或者向会计师事务所提出辞职[1]。

思维导图

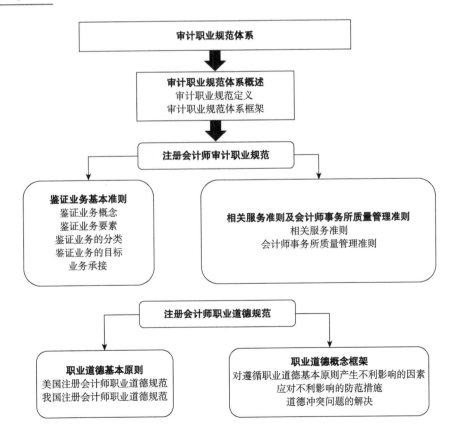

课后思考题

1. 中国注册会计师职业道德准则的基本原则有哪些？
2. 阐述审计职业规范体系的内容。
3. 对注册会计师职业道德基本原则产生的不利影响有哪些？

第三章习题

第四章

审计法律责任

随着社会主义市场经济体制在我国的建立和发展，审计人员在社会经济生活中的地位越来越重要，如果工作失误或犯有欺诈行为，将会给委托人或依赖审定报表的第三者造成重大损失，严重的甚至导致经济秩序的混乱。

通过本章学习了解审计法律责任的构成要件、国家审计、内部审计和注册会计师法律责任的依据、审计法律责任的种类。重点对注册会计师法律责任产生的原因进行剖析，找到从审计人员和行业角度尽量规避法律责任的具体措施。

第一节 审计法律责任概述

引例

事务所连遭处罚 更陷上市公司"改聘"潮

自 K 上市公司财务造假案爆发，作为审计机构的 R 会计师事务所被证监会立案调查以来，R 会计师事务所被解聘的情况陆续出现，其服务的"上市公司清单"也出现了不小幅度的缩水。截至 2019 年 8 月 31 日，贵研铂业股份有限公司、大连百傲化学股份有限公司等 31 家上市公司改聘其他事务所进行审计。

R 会计师事务所是一家专业化、规模化、国际化的大型会计师事务所。2018 年年报数据显示，R 会计师事务所审计的上市公司达 317 家，审计的货币资金合计超过 6100 亿元。中国注册会计师协会公示的 2018 年度业务收入前 100 家会计师事务所信息显示，R 会计师事务所 2018 年营业收入 28.79 亿元，注册会计师人数 2266 名，公司分所数量 40 家。这样一家顶级的会计师事务所，缘何遭多家上市公司"抛弃"，2019 年以前 R 会计师事务所接受处罚情况如表 4-1 所示。

表 4-1 2019 年以前 R 会计师事务所接受处罚情况（节选）

时间	处罚机构	事项	处罚
2017 年 1 月	证监会	审计 Y 上市公司 2013 年度财务报表过程中未勤勉尽责，出具的审计报告存在虚假记载	责令改正，没收业务收入 39 万元，并处以 78 万元罚款
2017 年 3 月	广东证监局	审计 Q 上市公司 2013 年度财务报告过程中未勤勉尽责	没收其业务收入 95 万元，并处以 95 万的罚款

续表

时间	处罚机构	事项	处罚
2017年3月	证监会	对Z股份有限公司IPO（initial public offering，首次公开发行）审计过程中，对2012年、2013年及2014年财务报表进行审计并出具了标准无保留意见的审计报告，审计中未勤勉尽责，其出具的审计报告存在虚假记载	改正违法行为，没收业务收入130万元，并处以260万元罚款
2018年12月末	证监会	审计H上市公司2013年度、2014年度财务报表过程中未勤勉尽责，出具了存在虚假记载的审计报告，实施的审计程序不足以获取充分适当的审计证据	没收业务收入130万元，并处以390万元的罚款

作为一家老牌会计师事务所，R会计师事务所近年来因业务问题屡遭处罚。2019年7月，R会计师事务所因为K上市公司财务造假，在审计过程涉嫌违反证券相关法律法规，被证监会立案调查。随后，R会计师事务所审计多家公司的IPO进程更新状态为"中止"或"终止"审查，部分上市公司的再融资项目也因此停滞。直到8月初，根据部分上市公司公告披露，R会计师事务所被"中止"审查的部分再融资项目逐步恢复。不过，到2019年8月下旬，R会计师事务所又曝出诸多事端。8月27日，深圳证监局公布了对R会计师事务所的处罚，因R会计师事务所在审计L上市公司2014年财务报表时发表不恰当审计报告意见、未勤勉尽责等，深圳证监局对R会计师事务所责令改正，没收该事务所在L上市公司2014年报审计业务中的收入55万元，并处以55万元罚款。

在上述引例中，哪些机构能够对事务所进行处罚，处罚的依据和影响是什么？R会计师事务所为何接连遭受处罚，特别是K上市公司财务造假案爆发后，为何遭遇多家上市公司改聘其他事务所，事务所承担法律责任与审计质量的关系如何，影响事务所发展的根本是什么？

资料来源：根据网络资料整理。

一、审计法律责任构成要件

法律责任包括广义和狭义的责任两种理解，广义的法律责任是指任何组织和个人均所负有的遵守法律、自觉地维护法律的尊严的义务；狭义的法律责任是指违法者对违法行为所应承担的具有强制性的法律上的责任。法律责任指审计人员因损害法律上的义务关系而使其他权利主体遭受损害，所应承担的法定强制的不利后果，具体指审计人员因违约、过失或欺诈对委托人或第三方造成损害，而应按有关法律法规承担的法律后果。

法律责任同违法行为紧密相连，只有实施某种违法行为的人（包括法人），才承担相应的法律责任。例如，注册会计师承担审计法律责任是由注册会计师的违约（承接无法完成的审计业务或违反保密协议）或由过失和欺诈出具不实审计报告导致的，具备构成承担法律责任的要件。审计法律责任构成要件指构成审计法律责任必须具备的各种条件或必须符合的标准，它是国家机关要求行为人承担法律责任时进行分析、判断的标准。法律责任同违法行为紧密相连，只要实施某种违法行为的人（包括法人）实施了违法活动，造成了损害，满足审计法律责任构成要件，就承担相应的法律责任。

其法律责任构成要件主要如下。

（一）违法主体

审计法律责任是因实施审计监督产生的相关当事人的法律责任，包括被审计单位及其有关的直接责任人的法律责任和审计人员的法律责任。审计关系涉及各方关系主体，包括审计业务活动委托人、实施审计的机构和人员、接受审计的当事人和与审计事务有关的其他单位和个人等。违约主体即违法主体或承担法律责任的主体，主要指审计人员和机构。

审计业务活动委托人包括国务院或县级以上地方人民政府、企业治理层、股东、管理者等；实施审计的机构和人员包括国家审计机关、会计师事务所等审计人员；接受审计的当事人包括政府各部门或组织机构管理者，企业、组织及其管理者，企业内部组织或人员等。不同类型的审计业务活动，审计关系主体不尽相同，并有所交集，如国有企业可能接受国家审计、注册会计师审计，同时自身还要开展内部审计；其治理层可能接受国家审计，同时也可能成为内部审计的委托人等。

理解审计法律责任主体，先要明确界定审计业务活动相关主体的责任，以财务报表审计为例，公司管理层、治理层与注册会计师对财务报表所负有的责任各不相同，分别履行自身责任，并构成保障财务报表质量的有机部分。

1. 注册会计师的责任

对自身的审计行为及其结果负责，承担的是审计责任；一般而言，负责审计活动的项目负责人（注册会计师）应对其审计行为和结果负责，即审计过程应符合《中国注册会计师审计准则》的规定，并保持应有的职业谨慎，否则应承担相应的审计责任（包括法律责任和职业责任）；在审计报告中签名的注册会计师应对审计活动的结果负责，并对外承担全部或主要的审计责任；会计师事务所在审计报告中加盖公章，须以法人身份对注册会计师审计活动的行为及其结果负直接责任；同时，在审计报告中加盖事务所公章是主任会计师的职权行为或者授权行为，并且主任会计师承担三级复核中的最后一级复核，因此应对事务所的全部审计活动承担相应的审计责任；另外，主任会计师对其签名的审计报告结论负直接责任；受聘参与审计活动的专家及助理人员应就其相应的工作承担责任。

（1）对发现错误和舞弊的责任

注册会计师有责任对财务报表整体是否不存在由舞弊和错误导致的重大错报获取合理保证，被审计单位管理层和治理层对防止或发现舞弊负有主要责任。

（2）对发现违反法律法规行为的责任

注册会计师没有责任防止被审计单位违反法律法规行为，不能期望其发现所有的违反法律法规行为。保证经营活动符合法律法规的规定，防止和发现违反法规行为是被审计单位管理层的责任。

2. 管理层对财务报表的责任

编制财务报表是管理层的责任，这种责任包括：①按照适用的财务报告编制基础编制财务报表，并使其实现公允反映。②设计、执行和维护必要的内部控制，以使财务报表不存在由舞弊或错误导致的重大错报。③评估被审计单位的持续经营能力和使用持续经营假设是否适当，并披露与持续经营相关的事项（如适用），以及该假设是适当的。选择和运用恰当的会计政策，做出合理的会计估计。

3. 治理层对财务报表的责任

根据《中国注册会计师审计准则第 1141 号——财务报表审计中与舞弊相关的责任》，被审计单位治理层和管理层对防止或发现舞弊负有主要责任。在防止或发现舞弊的责任方中，治理层发挥的是一种监督职责，即监督管理层建立和维护内部控制。治理层积极的监督有助于保证管理层在树立诚信文化方面的受托责任。在行使治理职能时，治理层有责任考虑管理层凌驾于控制之上或对财务报告过程产生其他不当影响的可能性。

（二）违法行为的发生

违法行为是指审计组织或审计人员从事违反了审计法律法规的违法行为。例如，违约责任、疏忽责任、违反保密要求的责任、失察责任、通过欺诈舞弊的责任、腐败等。《国家审计准则》《中国注册会计师审计准则》等审计法律法规对相关违法行为分别进行了具体界定。

《最高人民法院关于审理涉及会计师事务所在审计业务活动中民事侵权赔偿案件的若干规定》（简称《民事赔偿规定》）第四条规定，会计师事务所因在审计业务活动中对外出具不实报告给利害关系人造成损失的，应当承担侵权赔偿责任，但其能够证明自己没有过错的除外。

在政府审计方面，根据 2021 年修改的《审计法》第四十七条：被审计单位违反本法规定，拒绝、拖延提供与审计事项有关的资料的，或者提供的资料不真实、不完整的，或者拒绝、阻碍检查、调查、核实有关情况的，由审计机关责令改正，可以通报批评，给予警告；拒不改正的，依法追究法律责任。第四十八条：被审计单位违反本法规定，转移、隐匿、篡改、毁弃财务、会计资料以及与财政收支、财务收支有关的业务、管理等资料，或者转移、隐匿、故意毁损所持有的违反国家规定取得的资产，审计机关认为对直接负责的主管人员和其他直接责任人员依法应当给予处分的，应当向被审计单位提出处理建议，或者移送监察机关和有关主管机关、单位处理，有关机关、单位应当将处理结果书面告知审计机关；构成犯罪的，依法追究刑事责任。

（三）损害事实发生

损害事实是指审计组织或审计人员的违法行为对利害关系人构成的客观存在的损失或伤害的事实，包括对审计组织或审计人员以外的利害关系人的人身的、财产的、精神的（或三方兼有的）损失和伤害，其中主要是指财产损害，即受到损失或伤害的事实。损害必须具有确定性，是客观存在的。它意味着损害事实是一个确定的事实，是法律责任的必要条件，只有在他人的行为手段损失的情况下才能请求法律上的补救，也只有在行为致他人损害时，才有可能承担法律责任。

（四）主观上的过错

过错是指审计法律主体承担法律责任的主观故意或过失。故意是指行为人明确自己行为的不良后果，却希望或放任其发生。过失是指行为人应当预见到自己的行为可能发生不良后果而没有预见，或者已经预见而轻信不会发生或自信可以避免。

例如，注册会计师在审计过程中未保持必要的职业谨慎，并导致报告不实的，人民法院应当认定会计师事务所存在过失，如以低于行业一般成员应具备的专业水准执业；制订的审计计划存在明显疏漏；未依据执业准则、规则执行必要的审计程序；在发现可能存在错误和舞弊的迹象时，未能追加必要的审计程序予以证实或者排除；未能合理地运用执业准则和规则所要求的重要性原则；未根据审计的要求采用必要的调查方法获取充分的审计证据等行为属于未保持必要的职业谨慎；如果明知道被审计单位存在欺诈，而没有出具恰当的审计意见，则属于主观故意的欺诈。

（五）因果关系

因果关系即注册会计师的违法行为和损害事实之间存在引起与被引起的关系，这是确定对某一特定损害注册会计师或事务所是否承担法律责任的关键要件，也是区分会计责任与审计责任的关键。不是由注册会计师引起的损害事实，就不应由注册会计师承担法律责任。

审计行业是以专业的审计成果影响经济社会发展和运行秩序，因而审计法律责任的产生与审计质量和审计人员的专业活动具有密切关系。审计人员在开展审计工作时，要按照相关法律法规进行审计，保障审计质量，控制审计风险，否则造成损害就要承担法律责任。由于审计主体不同，具体审计的范围和目标有差异，其调整的经济社会关系存在差异，因而审计法律责任的依据和处理处罚形式也不尽相同。

二、注册会计师法律责任的依据

注册会计师法律责任的产生，通常是因为注册会计师在执业时没有保持应有的职业谨慎，因此导致了对其他人权利的损害。应有的职业谨慎指的是注册会计师应当具备足够的专业知识和业务能力，按照执业准则的要求执业。在绝大多数情况下，当注册会计师未能发现重大错报并出具了错误的审计意见时，就可能产生注册会计师是否恪守应有的职业谨慎的法律问题。如果注册会计师在审计过程中没有尽到应有的职业谨慎，在这种情况下，法律通常允许因注册会计师未尽到应有的职业谨慎而遭受损失的各方，获得由审计失败导致的部分或全部损失的补偿，也就意味着注册会计师如果未能恪守应有的职业谨慎通常因此承担责任，并可能致使会计师事务所也遭受损失。

（一）注册会计师法律责任相关法规的发展

当会计师事务所提供审计服务的企业发生经营失败，企业债权主体、股东等权益主体遭受重大损失，也可能将提供审计服务的会计师事务所作为被告，要求其承担相应的赔偿。但是，被审计的客户经营失败，担任审计的注册会计师就应该承担法律责任吗？

厄特马斯公司诉讼案

弗雷德·斯特公司是一家经营橡胶进口和销售的公司，因经常缺少营运资金而向多家银行和金融机构贷款，在 1925 年 1 月宣告破产，厄特马斯公司是弗雷德·斯特公司的贷款商，以弗雷德·斯特公司 1923 年的资产负债表及其审计报告为基础，1924 年向弗雷德·斯特公司提供了 10 万美元贷款，随后又发放了两笔总计 6.5 万美元的贷款。道奇会计师事务所自 1920 年起一直为弗雷德·斯特公司查账，并对其 1923 年 12 月 31 日的资产负债表签发了无保留意见。但事实在 1923 年底，弗雷德·斯特公司在资不抵债的状况下，虚构了 70.6 万美元的销售收入和应收账款，并对外报告拥有 100 万美元净资产。厄特马斯公司提出道奇会计师事务所合谋欺诈的指控。

最初，纽约地方法院陪审团判厄特马斯公司指控道奇会计师事务所合谋欺诈成立，但纽约地方法院的法官推翻了陪审团的判决；纽约最高法院以 3∶2 维持了陪审团裁决；最后，更高一级法院裁决"推翻了陪审团判决"是正确的，但暗示重大过失指控可能获得成功。道奇会计师事务所在庭外与厄特马斯公司达成和解，同意赔偿。

该事件开创了注册会计师对非审计当事人承担责任的先例，即厄特马斯主义，促进审计报告由证明式向意见式转变。

资料来源：《厄特马斯公司案例——有关第三者责任的最经典判决》，https://www.docin.com/p-1516782587.html[2020-10-30]。

1929 年，世界经济危机爆发，很多公司倒闭，损失无法弥补，在"深口袋理论"作用下注册会计师作为被告人被告上法庭,加上取消公司制事务所只能设立合伙制事务所，注册会计师行业面临巨大危机，为了发挥注册会计师行业在经济社会发展中的作用，有关其法律责任的司法实践不断发展、演绎，如美国注册会计师的法律责任主要源自习惯法和成文法，相关的法律规定不断发展，各有特点。例如，萨班斯–奥克斯利法案，通过负责合伙人轮换制度，以及咨询与审计服务不兼容等提高审计的独立性；强化公司高管层对财务报告的责任，公司高管须对财务报告的真实性宣誓，提供不实财务报告将获 10 年或 20 年的刑期。美国注册会计师法律责任相关规定如表 4-2 所示。

表 4-2   美国注册会计师法律责任相关规定

种类	含义	法院运用的区别	举例
习惯法（判例法）	不通过立法程序而直接由法院判例引申而出的各项法律	在运用习惯法的案件中，法院可以不按以前的判例而另行创造新的法律	如果注册会计师的过失给依赖其审定的财务报表的收益第三者造成了损失，收益第三者可以控诉注册会计师 其他第三者：看过失责任的大小
成文法	由联邦或州立法机构以文字形式所制定的法律	在运用成文法的案件中，法院只能按法律条文的规定进行精确的解释	1933 年《证券法》中，只要有普通过失就需要承担法律责任。不少举证责任转向被告。举证责任倒置，即注册会计师提供证据 1934 年《证券交易法》重大过失和欺诈承担法律责任等 2002 年萨班斯–奥克斯利法案，加强注册会计师独立性，加大对违法行为的处罚力度

（二）我国相关法律法规的规定

我国审计行业自 1981 年以来得到了迅速的发展。伴随着审计行业的恢复重建，我国审计行业在法律责任方面也逐步完善，《中华人民共和国注册会计师法》《中华人民共和国公司法》《中华人民共和国证券法》《中华人民共和国刑法》和相关司法解释等均对注册会计师法律责任给予相关规定。随着我国市场经济的不断发展，会计师事务所的民事责任问题引起了社会各界的广泛关注。特别是 2007 年 6 月 11 日发布的《民事赔偿规定》，具有里程碑的意义，在梳理最高人民法院以往发布的五个司法解释的基础上，经过充分讨论和反复论证，对审判实践中出现的新情况、新问题做出符合法律精神并切合实际的规定。《民事赔偿规定》共 13 条，主要规定了事务所侵权责任产生的事由、利害关系人的范围、诉讼当事人的列置、执业准则的法律地位、归责原则及举证分配、事务所的连带责任和补充责任、事务所过失责任的情形和过失认定标准、事务所免除和减轻赔偿责任的事由以及事务所侵权赔偿顺位和赔偿责任范围等内容。

（三）注册会计师承担法律责任的种类

注册会计师因违约、过失或欺诈给被审计单位或其他利害关系人造成损失的，按照有关法律的规定，可能被判承担行政责任、民事责任和刑事责任。这三种责任可单处，也可并处。

1. 行政责任

行政责任是指注册会计师违反行政法律规定，发生舞弊或过失行为，并给有关方面造成经济等损害后，由相关政府部门或自律组织对其依行政程序所给予的制裁。对注册会计师个人来说，可能的制裁包括警告、暂停执业、吊销注册会计师证书等；对会计师事务所而言，可能的制裁包括警告、没收违法所得、罚款、暂停执业、撤销等。

例如，《中华人民共和国证券法》第一百八十六条，违反本法第三十六条的规定，在限制转让期内转让证券，或者转让股票不符合法律、行政法规和国务院证券监督管理机构规定的，责令改正，给予警告，没收违法所得，并处以买卖证券等值以下的罚款。第一百八十七条，法律、行政法规规定禁止参与股票交易的人员，违反本法第四十条的规定，直接或者以化名、借他人名义持有、买卖股票或者其他具有股权性质的证券的，责令依法处理非法持有的股票、其他具有股权性质的证券，没收违法所得，并处以买卖证券等值以下的罚款；属于国家工作人员的，还应当依法给予处分。第一百八十八条，证券服务机构及其从业人员，违反本法第四十二条的规定买卖证券的，责令依法处理非法持有的证券，没收违法所得，并处以买卖证券等值以下的罚款。第一百八十九条，上市公司、股票在国务院批准的其他全国性证券交易场所交易的公司的董事、监事、高级管理人员、持有该公司百分之五以上股份的股东，违反本法第四十四条的规定，买卖该公司股票或者其他具有股权性质的证券的，给予警告，并处以十万元以上一百万元以下的罚款。第一百九十条，违反本法第四十五条的规定，采取程序化交易影响证券交易所系统安全或者正常交易秩序的，责令改正，并处以五十万元以上五百万元以下的罚款。对直接负责的主管人员和其他直接责任人员给予警告，并处以十万元以上一百万元以下的罚款。第一百九十一条，证券交易内幕信息的知情人或者非法获取内幕信息的人违反本法第五十三条的规定从事内幕交易的，责令依法处理非法持有的证券，没收违法所得，并处以违法所得一倍以上十倍以下的罚款；没有违法所得或者违法所得不足五十万元的，处以五十万元以上五百万元以下的罚款。单位从事内幕交易的，还应当对直接负责的主管人员和其他直接责任人员给予警告，并处以二十万元以上二百万元以下的罚款。国务院证券监督管理机构工作人员从事内幕交易的，从重处罚。违反本法第五十四条的规定，利用未公开信息进行交易的，依照前款的规定处罚。第一百九十二条，违反本法第五十五条的规定，操纵证券市场的，责令依法处理其非法持有的证券，没收违法所得，并处以违法所得一倍以上十倍以下的罚款；没有违法所得或者违法所得不足一百万元的，处以一百万元以上一千万元以下的罚款。单位操纵证券市场的，还应当对直接负责的主管人员和其他直接责任人员给予警告，并处以五十万元以上五百万元以下的罚款。第一百九十三条，违反本法第五十六条第一款、第三款的规定，编造、传播虚假信息或者误导性信息，扰乱证券市场的，没收违法所得，并处以违法所得一倍以上十倍以下的罚款；没有违法所得或者违法所得不足二十万元的，处以二十万元以上二百万元以下的罚款。违反本法第五十六条第二款的规定，在证券交易活动中做出虚假陈述或者信息误导的，责令改正，处以二十万元以上二百万元以下的罚款；属于国家工作人员的，还应当依法给予处分。传播媒介及其从事证券市场信息报道的工作人员违反本法第五十六条第三款的规定，从事与其工作职责发生利益冲突的证券买卖的，没收违法所得，并处以买卖证券等值以下的罚款。

2. 民事责任

民事责任是指注册会计师或会计师事务所由于民事违法、违约行为，根据法律规定所应承担的民事法律后果。注册会计师承担的民事责任，主要是停止侵害委托人或其他利害关系人的经济利益，并赔偿所造成的经济损失。

3. 刑事责任

刑事责任是指因触犯刑法而犯罪的注册会计师所承受的由国家审判机关给予的制裁。判令注册会计师及会计师事务所承担的具有刑事性质的责任，主要包括罚金、管制、拘役、徒刑、剥夺政治权利和没收财产等。

例如，《中华人民共和国刑法》第二百二十九条规定：承担资产评估、验资、验证、会计、审计、法律服务、保荐、安全评价、环境影响评价、环境监测等职责的中介组织的人员故意提供虚假证明文件，情节严重的，处五年以下有期徒刑或者拘役，并处罚金。第二百三十一条规定：单位犯本节第二百二十一条至第二百三十条规定之罪的，对单位判处罚金，并对其直接负责的主管人员和其他直接责任人员，依照本节各该条的规定处罚。

Z集团的虚假审计报告

2013年8月，Z集团欲发行短期融资债券，委托北京X会计师事务所为其做财务审计工作。2010年至2014年上半年，Z集团的实际亏损额分别为2795.49万元、1394.27万元、5506.37万元、10 037.58万元、7494.05万元，不符合发行债券的要求。被告人李某梅、李某洋等对Z集团2010年至2013年6月的账目进行了审计。在Z集团明显不符合发行债券要求的情况下，被告人李某梅安排被告人李某洋故意通过虚增收入、利润等方式修改财务报表数据，出具了Z集团虚假的财务审计报告，加盖了公章并由被告人李某梅等签字,分别于 2014 年 4 月 13 日、2014 年 8 月 18 日先后出具了 2013 年、2014 年 1 月至 6 月 Z 集团虚假的审计报告。

审计报告载明 Z 集团上述时间净利润分别为 2.66 亿元、3.17 亿元、3.94 亿元、4.09 亿元、2.68 亿元。Z 集团将上述北京 X 会计师事务所出具的财务审计报告作为申请 A 银行发行 2 亿元短期融资债券、B 银行发行 1 亿元短期融资债券的财务状况的依据,并发行成功。

因犯提供虚假证明文件,被告李某梅被判处有期徒刑 3 年,缓刑 4 年,罚金 10 万元;李某洋有期徒刑 2 年,缓刑 2 年,罚金 3 万元。

资料来源:根据网络资料整理。

三、国家审计法律责任的依据

法律责任包括被审计单位或个人违反审计法和国家规定的财政、财务收支行为应承担的法律责任,审计人员违反审计法应承担的法律责任。国家审计法律责任依据具有国家强制力保障实施的国家审计法律规范,按照制定主体和法律效力等级不同,国家审计法律规范又可分为国家审计法律类规范、国家审计法规类规范和国家审计规章类规范。

(一)审计人员违反审计法规应承担的法律责任

审计人员执行审计业务时,应当符合有关职业要求。审计人员滥用职权、徇私舞弊、玩忽职守或者泄露所知悉的国家秘密、商业秘密的,依法给予处分;构成犯罪的,依法追究刑事责任。

1. 遵守法律法规和国家审计准则

由于审计工作的专业性,审计人员除遵守宪法和法律法规外,还要严格遵守《国家审计准则》。《国家审计准则》是审计人员履行法定审计职责的行为规范,是审计工作应遵循的最低标准和要求,是衡量审计工作质量的基本尺度,是确定和解除审计人员责任的重要依据。审计人员在审计工作中应当严格遵守《国家审计准则》,对未能遵守《国家审计准则》的行为要说明原因,否则应对引起的后果承担相应的责任。

2. 恪守审计职业道德

恪守审计职业道德是审计人员执行审计业务的必要条件。审计人员应当恪守严格依法、正直坦诚、客观公正、勤勉尽责、保守秘密的基本审计职业道德。审计人员如果违反审计职业道德,应根据有关规定,给予批评教育、行政处分,构成犯罪的,还应依法追究刑事责任。

3. 具备必需的职业胜任能力

审计工作专业性强,审计人员应当具备必需的职业胜任能力,具备与其从事审计业务相适应的专业知识、职业能力和工作经验。审计人员要善于学习,勤于实践,努力保持和提高自身的职业胜任能力。审计机关要采取切实有效的措施,为审计人员保持和提高职业胜任能力创造必要的条件。针对具体的审计项目,审计机关还应当合理配备审计人员,组成审计组,确保其在整体上具备与审计项目相适应的职业胜任能力。在大数据环境下，审计组的整体胜任能力还应当包括信息技术方面的胜任能力。审计人员在开展审计业务时，应当合理运用职业判断，保持职业谨慎，对被审计单位可能存在的重要问题保持警觉，并审慎评价所获取审计证据的适当性和充分性，得出恰当的审计结论。审计人员还应当积极与被审计单位沟通并认真听取其意见，客观公正地做出审计结论，尊重并维护被审计单位的合法权益，坚持文明审计，保持良好的职业形象，保持与被审计单位良好的工作关系。

（二）被审计单位应承担的法律责任

1. 承担法律责任

根据《审计法》，被审计单位违反本法规定，拒绝、拖延提供与审计事项有关的资料的，或者提供的资料不真实、不完整的，或者拒绝、阻碍检查、调查、核实有关情况的，由审计机关责令改正，可以通报批评，给予警告；拒不改正的，依法追究法律责任。被审计单位违反本法规定，转移、隐匿、篡改、毁弃财务、会计资料以及与财政收支、财务收支有关的业务、管理等资料，或者转移、隐匿、故意毁损所持有的违反国家规定取得的资产，审计机关认为对直接负责的主管人员和其他直接责任人员依法应当给予处分的，应当向被审计单位提出处理建议，或者移送监察机关和有关主管机关、单位处理，有关主管机关、单位应当将处理结果书面告知审计机关；构成犯罪的，依法追究刑事责任。

2. 法律责任的申述机制

被审计单位对审计机关做出的有关财务收支的审计决定不服的，可以依法申请行政复议或者提起行政诉讼。被审计单位对审计机关做出的有关财政收支的审计决定不服的，可以提请审计机关的本级人民政府裁决，本级人民政府的裁决为最终决定。

四、内部审计法律责任的依据

内部审计主要对本单位及所属单位财政财务收支、经济活动、内部控制、风险管理实施独立、客观的监督、评价和建议，以促进单位完善治理、实现目标的活动。内部审计法律责任主要遵循《中国内部审计准则》和《审计署关于内部审计工作的规定》。

《中国内部审计准则》要求内部审计机构和内部审计人员保持独立性、客观性、遵循职业道德、专业胜任能力和保密等责任。《审计署关于内部审计工作的规定》指出内部审计机构或者履行内部审计职责的内设机构和内部审计人员有下列情形之一的，由单位对直接负责的主管人员和其他直接责任人员进行处理；涉嫌犯罪的，移送司法机关依法追究刑事责任。

（1）未按有关法律法规、本规定和内部审计职业规范实施审计导致应当发现的问题未被发现并造成严重后果的。

（2）隐瞒审计查出的问题或者提供虚假审计报告的。

（3）泄露国家秘密或者商业秘密的。

（4）利用职权谋取私利的。

（5）违反国家规定或者本单位内部规定的其他情形。

综上所述，无论是注册会计师审计、国家审计或内部审计都对审计人员和组织的法律责任做了相关规定，那么这些法律法规的意义究竟是什么呢，是为了事后的惩罚吗？审计法律责任的意义尽管具有对违反相关法规规定的事务所和审计人员进行处罚，在一定程度上弥补相关权益主体的损失的作用，但更重要的在于事前的震慑作用，事务所和审计人员因为意识到、考虑到这些法律后面的责任后果，而在执业过程中严守法规，勤勉尽责。

第二节　注册会计师审计法律责任成因

引例

L 会计师事务所的黑马陷阱

L 会计师事务所于 2013 年 10 月成立，是浙江 J 办公服务集团有限公司（简称 J 集团）2013 年至 2015 年度财务报告的审计机构。依据《中华人民共和国证券法》的有关规定，依法对 L 会计师事务所涉嫌违法违规案进行了立案调查、审理，并依法向当事人告知了做出行政处罚的事实、理由、依据及当事人依法享有的权利。应当事人的要求，举行过听证，听取了其陈述、申辩。该案现已调查、审理终结。

经查明，当事人存在以下违法事实：J 集团 2013 年、2014 年和 2015 年分别虚增收入 17 269 096.11 元、87 556 646.91 元、160 646 712 元，2015 年虚构 3 亿元银行存款，且未披露借款 3 亿元并质押的事实。2016 年 4 月 21 日，L 会计师事务所出具审计报告，对 J 集团 2013 年至 2015 年度财务报表发表了标准无保留意见。L 会计师事务所合计收取审计服务费 150 万元，签字注册会计师为蒋某和李某。L 会计师事务所对 J 集团 2013 年至 2015 年度财务报表审计时，未勤勉尽责，出具的审计报告存在虚假记载。

L 会计师事务所的上述行为，违反了《中华人民共和国证券法》第十九条"为证券发行出具有关文件的证券服务机构和人员，必须严格履行法定职责，保证所出具文件的真实性、准确性和完整性"和《中华人民共和国证券法》第一百六十三条"证券服务机构为证券的发行、上市、交易等证券业务活动制作、出具审计报告、资产评估报告、财务顾问报告、资信评级报告或者法律意见书等文件，应当勤勉尽责，对所依据的文件资料内容的真实性、准确性、完整性进行核查和验证"的规定，构成《中华人民共和国证券法》第二百一十三条所述证券服务机构"未勤勉尽责，所制作、出具的文件有虚假记载、误导性陈述或者重大遗漏"情形。对上述行为直接负责的主管人员为蒋某、李某。

根据当事人违法行为的事实、性质、情节与社会危害程度，依据《中华人民共和国证券法》第二百一十三条的规定，证监会决定：没收 L 会计师事务所业务收入 150 万元，并处以 750 万元罚款。对蒋某、李某给予警告，并分别处以 10 万元罚款。

资料来源：根据《中国证监会行政处罚决定书》整理。

一、法律责任的影响因素

导致注册会计师承担法律责任的原因包括外部因素和内部因素。导致这些的原因主要来自被审计单位方面、注册会计师方面或者双方共同责任；另外，使用者错误理解审计责任而对注册会计师提出控告。随着社会的发展，注册会计师地位日益提升，其承担的法律责任也在逐渐增长，这已成为世界各国的一种趋势。究其原因，主要有以下几点。

（1）社会期望与审计期望之间差异。社会期望注册会计师能查出企业中所有的错误舞弊和所有的违反法规的情况，认为注册会计师利用其专业知识来对相关财务信息进行鉴证，其目的在于使公众投资人能够得到真实的、据以决策的信息，因此应当首先考虑信息本身的真实性，而不是审核的程序是否得到完全遵循。然而审计期望认为：由于审计存在固有的局限性，注册会计师并不能完全保证已审计的财务会计报告不存在任何的错误或疏漏，审计是对财务信息的合理的保证，只要注册会计师严格按照审计准则去执行审计流程并保持应有的职业谨慎，其所出具的审计报告就应该被认为完成了审计目标，不应被认定为不实报告。两者之间在责任理解方面存在差异，影响注册会计师法律责任。随着注册会计师行业的实践与发展，我国法律法规对不实报告和当注册会计师已遵守执业准则、规则确定的工作程序并保持必要的职业谨慎，但仍未能发现被审计的会计资料错误，不承担民事赔偿责任等情况都做出了明确。

（2）经济因素。事务所也面临经济压力，如行业竞争加剧、审计业务成本增加、年报审计集中、完成审计工作出具报告的时间有限等。

（3）政府监管。政府监管部门保护投资者的意识日益加强，审计质量影响投资者决策，进而影响社会经济资源有序运转，相关监管措施日益完善，处罚力度日益增大。

（4）法律因素。公众对审计保护投资者利益的意识逐渐强化，要求企业向公众报告的需求增强，也越来越注重运用法律的手段来解决利益冲突和纠纷；财务信息的用户对审计人员应承担必要法律责任的意识不断增强。法院的态度、律师代理集体诉讼等也都影响审计法律责任。

（5）风险因素。企业规模扩大，业务全球化及企业经营活动愈发复杂，业务模式、经营模式、技术进步、衍生金融工具发展，都导致会计业务复杂程度提高，审计职业判断增多，审计风险提升。

（6）社会环境因素。社会对利益遭受损失主体关注，受害一方向有能力提供赔偿的一方提起诉讼，而不论错在哪一方。在民事法庭审理起诉会计师事务所的案件中，会计师事务所败诉的案例日益增多，也将促使律师以或有收费为基础提供法律服务，将会计师事务所作为起诉的对象。

（7）舆论对信用影响的压力。事务所声誉对于事务所发展具有重要影响，许多会计师事务所宁愿在庭外和解法律问题，以避免高昂的法律费用和公开的负面影响，也不愿通过司法程序来解决这些问题。

研究注册会计师法律责任影响因素和产生原因，有利于划清责任界限，督促注册会计师有效履行职责，并减轻或免除注册会计师的法律责任。

二、审计法律责任的主要原因

注册会计师法律责任是指注册会计师在承办业务的过程中，未能履行合同条款，或者未能保持应有的职业谨慎，或出于故意未按专业标准出具合格报告，致使审计报告使用者遭受损失，依照有关法律法规，注册会计师或会计师事务所应承担的法律责任。其主要原因如下。

（一）被审计单位方面的原因

1. 错误、舞弊和违反法规行为

当被审计单位的会计部门或其他管理部门存在某些严重的错误、舞弊和违反法规行为，注册会计师未能查出而给他人造成损失时，注册会计师可能会遭到委托单位及有关方面的控告。

错误是指导致财务报表错报的非故意的行为。它强调差错的非故意性。错误的主要形式如下。

（1）为编制财务报表而收集和处理数据时发生失误。

（2）由于疏忽和误解有关事实而做出不恰当的会计估计。

（3）在运用与确认、计量、分类或列报（包括披露）相关的会计政策时发生失误。

舞弊是指被审计单位的管理层、治理层、员工或第三方使用欺骗手段获取不当或非法利益的故意行为。它强调的是产生不实反映的故意性。舞弊的主要形式包括：伪造、编造记录或凭证；侵占资产；隐瞒或删除交易或事项；记录虚假的交易或事项；蓄意使用不当的会计政策。

违反法规行为是指被审计单位故意或非故意地违反除企业会计准则及国家其他有关财会法规之外的国家法律、行政法规、部门规章和地方性法规与规章的行为。它强调的是从事有关经营管理活动的非法性。

对于上述被审计单位的错误、舞弊和违反法规行为，被审计单位理应负直接的会计责任，注册会计师则只能负审计责任。而且，由于审计的固有限制，我们不能要求注册会计师对所有未查出的财务报表的错误与舞弊情况负责，但这并不意味着注册会计师对未能查出的财务报表中的重大错误与舞弊没有任何责任，关键要看未能查出的原因是否源自注册会计师本身的过错。

2. 经营失败

经营失败是指企业由于经济或经营条件的变化，如经济衰退、不当的管理决策或出现意料之外的行业竞争等，而无法满足投资者的预期。被审计单位在经营失败时，也可能会连累注册会计师。审计失败则是指注册会计师由于没有遵守审计准则的要求而发表了错误的审计意见。经营失败与审计失败是两个不同的概念，经营失败的责任在于被审计单位管理当局，审计失败的责任在于注册会计师。当被审计单位经营失败时，审计失败可能存在，也可能不存在。当被审计单位经营失败的同时也存在审计失败时，注册会计师才应对此承担审计责任。审计法律责任的成因汇总如表 4-3 所示。

表 4-3　审计法律责任成因

责任种类	通常的意义	针对注册会计师而言	例子
违约	合同的一方或几方未能达到合同条款的要求	会计师事务所在商定期间内未能履行合同条款规定的义务	会计师事务所在商定的期间内，未能提交纳税申报表，或违反了与被审计单位订立的保密协议等

续表

责任种类	通常的意义	针对注册会计师而言	例子
普通过失	没有保持职业上应有的合理的谨慎	注册会计师没有完全遵循专业准则的要求	未按特定审计项目取得必要和充分的审计证据就出具审计报告的情况,可视为一般过失
重大过失	连起码的职业谨慎都不保持,对业务或事务不加考虑,满不在乎	注册会计师根本没有遵循专业准则或没有按专业准则的基本要求执行审计	未对被审计单位的应收账款进行函证,也未采取替代程序;或者函证回函由被审计单位转交等
欺诈	是以欺骗坑害他人为目的的一种故意的错误行为	注册会计师为达到欺骗他人的目的,明知委托单位的财务报表有重大错报,却加以虚假陈述,出具无保留意见的审计报告	

(二)注册会计师方面的原因

1. 违约

违约是指合同的一方或多方未能达到合同条款的要求。当违约给他人造成损失时,注册会计师应负违约责任。比如,会计师事务所在商定的时期内,未能提交纳税申报表,或违反了与被审计单位订立的保密协议等。

2. 过失

过失是指在一定条件下,没有保持应有的职业谨慎。评价注册会计师的过失,是以其他合格注册会计师在相同条件下可做到的谨慎为标准的。当过失给他人造成损失时,注册会计师应负过失责任,相关部门根据其过失大小确定其责,通常将过失按程度不同分为普通过失和重大过失。

(1)普通过失。普通过失(也称一般过失)通常是指没有保持职业上应有的职业谨慎,对注册会计师则是指没有完全遵循专业准则的要求。比如,未按特定审计项目获取充分、适当的审计证据就出具审计报告的情况,可视为普通过失。

(2)重大过失。重大过失是指连起码的职业谨慎都没有保持,对重要的业务或事务不加考虑,满不在乎。对注册会计师而言,则是指根本没有遵循专业准则或没有按专业准则的基本要求执行审计。

3. 欺诈

欺诈又称舞弊,是以欺骗或坑害他人为目的的一种故意的错误行为。作案具有不良动机是欺诈的重要特征,也是欺诈与普通过失和重大过失的主要区别之一。对于注册会计师而言,欺诈就是为了达到欺骗他人的目的,明知委托单位的财务报表有重大错报,却加以虚假的陈述,出具不实报告并给利害关系人造成损失的,法律认定会计师事务所与被审计单位承担连带赔偿责任。属于故意的行为如下。

(1)与被审计单位恶意串通。

(2)明知被审计单位对重要事项的财务会计处理与国家有关规定相抵触,而不予指明。

(3)明知被审计单位的财务会计处理会直接损害关系人的利益,而予以隐瞒或者作不实报告。

（4）明知被审计单位的财务会计处理会导致利害关系人产生重大误解，而不予指明。

（5）明知被审计单位的财务报表的重要事项有不实的内容，而不予指明。

（6）被审计单位示意其做不实报告，而不予拒绝。

第三节　注册会计师审计法律责任防范

引例

恋爱自由　法律神圣

2016年9月19日，美国证券交易委员会宣布，对四大会计师事务所之一的A会计师事务所处以930万美元（约合人民币为6200万元）罚款，因该公司审计合伙人与两家上市公司重要客户的关系过于密切，成为此类案件的罚款首例。

美国证券交易委员会表示，调查发现A会计师事务所一位高级合伙人与其负责审计的一家上市公司首席财务官保持不适当的亲密友谊关系，另一位高级合伙人与其负责审计的一家上市公司首席会计官卷入恋爱关系。美国证券交易委员会表示，A会计师事务所意识到了这两段不恰当关系，但未采取任何行动。

美国证券交易委员会发现，A会计师事务所在芝加哥的前合伙人贝某拿出逾10万美元款待一家审计客户的首席财务官及其儿子。A会计师事务所和贝某没有承认或否认这些指控。A会计师事务所同意支付497.5万美元罚款，贝某必须支付4.5万美元罚款，并被暂停执业3年。

据监管规则，审计人员被禁止与客户关系过密，因为这违反了审计机构的独立性原则。

资料来源：根据网络资料整理。

一、注册会计师防范措施

面对注册会计师法律责任的扩展和被控诉案件的急剧增加，整个注册会计师职业界都在积极研究如何避免法律诉讼。这对于提高注册会计师审计的鉴证水平，增强发现重大错报与舞弊的能力都有较大的帮助。

注册会计师要避免法律诉讼，就必须在执行审计业务时尽量减少过失行为，防止欺诈行为。注册会计师避免法律诉讼的防范措施，可以概括为以下几点。

（一）增强执业独立性

独立性是注册会计师执行鉴证业务时的生命。在实际工作中，绝大多数注册会计师能够始终如一地遵循独立原则；但也有少数注册会计师忽视独立性，甚至接受可能是错误的陈述，并帮助被审计单位掩饰舞弊。

（二）保持执业谨慎

在所有注册会计师的审计过失中，最主要的是由缺乏认真而谨慎的职业态度引起的。在执行审计业务过程中，未严格遵守审计准则，不执行适当的审计程序，对有关被审计单位的问题未保持应有的职业谨慎，或为节省时间而缩小审计范围和简化审计程序，都会导致财务报表中的重大错报不被发现。

（三）强化执业监督

许多审计中的差错是由于注册会计师失察或未能对助理人员或其他人员进行切实的监督而发生的。对于业务复杂且重大的委托单位来说，其审计是由多个注册会计师及许多助理人员共同配合来完成的。如果他们的分工存在重叠或间歇，又缺乏严密的执业监督，发生过失是不可避免的。

二、会计师事务所防范措施

（一）严格遵循职业道德和专业标准的要求

注册会计师是否承担法律责任，关键在于注册会计师是否有过失或欺诈行为，而判别注册会计师是否具有过失的关键在于注册会计师是否遵照专业标准的要求执业。因此，保持良好的职业道德，严格遵循专业标准的要求执业、出具报告，对于避免法律诉讼或在提起的诉讼中保护注册会计师具有无比的重要性。

（二）建立、健全会计师事务所质量管理制度

会计师事务所不同于一般公司、企业，质量管理是会计师事务所各项管理工作的核心。如果一个会计师事务所质量管理不严，很有可能因为一个人或一个部门导致整个会计师事务所遭受灭顶之灾。因此，会计师事务所必须建立健全一套严密、科学的内部质量管理制度，并把这套制度推行到每一个人、每一个部门和每一项业务，迫使注册会计师按照专业标准的要求执业，保证整个会计师事务所的管理质量。

（三）严格签订业务约定书

会计师事务所承办业务时应与委托人签订业务约定书。业务约定书具有法律效力，它是确定注册会计师和委托人的责任的一个重要文件。会计师事务所无论承办何种业务，都要按照业务约定书准则的要求与委托人签订约定书，这样才能在发生法律诉讼时将一切口舌争辩减少到最低限度。

（四）慎重选择被审计单位

注册会计师如欲避免法律诉讼，必须审慎选择被审计单位。一是要选择正直的被审计单位。如果被审计单位对顾客、职工、政府部门或其他方面没有正直的品格，也必然会蒙骗注册会计师，使注册会计师落入它们的圈套。这就要求会计师事务所接受

委托之前，一定要采取必要的措施对被审计单位的历史情况有所了解。评价被审计单位的品格，弄清委托的真正目的。尤其是在执行特殊目的审计业务时更应如此。二是对陷入财务和法律困境的被审计单位要尤为注意。周转不灵或面临破产的公司，其股东或债权人总想为它们的损失寻找替罪羊，因此对那些陷入财务困境的被审计单位要特别注意。

（五）深入了解被审计单位的业务

在很多案件中，注册会计师之所以未能发现错误，一个重要的原因就是他们不了解被审计单位所在行业的情况即被审计单位的业务。会计是经济活动的综合反映，不熟悉被审计单位的经济业务和生产经营实务，仅局限于有关的会计资料，就可能发现不了某些错误。

（六）提取风险基金或购买责任保险

投保充分的责任保险是会计师事务所一项极为重要的保护措施，尽管保险不能免除可能受到的法律诉讼，但能防止或减少诉讼失败时会计师事务所发生的财务损失。《中华人民共和国注册会计师法》也规定了会计师事务所按照国务院财政部门的规定建立职业风险基金，办理职业保险。

（七）聘请熟悉注册会计师法律责任的律师

会计师事务所有条件的话，尽可能聘请熟悉相关法规及注册会计师法律责任的律师。在执业过程中，如遇到重大法律问题，注册会计师应与本所的律师或外聘律师详细讨论所有潜在的危险情况并仔细考虑律师的建议。一旦发生法律诉讼，也应请有经验的律师参加诉讼。

（八）按规定妥善保管审计工作底稿

根据现行法律及相关司法解释的规定，会计师事务所侵权责任认定方面采取过错推定原则和举证责任倒置证明责任分配模式，意味着会计师事务所并非在任何时候都承担责任。会计师事务所能够证明已经遵守执业准则、规则确定的工作程序并保持必要的职业谨慎，不承担民事赔偿责任，会计师事务所在证明自己没有过错时，可以向人民法院提交与案件相关的执业准则、规则及审计工作底稿等，所以，按规定妥善保管审计工作底稿，在案件审理中能够及时将审计工作底稿提交法院，对事务所有效应对法律诉讼、规避法律责任风险具有重要意义。

三、行业防范法律责任的启示

（一）强化审计准则地位

应明确财务报表提供者的责任。财务报表编制者，即被审计单位管理层，因为财务报表是管理层编制的，管理层也是对企业运行的主要负责人，所以管理层是财务信息的主要责任承担人。如果被审计单位存在舞弊行为，编制虚假财务报表，由于舞弊的隐蔽性和审计的局限性,注册会计师可能在执行了足够的审计程序的基础上也很难发现舞弊，从而因没有查出舞弊而发表了错误的审计意见。

财务报表使用者不能仅仅简单地要求注册会计师查出所有的财务报表错报并提供完全绝对的保证，注册会计师审计代替不了被审计单位管理层。被审计单位管理层应该保证自身按照适当的财务报表编制基础编制财务报表，不能因为财务报表经过注册会计师的审核而不承担提供虚假财务信息的责任；与此同时，注册会计师应该按照独立审计准则和企业会计准则执行审计业务，不能因为被审计单位管理层提供虚假财务信息而不承担注册会计师不尽职的审计责任。

因此，应该区分注册会计师审计责任和被审计单位的财务责任，并细化承担的主体、条件和处罚等。

（二）设立法律责任专业认定机构

在设立专业的认定机构时，应平衡利益代表群体。因为审计具有很强的专业性，术业有专攻，法院没有能力对审计工作进行鉴定，认定机构必须有专业的审计人员，但是审计人员在心理上较可能倾向于"过程无缺陷"，在情感上也容易倾向于注册会计师，所以应该平衡利益代表群体。

在设立专业的认定机构时，可以将认定机构与对注册会计师审计监管相结合。现在对注册会计师审计工作的监管主要是政府监管，实际上主要是证监会监管和财政部门的抽查，证监会监管具有滞后性和被动性，财政部门的抽查具有随机性，证监会和财政部门可以与专业的责任认定机构联合或者聘任其对会计师事务所进行监察，也可以接受社会公众的委托，对其怀疑的审计报告进行复核检查，以便对注册会计师审计实行实时的全面覆盖的监管和取得相关的法律证据，更好发挥认定机构的价值。

（三）强化行业监督

对注册会计师审计业务质量的监管主要包括证监会、中注协、审计署等监管部门开展的业务监管，根据投资者等的举报进行的专项调查，还有法院等审理的涉及会计师事务所的民事赔偿案件形式的监管。因受到监管部门时间和人力等方面限制，监管部门的监管难以做到全覆盖，同时还主要表现为事后监管。因而，如果个人注册会计师因利益驱使，在明知道被审计单位财务报表存在重大不实信息的情况下，却没有发表恰当的审计意见，甚至存在"共同欺诈"，就会给行业发展和审计报告使用者带来负面的影响。为了使审计行业健康发展，维护社会公众的利益，应该对注册会计师审计工作加强监管，提高监管的科技化水平，优化监管模式，健全责任的追究制度。

对于行业内的监督机制，要规范注册会计师的执业行为、提高执业水准、保证执业质量，建立和完善专业巡查制度、专业评价制度、专业辅导制度、专业培训制度、行政处罚制度等有机结合的监管体系。

思维导图

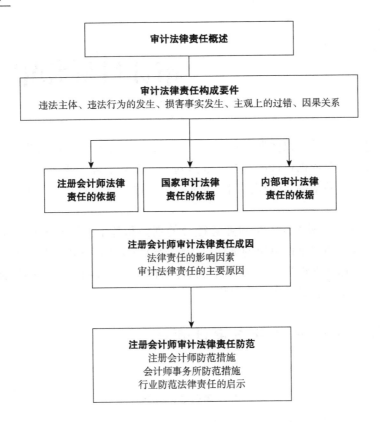

课后思考题

1. 注册会计师法律责任的成因有哪些？
2. 简述注册会计师法律责任的种类。
3. 如何规避注册会计师承担法律责任？

第四章习题

第五章

审计目标和审计过程

我们从这一章开始，以注册会计师审计为例，讲解审计工作的流程。

注册会计师需要依据审计的目标，通过对业务循环了解、评估被审计单位的内外部环境，依据评估后的结果实施控制测试或实质性程序，进而对会计报表是否不存在重大错报发表意见。

通过本章学习了解审计人员对业务循环的划分和基于循环开展审计工作的基本流程，明确审计人员和被审计单位的责任，了解管理当局认定和审计目标的关系，掌握如何依据审计总目标和管理当局的认定制定具体目标，了解审计人员依据目标进行风险评估和风险应对，发表意见的审计全过程。

第一节　审计总目标与审计责任

引例

审计责任谁来担?

W 公司是一家国有大型企业。2006 年 12 月，公司总经理针对公司效益下滑、面临亏损的情况，电话请示正在外地出差的董事长。董事长指示把财务会计报告做得漂亮一些，总经理把这项工作交给公司总会计师，要求按董事长意见办。总会计师按公司领导意图，对当年度的财务会计报告进行了技术处理，虚拟了若干笔无交易的销售收入，从而使公司报表由亏变盈。经 C 事务所审计后，公司财务会计报告对外报出。2007 年 4 月，在《会计法》执行情况检查中，当地财政部门发现该公司存在重大会计作假行为，依据《会计法》及相关法律、法规、制度，拟对该公司董事长、总经理、总会计师等相关人员进行行政处罚，并分别下达了行政处罚告知书。W 公司相关人员接到行政处罚告知书后，均要求举行听证会。

在听证会上，有关当事人作了如下陈述。

公司董事长称："我前一段时间出差在外，对公司情况不太了解，虽然在财务会计报告上签名并盖章，但只是履行会计手续，我不能负任何责任。具体情况可由公司总经理予以说明。"公司总经理称："我是搞技术出身的，主要抓公司的生产经营，对会计我是门外汉，我虽在财务会计报告上签名并盖章，那也只是履行程序而已。以前也是这样做的，我不应承担责任。有关财务会计报告情况应由公司总会计师解释。"

公司总会计师称："公司对外报出的财务会计报告是经过 C 事务所审计的，他们出具了无保留意见的审计报告。C 事务所应对本公司财务会计报告的真实性、完整性负责，承担由此带来的一切责任。"

那么，公司董事长、总经理、总会计师在听证会上的陈述正确吗？

资料来源：根据网络资料整理。

一、审计总目标

审计目标分为审计总目标和具体审计目标。审计总目标是指注册会计师为完成整体审计工作而达成的预期目的。具体审计目标是指注册会计师通过实施审计程序以确定管理层在财务报表中确认的各类交易、账户余额、披露层次认定是否恰当。注册会计师在了解每个项目的认定后，就很容易确定每个项目的具体目标。

（一）审计总目标的演变

注册会计师审计经历了详细审计、资产负债表审计和财务报表审计三个阶段，审计总目标也随之变化。在详细审计阶段，注册会计师通过对被审计单位一定时期内的会计记录的逐笔审查，判定有无技术错误和舞弊行为，查错防弊是此阶段的审计目标。

在资产负债表审计阶段，注册会计师通过对被审计单位一定时期内资产负债表所有项目余额的真实性、可靠性进行审查，判断其财务状况和偿债能力。在此阶段，审计目标是为社会提供全面的历史财务信息公证，查错防弊这一目标依然存在，但已退居第二位，审计的功能从防护性发展为公正性。

在财务报表审计阶段，注册会计师判定被审计单位一定时期内的财务报表是否公允地反映其财务状况、经营成果和现金流量，并出具审计报告。在此阶段，审计目标不再局限于查错防弊和为社会提供全面的历史财务信息公证，而是向管理领域有所深入和发展。此阶段的审计工作已比较有规律，且形成了一套较完整的理论和方法。

审计总目标发生了上述变化，同时注册会计师提供的其他鉴证服务、管理咨询服务、会计服务和税务服务的业务量也在日渐增加，但注册会计师的重要职责之一始终是对被审计单位财务报表进行审计。财务报表审计是审计相关业务的基础，其他性质的业务从某种意义上讲都是财务报表审计的延伸和发展。

（二）财务报表审计总目标

财务报表审计的目的是提高财务报表预期使用者对财务报表的信赖程度。在执行财务报表审计工作时，财务报表审计工作的总体目标是对财务报表整体是否不存在由舞弊或错误导致的重大错报获取合理保证，使得注册会计师能够对财务报表是否在所有重大方面按照适用的财务报告编制基础编制发表审计意见，按照审计准则的规定，根据审计结果对财务报表出具审计报告，并与管理层和治理层沟通。

在实务中，理解财务报表审计总目标应当从以下几个方面着手。

（1）财务报表审计可以满足财务报表使用者决策需求。财务报表使用者往往有着各自的利益，且这种利益与被审计单位管理层的利益大不相同。出于对自身利益的关心，财务报表使用者常常担心被审计单位管理层提供带有偏见、不公正甚至欺诈性的财务报表。为此，他们纷纷向外部独立人员寻求鉴证。同时由于会计业务的处理及财务报表的编制日趋复杂，财务报表使用者因缺乏会计知识而难以对财务报表的质量做出评估，所以他们要求注册会计师对财务报表的质量进行鉴证。

（2）财务报表审计属于鉴证业务，注册会计师的审计意见旨在提高财务报表的质量及可信程度。对于企业而言，财务报表的质量会对管理层及员工的工作效率和诚实品行产生积极影响，有利于被审计单位改善经营管理，直接给公司带来经济利益。对于信息使用者而言，还可能遏制不正确信息或阻止其传播，从而有助于保持资本市场的稳定和效率。但值得注意的是，审计意见不是对被审计单位未来生存能力或管理层经营效率、效果提供的保证。

（3）财务报表审计不能对财务报表做出绝对保证。由于审计存在固有限制，注册会计师据以得出结论和形成审计意见的大多数审计证据是说服性而非结论性，因此注册会计师只能获取充分、适当的审计证据将审计风险降低到可接受的水平，对财务报表做出合理保证。

二、管理层和注册会计师的责任

在财务报表审计中，被审计单位管理层和注册会计师承担着不同的责任，不能相互混淆和替代。明确划分其责任，不仅有助于被审计单位管理层和注册会计师认真履行各自的职责，为财务报表及其审计报告的使用者提供有用的经济决策信息，还有利于保护相关各方的正当权益。

（一）被审计单位管理层的责任

财务报表是在被审计单位管理层和治理层的监督下编制的，因此，按照相关法律法规的规定确定适用的财务报告编制基础编制财务报表，是被审计单位管理层和治理层的责任。尽管不同国家或地区对这些责任的范围或表达方式的规定不尽相同，但管理层和治理层认可与财务报表相关的责任，是注册会计师执行审计工作的前提。管理层和治理层已认可并理解其应当承担的责任如下。

（1）按照适用的财务报告编制基础编制财务报表，并使其实现公允反映。

（2）设计、实施和维护必要的内部控制，以使财务报表不存在由舞弊或错误导致的重大错报。

（3）向注册会计师提供必要的工作条件，包括允许注册会计师接触与编制财务报表相关的所有信息（如记录、文件和其他事项），向注册会计师提供审计所需的其他信息，允许注册会计师在获取审计证据时不受限制地接触其认为必要的内部人员和其他相关人员。

当然，管理层不仅对企业财务报表承担责任，在公司管理框架下还应承担合法经营、确定公司发展战略、加强日常管理和实现经营目标等经营管理责任。

（二）注册会计师的责任

按照审计准则的规定，对财务报表整体是否不存在由舞弊或错误导致的重大错报获取合理保证，并对财务报表是否在所有重大方面按照适用的财务报告编制基础编制发表审计意见是注册会计师的责任。财务报表由被审计单位管理层编制，并由其管理层对财务报表的公允性负责，被审计单位管理层有充分的权力来选用会计政策、做出会计估计和决定披露的内容。对此，注册会计师只能按照审计准则的规定实施审计程序，以检查管理层是否按有关规定编制财务报表。例如，发现其未按规定编制财务报表，注册会计师只能建议其做出调整，如管理层拒绝调整，注册会计师只能根据具体情况考虑提出保留意见或否定意见。

相关审计准则不仅要求在审计业务约定书中写明注册会计师的审计目标及责任，还要求在审计报告中用专门的段落即"注册会计师的责任段"，说明其审计责任，以帮助财务报表使用者正确理解注册会计师的审计责任和适当利用注册会计师的审计结果。

审计责任根据审计目标确定，并随着审计目标的变化而变化。为了指导注册会计师实现审计目标，履行审计责任，审计人员应该遵守审计准则的要求开展审计工作，基本要求如下。

（1）遵守审计准则。审计准则是衡量注册会计师执行财务报表审计业务的权威性标准，涵盖从接受审计业务委托到出具审计报告的整个过程，注册会计师在执业过程中应当遵守审计准则的要求。

（2）遵守职业道德准则。《中国注册会计师职业道德守则》规定了与注册会计师职业相关的职业道德基本原则并提供了应用这些原则的概念框架。根据《中国注册会计师职业道德守则》，注册会计师应当遵循的基本原则包括诚信、独立性、客观和公正、专业胜任能力和勤勉尽责、保密、良好职业行为。

（3）保持职业怀疑态度。要求注册会计师在计划和实施审计工作时，保持职业怀疑态度，充分考虑可能存在由错误和舞弊导致财务报表发生重大错报的情形，以质疑的思维方式评价所获取审计证据的有效性，并对相互矛盾的审计证据，以及引起对文件记录或管理层和治理层提供的信息的可靠性产生怀疑的审计证据保持警觉。注册会计师应当结合审计过程中获取的其他证据，慎重考虑管理层和治理层对询问所做答复的合理性，以及提供的其他信息的合理性，而不应依赖以往审计中对管理层、治理层诚信形成的判断，客观评价管理层和治理层。

（4）合理运用职业判断。职业判断是指在审计准则、财务报告编制基础和职业道德要求的框架下，注册会计师综合运用相关知识、技能和经验，做出适合审计业务具体情况、有根据的行动决策。职业判断对于适当地执行审计工作是必不可少的。注册会计师需要在整个审计过程中运用职业判断，一方面，职业判断贯穿于注册会计师职业的始终，从决定是否接受业务委托，到出具业务报告，注册会计师都需要做出职业判断；另一方面，职业判断涉及注册会计师执业中的各类决策，包括与具体会计处理相关的决策、与审计程序相关的决策，以及与遵守职业道德要求相关的决策。

■ 第二节　认定与具体审计目标

引例

注册会计师必须牢记审计目标

C公司是一家建筑公司，A会计师事务所已经连续四年为其提供财务报表审计服务，而在2015年度财务报表审计中，C公司将一批建筑合同的收入确认入账，然而该合同项目从未动工，其采购的物料一直都存放在施工地点。但A会计师事务所的注册会计师认为没必要去施工现场核查该工程实际的完工进度，他们仅仅依靠被审计客户提供的采购的物料等相关资源推算出完工进度，然后使用完工百分比法来计算成本收益。尽管这在技术上是合法的，但却使C公司当年的收入被夸大。当这一事实被披露时，该公司股价大跌。媒体宣称被注册会计师欺骗了，而注册会计师却说他们的做法无可厚非。事实上C公司2015年度的财务报表对收入的确认不符合逻辑。对于此类欺骗，公众投资者实际上是无法容忍的。于是，人们发问：面对客户的欺诈伎俩，注册会计师到哪里去了？如果你是注册会计师，你的最佳反应应该是：无论在任何时候、在任何地点，都不要忘了自己的审计目标。

资料来源：根据网络资料整理。

一、管理层认定

管理层认定是指管理层对财务报表组成要素的确认、计量、列报做出的明确或隐含的表达，注册会计师将其用于考虑可能发生的不同类型的潜在错报。管理层认定与审计目标密切相关，注册会计师的基本职责就是确定被审计单位管理层对其财务报表的认定是否恰当。注册会计师了解了认定，就很容易确定每个项目的具体审计目标。通过考虑可能发生的不同类型的潜在错报，注册会计师运用认定评估风险，并据此设计审计程序予以应对。

当管理层声明财务报表已按照适用的会计准则和相关会计制度进行编制，在所有重大方面做出公允反映时，就意味着管理层对财务报表各组成要素的确认、计量、列报及相关的披露做出了认定。管理层在财务报表上的认定有些是明确表达的，有些则是隐含表达的。例如，管理层在资产负债表中列报存货及其金额，意味着做出了下列明确的认定：①记录的存货是存在的；②存货以恰当的金额包括在财务报表中，与之相关的计价或分摊调整已恰当记录。同时，管理层也做出下列隐含的认定：①所有应当记录的存货均已记录；②记录的存货都由被审计单位拥有。

管理层对财务报表各组成要素均做出了认定（表5-1），注册会计师的审计工作就是要确定管理层的认定是否恰当。

表5-1　管理层对财务报表组成要素做出的认定

各类交易、事项及相关披露的认定	期末余额及相关披露的认定
发生：记录或披露的交易和事项已经发生，且这些交易和事项与被审计单位有关	存在：记录的资产、负债和所有者权益是存在的

续表

各类交易、事项及相关披露的认定	期末余额及相关披露的认定
完整性：所有应当记录的交易和事项均已记录，所有应当包括在财务报表中的相关披露均已包括	完整性：所有应当记录的资产、负债和所有者权益均已记录，所有应当包括在财务报表中的相关披露均已包括
准确性：与交易和事项有关的金额及其他数据均已恰当记录，相关披露已得到恰当计量和描述	准确性、计价和分摊：资产、负债和所有者权益以恰当的金额包括在财务报表中，与之相关的计价或分摊调整已恰当记录，相关披露已得到恰当计量和描述
截止：交易和事项已记录于正确的会计期间	权利和义务：记录的资产由被审计单位拥有和控制，记录的负债是被审计单位应当履行的偿还义务
分类：交易和事项已记录于恰当的账户	分类：资产、负债和所有者权益已记录于恰当的账户
列报：交易和事项已被恰当地汇总或分解且表述清楚，相关披露在适用的财务报表编制基础上是相关的、可理解的	列报：资产、负债和所有者权益已被恰当地汇总或分解且表述清楚，相关披露在适用的财务报表编制基础上是相关的、可理解的

二、具体审计目标

具体审计目标是在审计总目标的基础上，对具体的审计项目期望达到的目的或期望取得的最终结果，它是对审计总目标的具体化。具体审计目标是根据被审计单位管理当局的认定和审计总目标确定的，管理层的认定与具体审计目标密切相关。注册会计师了解了认定，就很容易确定每个项目的具体审计目标，并以此作为评估重大错报风险及设计和实施进一步审计程序的基础。同一认定可以与不同的审计目标相对应，也可能由不同的审计程序来查证，同一审计程序的方向不同，可能实现的认定也不同，如存在认定是由账簿记录追查到原始凭证，完整性认定是由原始凭证追查到账簿记录。

（一）与所审期间各类交易、事项及相关披露相关的审计目标

（1）发生。发生是指已记录的交易是否是真实发生的，是否存在虚构或者多记的交易。例如，如果没有发生销售交易，但在销售日记账中记录了一笔，则违反了该目标。

（2）完整性。完整性是指存在的交易是否均已记录，是否存在漏记交易。例如，如果发生了销售交易，但没有在销售日记账和总账中记录，则违反了该目标。

（3）准确性。准确性是指已记录的交易与发货金额是否一致，且已正确开单和记录。例如，在销售交易中，发出商品的数量与账单上记录不符，则违反了该目标。

准确性与发生、完整性之间的区别。例如，若已记录的销售交易是不应当记录的，即使发票金额是准确计算的，仍违反了发生目标。再如，若已记录的销售交易是对正确发出商品的记录，但金额计算错误，则违反了准确性目标，没有违反发生目标。在完整性和准确性之间也存在同样的关系。

（4）分类。分类是指交易是否已经恰当分类。例如，如果将出售经营性固定资产所得收入记录为营业收入，则导致交易分类错误，违反了该目标。

（5）截止。截止是指接近资产负债表日的交易是否记录于恰当的会计期间。例如，如果本期交易推到下期，或者下期交易提到本期，均违反了该目标。

（6）列报。列报是指交易是否已经在报表中恰当地列示和披露。

（二）管理层认定与余额相关的审计目标

（1）存在。存在是指所有入账的资产或负债在资产负债表日是否实际存在。例如，如果不存在某客户的应收账款，却在应收账款明细表中列入，则违反了该目标。

（2）完整性。完整性是指所有实际存在的资产或负债是否都已经入账。例如，如果存在某客户的应收账款，而应收账款明细表中却没有列入，则违反了该目标。

（3）准确性、计价和分摊。计价与分摊是指与资产和负债相关的所有的计价和计算是否正确。

（4）权利和义务。权利和义务是指报表中列示的所有资产和负债是否都归被审计单位所有。例如，将他人寄售商品列入被审计单位存货中，则违反了该目标。

（5）分类。分类是指资产、负债和所有者权益是否记录于恰当的账户。

（6）列报。列报是指资产、负债和所有者权益是否已经恰当地列示和披露。

可见，管理层认定是确定具体审计目标的基础。注册会计师通常将管理层认定转化为能够通过审计程序予以实现的审计目标。针对财务报表每一项目所表现出的各项认定，注册会计师相应地确定一项或多项审计目标，然后通过执行一系列审计程序获取充分、适当的审计证据以实现审计目标。认定、审计目标和审计程序之间的关系举例如表 5-2 所示。

表 5-2　认定、审计目标和审计程序之间的关系举例

认定	审计目标	审计程序
存在	资产负债表列示的存货存在	实施存货监盘程序
准确性	销售收入是否基于正确的价格和数量，计算是否准确	比较价格清单与发票上的价格，发货单与销售订购单上的数量是否一致，重新计算发票上的金额
完整性	销售收入包括了所有已发货的交易	检查发票的编号及销售明细账
截止	销售业务记录在恰当的期间	比较资产负债表日前后的发货单日期和记账日期
权利和义务	资产负债表中的固定资产确实为公司所有	查阅所有权证书、购货合同、结算单和保险单

第三节　审计流程

引例

W 物流财务舞弊案

安徽 W 物流（集团）股份有限公司（简称 W 物流）是一家集煤炭物流、大宗生产资料电商物流和集装箱物流于一体的大型现代综合物流企业，于 2003 年 3 月正式上市。该公司在 2014 年 10 月 9 日收到证监会的调查通知，公司涉嫌现金披露违法违规行为被立案调查。

2015 年 7 月 23 日，证监会下发《中国证监会行政处罚决定书》，最后决定对 W 物流给予警告，并处以 50 万元罚款。决定书指出了 W 物流存在的违法事实：①W 物流连续两年有虚增利润和收入，其中 2012 年虚增利润 2.56 亿元，占 2012 年报利润总额的 51.36%，2013 年虚增利润 2.34 亿元，占 2013 年报利润总额的 64.64%。此外，2013 年，W 物流未按规定披露 H 物流和 F 公司 30 亿元债务转移情况。②未在 2011 年报中披露 H 物流为 Y

公司等公司提供 16 亿元的动产差额回购担保业务。③未披露 H 物流为其他公司提供的高额担保。

审计人员如何查出这些违法事实？需要从被审计单位的业务循环入手，了解每一个业务循环的内部控制流程，进行风险评估，依据评估后的结果有针对性地对相关交易和流程进行测试，从而找到问题所在。

资料来源：根据《中国证监会行政处罚决定书》整理。

风险导向审计模式要求注册会计师在审计过程中，以重大错报风险的识别和评估以及应对为工作主线，相应地，审计过程大致分为以下几个阶段。

一、接受业务委托

会计师事务所应当按照执业准则的规定，谨慎决策是否接受或保持某客户关系和具体审计业务。在接受新客户的业务前，或决定是否保持现有业务或考虑接受现有客户的新业务时，会计师事务所应当执行有关客户接受与保持的程序，以获取如下信息：①考虑客户的诚信，没有信息表明客户缺乏诚信；②具有执行业务必要的素质、专业胜任能力、时间和资源；③能够遵守相关职业道德要求。

注册会计师需要做出的最重要的决策之一就是接受和保持客户。一项低质量的决策会导致不能准确确定计酬的时间或未被支付的费用，增加项目合伙人和员工的额外压力，使会计师事务所声誉遭受损失，或者涉及潜在的诉讼。一旦决定接受业务委托，注册会计师应当与客户就审计约定条款达成一致意见。对于连续审计，注册会计师应当根据具体情况确定是否需要修改业务约定条款，以及是否需要提醒客户注意现有的业务约定书。审计业务约定书的详细内容将在本教材第七章介绍。

二、计划审计工作

计划审计工作十分重要，如果没有恰当的审计计划，不仅无法获取充分、适当的审计证据，影响审计目标的实现，而且还会浪费有限的审计资源，影响审计工作的效率。

因此，对于任何一项审计业务，注册会计师在执行具体审计程序之前，都必须根据具体情况制订科学、合理的计划，使审计业务以有效的方式得到执行。一般来说，计划审计工作主要包括：在本期审计业务开始时开展的初步业务活动；制定总体审计策略；制订具体审计计划等。需要指出的是，计划审计工作不是审计业务的一个孤立阶段，而是一个持续的、不断修正的过程，贯穿于整个审计过程的始终。计划审计工作的详细内容将在本教材第七章介绍。

三、识别和评估重大错报风险

审计准则规定，注册会计师必须实施风险评估程序，以此作为评估财务报表层次和认定层次重大错报风险的基础。风险评估程序是指注册会计师为了解被审计单位及其环境，以识别和评估财务报表层次与认定层次的重大错报风险（无论该错报是由舞弊或错误导致）而实施的审计程序。风险评估程序是必要程序，了解被审计单位及其环境为注册会计师在许多关键环节做出职业判断提供了重要基础。了解被审计单位及其环境实际上是一个连续和动态地收集、更新与分析信息的过程，贯穿于整个审计过程的始终。一般来说，实施风险评估程序的主要工作包括：了解被审计单位及其环境；识别和评估财务报表层次以及各类交易、账户余额和披露认定层次的重大错报风险，包括确定需要特别考虑的重大错报风险（简称特别风险）以及仅通过实施实质性程序无法应对的重大错报风险等。风险评估程序的详细内容将在本教材第八章介绍。

四、应对重大错报风险

注册会计师实施风险评估程序本身并不足以为发表审计意见提供充分、适当的审计证据，还应当实施进一步审计程序，包括实施控制测试（必要时或决定测试时）和实质性程序。因此，注册会计师在评估财务报表重大错报风险后，应当运用职业判断，针对评估的财务报表层次重大错报风险确定总体应对措施，并针对评估的认定层次重大错报风险设计和实施进一步审计程序，以将审计风险降至可接受的低水平。有关应对重大错报风险的内容将在本教材第九章介绍。

五、编制审计报告

注册会计师在完成进一步审计程序后，还应当按照有关审计准则的规定做好审计完成阶段的工作，并根据所获取的审计证据，合理运用职业判断，形成适当的审计意见。本教材第十章、第十一章将对完成审计工作和出具审计报告展开讨论。

思维导图

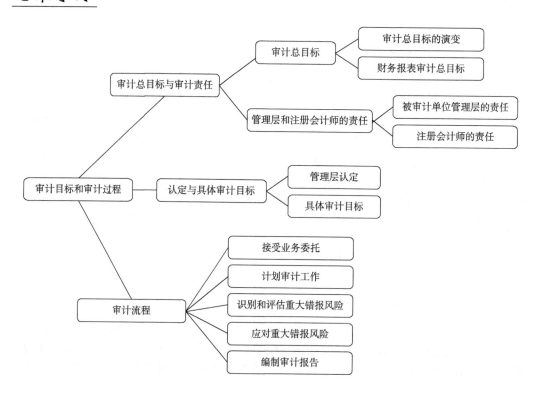

课后思考题

1. 管理当局认定和具体目标的联系是什么?
2. 如何理解审计的总目标?
3. 概述风险导向审计的基本流程。

第五章习题

第六章

接受业务委托与计划审计工作

　　注册会计师审计具有委托性，接受业务委托需要保持职业谨慎，会计师事务所应当按照执业准则的规定，谨慎决策是否接受或保持某客户关系和具体审计业务。签约之后需要依据对被审计单位的初步了解和风险评估制订审计计划，计划的编制贯穿整个审计过程。

　　通过本章的学习需要掌握会计师事务所在接受业务委托时执行的程序，如何做出接受业务委托的决策，了解审计业务约定书的内容，掌握总体审计计划的编制，如何运用重要性和审计风险大致明确审计的范围和方向，如何对审计计划做出修改。

■ 第一节　接受业务委托

引例

接受业务委托须谨慎

　　A公司自开业以来营业额剧增。为筹措资金，公司决定向银行贷款，但银行希望在同意给予A公司贷款之前，A公司能够出具经审计后的财务报表以判定是否同意其贷款。因此，A公司决定聘请C会计师事务所进行审计。A公司之前从未聘请注册会计师对本公司的财务报表进行审计，审计工作刚一开始就进展不顺利，注册会计师李某刚到A公司就发现，A公司会计账册不齐，而且账也未结平。第一周，李某帮助A公司整理会计凭证、会计账簿等相关资料。但A公司会计人员却抱怨说李某太过苛刻，已经妨碍其正常工作。第二周，为确定应收账款函证对象，李某向A公司会计人员索要客户有关资料，但遭到A公司会计人员以客户资料涉及公司机密为由的拒绝。接着，李某要求公司在年末这一天停止生产以便对存货进行盘点，但A公司以生产任务忙为由拒绝了李某的要求。李某无奈之下只得向事务所的合伙人汇报，合伙人张某立即与A公司总经理进行接洽，告知如果无法进行询证或盘点，注册会计师只能对财务报表提出无法表示意见。总经理听后十分生气地说："我宁愿向朋友借钱，也不要你们的审计报告。"A公司总经理不但命令注册会计师李某立刻离开A公司，还拒绝支付注册会计师前两周的审计费用，合伙人张某非常气恼，他严肃地告诉总经理说："除非贵公司付清前两周审计费用，否则前期由李某代编的会计账册将不予归还。"

　　该会计师事务所的做法是否妥当？如果不妥当，你有什么看法。

一、初步业务活动的内容

在本期审计业务开始时，注册会计师需要开展初步业务互动，以实现以下目的：是否具备执行审计业务所需的独立性和能力；是否不存在因管理层诚信问题而可能影响注册会计师保持该项业务的意愿的事项；与被审计单位之间是否存在对业务约定条款的误解。

会计师事务所应当按照执业准则的规定，谨慎决策是否接受或保持某客户关系和具体审计业务。在接受新客户的业务前，或决定是否保持现有业务或考虑接受现有客户的新业务时，会计师事务所应当执行一些客户愿意接受与保持的业务，考虑如下因素：①了解被审计单位基本情况；②评价自身独立性和专业胜任能力；③与前任注册会计师的沟通；④与老客户续约；⑤特别因素的考虑。

（一）了解被审计单位基本情况

注册会计师及会计师事务所在接受新客户之前，首先应了解被审计单位及其环境。注册会计师在对被审计单位基本情况进行了解后，既可以确定是否接受委托，还可以根据掌握的情况考虑如何安排进一步的审计工作。其中，应了解的被审计单位基本情况包括：业务性质、经营规模和组织结构；经营情况和经营风险；以前年度接受审计的情况；财务会计机构及工作组织；其他与签订业务约定书相关的事项。

（二）评价自身独立性和专业胜任能力

独立性是注册会计师执业的灵魂和基石，它要求注册会计师在提供审计和其他鉴证业务时应当保持实质上和形式上的独立性，而专业胜任能力是高质量审计的技术保障。在我国审计准则中对胜任能力提出了要求：审计工作应由具备专门学识与经验并经过适当专业训练的人担任。注册会计师独立性和专业胜任能力共同保证了审计质量。

我国职业道德守则要求会计师事务所和注册会计师不得承办不能胜任的业务，并要求注册会计师自身对该业务的独立性进行充分评价，会计师事务所在配备审计人员时也必须仔细考虑独立性因素。因此，会计师事务所自身评价的主要内容包括以下三个方面：一是评价执行审计业务的能力，由此确定审计小组的关键成员并考虑在审计过程中是否需要借助外部专家的协助。二是评价自身独立性，即会计师事务所及注册会计师应当从实质上和形式上两个方面判断独立性。评价实质上的独立性是指评价注册会计师能否不受损害职业判断因素的影响，做到诚信行事、遵循客观和公正原则，以及保持职业怀疑态度；评价形式上的独立性是指注册会计师的业务实施能否使一个理性且掌握充分信息的第三方在权衡所有相关事实和情况后，认为其没有损害诚信、客观、公正原则或职业怀疑态度。三是评价保持应有谨慎性的能力。

如果审计项目组不具备或不能获得执行业务必需的胜任能力，注册会计师应当根据其可能造成不利影响的严重程度，在必要时采取以下防范措施，可以使不利影响降低至可接受水平甚至消除不利影响：了解客户的业务性质、经营的复杂程度及所在行业的情况；了解专业服务的具体要求和业务对象，以及注册会计师拟执行工作的目的、性质和范围；了解相关监管要求或报告要求；分派足够的具有胜任能力的员工；必要时利用专家工作；就执行业务的时间安排与客户达成一致意见。

审计人员除评价自身的独立性和专业胜任能力之外，有时还需要考虑是否能获得计算机专业技术人员以及熟悉法律、工程等方面的专家的协助，以便解决审计过程中的特殊问题。在计划利用专家工作时，审计人员应当对专家的专业胜任能力和独立性进行评价。审计人员在评价专家的专业胜任能力时，应当考虑其专业资格、专业经验与声望等。在评价专家的独立性时，应当考虑专家与被审计单位是否存在重大经济利益关系，专家及其直系亲属在被审计单位的有关部门是否担任重要职务等。

除此之外，会计师事务所还应当考虑其是否有足够的时间和足够的资源完成该客户所委托的业务。如果会计师事务所并不具备足够的时间和资源，则不应当贸然接受业务委托。

（三）与前任注册会计师的沟通

福建 J 公司 8.5 亿元收 L 公司存蹊跷[8]

因市值较小，加上业绩表现不突出，上市几年并不受关注，2014 年 9 月福建 J 公司公布了重组预案，公司拟作价 8.5 亿元收购福建 L 公司 80% 股权。由于 L 公司是国内兰花生产基地的龙头企业，一旦重组成功福建 J 公司将戴上"兰花第一股"的光环。受该消息影响，福建 J 公司复牌后受到资金追捧，股价曾在 7 个交易日内暴涨 50%。然而 2015 年 2 月，福建 J 公司的重组事项却因为《重大资产重组报告书（草案）》中 L 公司财务数据存在虚假记载意外终止。

福建 J 公司重大资产重组的审计机构连续变更三次，L 会计师事务所是第三家承接该业务的审计机构。然而，其业务承接评价表未显示曾关注变更会计师事务所的原因，或与前任注册会计师进行过必要的沟通，不符合审计准则相关要求。

1. 会计师事务所在接受委托前与前任的沟通

接受委托前，向前任注册会计师进行询问是一项必要的沟通程序。但后任注册会计师向前任注册会计师询问的内容应当合理、具体，既不能过于宽泛，也不宜过于琐碎。必要沟通过程中通常值得关注和询问的事项如下。

是否发现被审计单位管理层存在正直和诚信方面的问题。例如，向前任注册会计师了解被审计单位的商业信誉如何、是否发现管理层存在缺乏诚信的行为、被审计单位是否过分考虑将会计师事务所的审计收费维持在尽可能低的水平、审计范围是否受到不适当限制等。

前任注册会计师与管理层在重大会计、审计等问题上存在的意见分歧。例如，在会计政策和会计估计的运用、财务报表的披露方面存在重大的意见分歧，管理层不接受注册会计师的调整建议等。

前任注册会计师向被审计单位治理层通报的管理层舞弊、违反法律法规行为和值得关注的内部控制缺陷。例如，向前任注册会计师询问其从被审计单位监事会或审计委员会是否了解到管理层的任何舞弊事实、舞弊嫌疑，或针对管理层的舞弊指控，以及违反法规行为，特别是被审计单位是否存在涉嫌洗钱或其他刑事犯罪的行为或迹象等。了解这些信息也有助于对管理层的诚信状况做出判断。

向前任注册会计师询问其认为导致被审计单位变更会计师事务所的原因。变更会计师事务所的要求，可能是由客户提出的，也可能是由会计师事务所提出的。变更的原因各种各样，有些原因是正当的，有些原因是不正当的。如果变更会计师事务所的原因可能是由于前任注册会计师在会计、审计问题上与被审计单位管理层存在分歧，管理层对前任注册会计师的审计意见不满意，经多次沟通仍难以达成一致意见，则后任注册会计师要慎重考虑是否接受该项业务委托。

2. 对沟通结果进行评价以确定是否接受委托

在进行必要沟通后，后任注册会计师应当对沟通结果进行评价以确定是否接受委托。为使沟通真正发挥效用，后任注册会计师应当对前任注册会计师提供的信息给予应有的重视，对其进行评价，并与被审计单位提供的信息进行比较。如果前任注册会计师提供的信息与被审计单位提供的更换会计师事务所的原因不符，特别是当被审计单位与前任注册会计师在会计、审计问题上存在着重大意见分歧时，被审计单位可能会试图通过后任注册会计师寻求有利于自己的审计意见，在这种情况下，后任注册会计师应慎重考虑是否接受委托。当出现上述情况时，后任注册会计师一般应拒绝接受委托，以抑制被审计单位购买审计意见的企图，并保护前任注册会计师的利益。

后任注册会计师如果未得到前任注册会计师做出的充分答复，应当向被审计单位询问原因，并考虑是否接受委托。如果得到的答复是有限的，或未得到答复，后任注册会计师应当考虑是否接受委托。实际上，这种情况本身就向后任注册会计师传递出一种信号，即被审计单位可能与前任注册会计师在重大的会计、审计问题上存在意见分歧，或被审计单位管理层存在诚信方面的问题，后任注册会计师应当对此提高警惕，慎重评估潜在的审计风险，并考虑是否接受委托。当这种情况出现时，后任注册会计师一般应当拒绝接受委托，除非可以通过其他方式获知必要的事实，或有充分的证据表明被审计单位财务报表的审计风险水平非常低。

（四）与老客户续约

惊呆！K药业正式续聘Z会计师事务所

K药业因299亿元货币资金一夜蒸发而被质疑财务造假，为其审计的Z会计师事务所被推上了风口浪尖。公开信息显示，Z会计师事务所成立于2013年，由广东Z会计师事务所有限公司、广州J会计师事务所有限公司、中山Z会计师事务所有限公司、韶关Z会计师事务所有限公司、广州D会计师事务所有限公司的注册会计师共同发起设立，股东为29个自然人。截至2019年，Z会计师事务所已经与K药业合作了19年，K药业与Z会计师事务所俨然已是一条绳上的"蚂蚱"。尽管Z会计师事务所承认K药业各种单据不实、内控失效，以及各种无法获取有效审计证据，各种无法判断，但仍然坚持不修改K药业2018年年报保留意见审计报告。

专业人士指出，Z会计师事务所一方面承认K药业公司治理、内容控制存在重大缺陷，以及K药业存在使用造假的财务原始凭证核算收入成本，承认自己无法获取有效审计证据，可另一方面，又为了维护"面子"和自我保护，死扛着不愿推翻自己之前做出的审计结论。这使得 Z 会计师事务所交给上海证券交易所的回复函矛盾重重，违和深重。然而 2019 年 6 月 28 日，K 药业与 Z 会计师事务所再次续聘。本次续聘后，两家有望合作整整 20 年。鉴于 K 药业和 Z 会计师事务所均已被证监会立案调查，两家公司依然能紧紧捆绑，可谓是"生死相依"!

资料来源：根据网络资料整理。

会计师事务所每年都应对老客户进行评价以确定是否存在不再审计的理由。以前年度审计工作中如在审计范围、所出具的意见类型或审计收费方面存在分歧，则可能会导致会计师事务所终止与被审计单位的业务关系。

除此之外，会计师事务所也可能因为被审计单位的风险过高而决定不再为其继续提供审计服务。例如，会计师事务所可能认为政府机构与被审计单位之间在管制上存在很大的冲突风险，进而会导致被审计单位遭遇财务失败并最终使会计师事务所面临法律诉讼。在这种情况下，会计师事务所虽然接受该客户会带来很大的短期收益，但其长期风险可能超过接受该业务带来的短期收益而使得会计师事务所拒绝接受该业务委托。

（五）特别因素的考虑

注册会计师在决定是否接受或保留客户时还应当考虑一些特别因素，如被审计单位是否面临某些特殊的风险、客户是否正陷入主管机构或政府部门的调查、是否涉及违反银行债务契约而受到起诉、主要管理人员是否正在接受司法部门的调查等。上述特别因素将对审计风险造成影响，因此在接受委托时必须慎重考虑。

二、审计的前提条件

（一）财务报告的编制基础的可接受性

在确定编制财务报表所采用的财务报告编制基础的可接受性时，注册会计师应该考虑以下相关因素：第一，被审计单位的性质（商业企业、公共部门实体还是非营利组织）；第二，财务报表的目的是用于满足财务报表使用者共同的财务信息需求还是用于满足特定使用者的需求；第三，财务报表的性质（是整套报表还是单一报表）；第四，法律法规是否规定了适用的财务报告编制基础。就审计准则而言，适用的财务报告编制基础为注册会计师提供了用以审计财务报表的标准。如果不存在可接受的财务报告编制基础，管理层就不具有编制财务报表的恰当基础，注册会计师也不具有对财务报表进行审计的适当标准[9]。

（二）就审计业务约定书条款达成一致

（1）就双方责任达成一致。按照审计准则的规定执行审计工作的前提是管理层已认可并理解其承担的责任。管理层的责任包括：按照适用的财务报表编制基础编制财务报表，并使其实现公允反映；设计、执行和维护必要的内部控制，以使财务报表不存在由舞弊或错误导致的重大错报；向注册会计师提供必要的工作条件，包括允许注册会计师接触与编制财务报表相关的所有信息，注册会计师提供审计所需要的其他信息，允许注册会计师在获取审计证据时不受限制地接触其认为必要的内部人员和其他相关人员。注册会计师的责任就是按照审计准则和职业道德守则的要求按时保质地完成审计工作，提交审计报告。

（2）商定审计收费。审计收费可采用计件收费和计时收费两种基本方式。在计时收费方式下确定收费时，会计师事务所评价应当考虑以下主要因素，以客观反映为客户提供专业服务的价值：专业服务的难度和风险，以及所需的知识和技能；所需专业人员的数量、水平和经验；每一专业人员提供服务所需的时间；提供专业服务所需承担的责任。在专业服务得到良好的计划、监督及管理的前提下，通常以合理估计每一专业人员审计工时和适当的小时费用率为基础计算收费。

（三）确认的形式

注册会计师应当要求管理层就其已经履行的某些责任提供书面声明。如果管理层不认可其责任，或不同意提供书面声明，注册会计师将不能获取充分、适当的审计证据。在这种情况下，注册会计师承接此类审计业务是不恰当的，除非法律法规另有规定。如果法律法规要求承接此类审计业务，注册会计师可能需要向管理层解释这种情况的重要性及其对审计报告的影响。

三、签订审计业务约定书

审计业务约定书是指会计师事务所与被审计单位签订的，用以记录和确认审计业务的委托与受托关系、审计目标和范围、双方的责任及报告的格式等事项的书面协议。会计师事务所承接任何审计业务，都应与被审计单位签订审计业务约定书。

签订审计业务约定书有助于注册会计师更好地计划审计工作，明确注册会计师和委托人（通常为被审计单位）各自的责任，避免在审计业务的目标和范围等方面产生误解，维护双方的合法权益。审计业务约定书一方面可以作为签约各方检查审计工作完成情况的依据；另一方面，当涉及法律诉讼时，审计业务约定书又是区分签约各方责任的主要依据。

（一）审计业务约定书的内容

1. 财务报表审计的目标与范围

对于财务报表审计工作而言，其审计目标主要是对财务报表整体是否不存在由舞弊或错误所导致的重大错报获取合理保证，使得注册会计师能够对财务报表是否在所有重大方面按照适用的财务报告编制基础编制发表审计意见。除此之外，在审计业务约定书中应明确审计范围，即审计工作属于财务报表审计还是其他专项审计，如为财务报表审计，审计范围指会计报表名称及其相应所属年份。

2. 注册会计师的责任

在审计业务约定书中对注册会计师和管理层的责任做出明确界定是十分必要的。按照审计准则的规定对财务报表发表审计意见是注册会计师的责任。为履行这一职责，注册会计师应当遵守相关职业道德要求，按照审计准则的规定计划和实施审计工作，获取充分、适当的审计证据，并根据获取的审计证据得出合理的审计结论，发表恰当的审计意见。此外，如果审计业务的特殊知识和技能超出了注册会计师的能力，注册会计师可以利用专家协助执行审计业务。这种情况下，注册会计师应当确信包括专家在内的项目组整体已具备执行该项审计业务所需的知识和技能，并充分参与了该项审计业务和了解专家所承担的工作。

3. 管理层的责任

在业务约定书中应当明确管理层责任：向注册会计师提供必要的工作条件，向注册会计师提供审计所需要的其他信息，允许注册会计师在获取审计证据时不受限制地接触其认为必要相关人员；按照适用的财务报告编制基础编制财务报表并使其实现公允反映（如适用）；设计、执行和维护必要的内部控制，以使财务报表不存在由舞弊或错误导致的重大错报。

4. 管理层编制财务报表采用的会计准则和相关会计制度

一般在业务约定书中需要明确管理层是按照企业会计准则和企业会计制度编制财务报表，还是按照民间非营利组织会计制度或小企业会计制度编制财务报表。

5. 注册会计师拟出具的审计报告的预期形式和内容

业务约定书中应当提及注册会计师拟出具的审计报告的预期形式和内容，如有特殊情况，还应对在特定情况下出具的审计报告可能不同于预期形式和内容做出说明。

注册会计师还应当考虑在业务约定书中列明以下内容：执行审计工作的安排，包括出具审计报告的时间要求；要求管理层对其做出的与审计有关的声明予以书面确认；说明预期向客户提交的其他函件或报告；收费的计算基础和收费安排等。

另外，在审计实务中，根据某些特殊情况的需要，审计人员可能还需列明在某些审计方面对利用其他注册会计师和专家工作的安排，如对于一些复杂性较高的审计业务，可能需要特定方面的专家提供专业咨询，而对于规模较大的审计业务，可能需要其他审计人员的协助；与审计涉及的被审计单位内部审计人员和其他员工的协调；在首次接受审计委托时，与前任注册会计师沟通的安排；对审计报告使用的限制；注册会计师与客户之间需要达成进一步协议的事项等内容。以上内容需要视具体情况由注册会计师判断是否应予列明。

审计业务约定书范例如下。

审计业务约定书

甲方：

乙方：××会计师事务所有限公司

兹由甲方委托乙方对_____年度财务报表进行审计，经双方协商，达成以下约定。

一、业务范围与审计目标

1. 乙方接受甲方委托，对_____

_____

_____

_____

_____

_____

_____进行审计。

2. 乙方通过执行审计工作，对财务报表的下列方面发表审计意见。

（1）

_____

_____

（2）

_____

_____

二、甲方的责任与义务

（一）甲方的责任

1. 根据《中华人民共和国会计法》及_____规定，甲方及甲方负责人有责任保证会计资料的真实性和完整性。因此，甲方管理层有责任妥善保存和提供会计记录（包括但不限于会计凭证、会计账簿及其他会计资料），这些记录必须真实、完整地反映甲方的财务状况、经营成果和现金流量。

2. 按照企业会计准则和《××会计制度》的规定编制财务报表是甲方管理层的责任，这种责任包括：①设计、实施和维护与财务报表编制相关的内部控制，以使财务报表不存在由舞弊或错误而导致的重大错报；②选择和运用恰当的会计政策；③做出合理的会计估计。

（二）甲方的义务

1. 及时为乙方的审计工作提供其所要求的全部会计资料和其他有关资料（在_____年____月____日之前提供审计所需的全部资料），并保证所提供资料的真实性和完整性。

2. 确保乙方不受限制地接触任何与审计有关的记录、文件和所需的其他信息。

[下段适用于集团财务报表审计业务，使用时需按每位客户/约定项目的特定情况而修改，如果加入此段，应相应修改下面其他条款编号。]

3. 甲方管理层对其做出的与审计有关的声明予以书面确认。

4. 为乙方派出的有关工作人员提供必要的工作条件和协助，主要事项将由乙方于外勤工作开始前提供清单。

5. 按本约定书的约定及时足额支付审计费用。

三、乙方的责任和义务

（一）乙方的责任

1. 乙方的责任是在实施审计工作的基础上对_____

_____

_____发表审计意见。乙方按照《中国注册会计师审计准则》（以下简称《审计准则》）的规定进行审计。《审计准则》要求注册会计师遵守职业道德规范，计划和实施审计工作，以对财务报表是否不存在重大错报获取合理保证。

2. 审计工作涉及实施审计程序，以获取有关财务报表金额和披露的审计证据。选择的审计程序取决于乙方的判断，包括对由舞弊或错误导致的财务报表重大错报风险的评估。在进行风险评估时，乙方考虑与财务报表编制相关的内部控制，以设计恰当的审计程序，但目的并非对内部控制的有效性发表意见。审计工作还包括评价管理层选用会计政策的恰当性和做出会计估计的合理性，以及评价财务报表的总体列报。

3. 乙方需要合理计划和实施审计工作，以使乙方能够获取充分、适当的审计证据，为甲方财务报表是否不存在重大错报获取合理保证。

4. 乙方有责任在审计报告中指明所发现的甲方在重大方面没有遵循_____
_____规定编制财务报表且未按乙方的建议进行调整的事项。

5. 由于测试的性质和审计的其他固有限制，以及内部控制的固有局限性，不可避免地存在着某些重大错报在审计后可能仍然未被乙方发现的风险。

6. 在审计过程中，乙方若发现甲方内部控制存在乙方认为的重要缺陷，应向甲方提交管理建议书。但乙方在管理建议书中提出的各种事项，并不代表已全面说明所有可能存在的缺陷或已提出所有可行的改善建议。甲方在实施乙方提出的改善建议前应全面评估其影响。未经乙方书面许可，甲方不得向任何第三方提供乙方出具的管理建议书。

7. 乙方的审计不能减轻甲方及甲方管理层的责任。

（二）乙方的义务

1. 按照约定时间完成审计工作，出具审计报告。乙方应于_____年____月____日前出具审计报告。

2. 除下列情况外，乙方应当对执行业务过程中知悉的甲方信息予以保密：①取得甲方的授权；②根据法律法规的规定，为法律诉讼准备文件或提供证据，以及向监管机构报告发现的违反法规行为；③接受行业协会和监管机构依法进行的质量检查；④监管机构对乙方进行行政处罚（包括监管机构处罚前的调查、听证）以及乙方对此提起行政复议。

四、审计收费

1. 本次审计服务的收费是以_____为基础计算的。

2. 甲方应于本约定书签署之日起_____日内支付_____%的审计费用，其余款项于_____日结清。

3. 如果由于无法预见的原因，致使乙方从事本约定书所涉及的审计服务实际时间较本约定书签订时预计的时间有明显的增加或减少，甲乙双方应通过协商，相应调整本约定书第四条第 1 项下所述的审计费用。

4. 如果由于无法预见的原因，致使乙方人员抵达甲方的工作现场后，本约定书所涉及的审计服务不再进行，甲方不得要求退还预付的审计费用；如上述情况发生于乙方人员完成现场审计工作，并离开甲方的工作现场之后，甲方应另行向乙方支付人民币_____元的补偿费，该补偿费应于甲方收到乙方的收款通知之日起_____日内支付。

5. 与本次审计有关的其他费用（包括交通费、食宿费等）由_____方承担。

五、审计报告和审计报告的使用

1. 乙方按照《中国注册会计师审计准则第 1501 号——审计报告》和《中国注册会计师审计准则第 1502 号——在审计报告中发表非无保留意见》规定的格式和类型出具审计报告。

2. 乙方向甲方出具审计报告一式_____份。

3. 甲方在提交或对外公布审计报告时，不得修改或删节乙方出具的审计报告及其后附的已审计财务报表。当甲方认为有必要修改会计数据、报表附注和所做的说明时，应当事先通知乙方，乙方将考虑有关修改对审计报告的影响，必要时，将重新出具审计报告。

六、本约定书的有效期间

本约定书自签署之日起生效，并在双方履行完毕本约定书约定的所有义务后终止。但其中第三（二）2、四、五、八、九、十项并不因本约定书终止而失效。

七、约定事项的变更

如果出现不可预见的情况，影响审计工作未能按时完成，或需要提前出具审计报告时，甲乙双方均可要求变更约定事项，但应及时通知对方，并由双方协商解决。

八、终止条款

1. 如果根据乙方的职业道德及其他有关专业职责、适用的法律法规或其他任何法定的要求，乙方认为已不适宜继续为甲方提供本约定书约定的审计服务时，乙方可以采取向甲方提出合理通知的方式终止履行本约定书。

2. 在终止业务约定的情况下，乙方有权就其于本约定书终止之日前对约定的审计服务项目所做的工作收取合理的审计费用。

九、违约责任

委托方未尽会计责任造成受托方审计失误且需承担连带民事赔偿责任时，受托方有权在赔偿限额内向委托方的责任人或负有责任的股东等索赔。

十、适用法律和争议解决

本约定书的所有方面均应适用中华人民共和国法律进行解释并受其约束。本约定书履行地为乙方出具审计报告所在地，因本约定书所引起的或与本约定书有关的任何纠纷或争议（包括关于本约定书条款的存在、效力或终止，或无效的后果），双方选择第_____种解决方式。

（1）向有管辖权的人民法院提起诉讼。

（2）提交××仲裁委员会仲裁。

十一、双方对其他有关事项的约定

本约定书一式两份，甲乙方各执一份，具有同等法律效力。

甲方：　　　　　　　　　　　　　　乙方：××会计师事务所有限公司

　（盖章）　　　　　　　　　　　　　（盖章）

　授权代表：（签名并签章）　　　　　授权代表：（签名并签章）

　　　年　　月　　日　　　　　　　　　　年　　月　　日

（二）审计业务约定书的签署和变更

注册会计师可以与被审计单位签订长期审计业务约定书。但如果出现下列情况，应当考虑重新签订审计业务约定书。

（1）有迹象表明被审计单位误解审计目标和范围。

（2）需要修改约定条款或增加特别条款。

（3）高级管理人员、董事会或所有权结构近期发生变动。

（4）被审计单位业务的性质或规模发生重大变化。

（5）法律法规的规定。

（6）管理层编制财务报表采用的会计准则和相关会计制度发生变化。

出现上述第（2）种情况时，注册会计师也可以与被审计单位签订补充协议，原审计业务约定书继续有效。

审计时应当评价变更审计业务是否合理，如果有迹象表明该变更要求与错误的、不完整的或者不能令人满意的信息有关，注册会计师不应认为该变更是合理的。

在同意将审计业务变更为其他服务前，注册会计师还应当考虑变更业务对法律责任或业务约定条款的影响。

如果变更业务引起业务约定条款的变更，注册会计师应当与被审计单位就新条款达成一致意见。如果认为变更业务具有合理的理由，并且按照审计准则的规定已实施的审计工作也适用于变更后的业务，注册会计师可以根据修改后的业务约定条款出具报告。为避免引起报告使用者的误解，报告不应提及原审计业务和在原审计业务中已执行的程序。只有将审计业务变更为执行商定程序业务，注册会计师才可在报告中提及已执行的程序。

如果没有合理的理由，注册会计师不应当同意变更业务。如果不同意变更业务，被审计单位又不允许继续执行原审计业务，注册会计师应当解除业务约定，并考虑是否有义务向被审计单位董事会或股东会等方面说明解除业务约定的理由。

第二节　编制审计计划

引例

A 股份有限公司在 2010 年上市，业绩相当不错，上市当年的每股收益为 0.6 元，但在 2011 年企业开始出现下滑的趋势，每股收益为 0.2 元。公司目前在准备 2014 年度的财务报表，并打算聘请乙会计师事务所进行审计。乙会计师事务所在接受该公司委托前通过公开渠道了解到如下信息：2012 年、2013 年两年的业绩相当不理想，每股收益分别为 0.15 元和 0.10 元；2014 年未经审计的中期报表的每股收益为 0.09 元；2014 年 12 月 5 日公告了其进行资产重组的消息。2012 年、2013 年从事该公司年度报表审计的事务所是甲会计师事务所。公司在 2014 年 2 月 26 日宣布组建电子商务网络公司，并处于控股地位。

作为乙会计师事务所负责人，在接受委托前该如何处理？如果接受委托，在编制审计计划时采用何种手段防范上述信息可能带来的风险？

凡事预则立，不预则废，审计工作也不例外。计划审计工作有助于审计人员适当关注重要的审计领域，及时发现和解决潜在的问题，恰当地组织和管理审计业务，以有效的方式执行审计业务；有助于选择具备专业素质和胜任能力的项目组成员应对预期的审计风险，指导和监督并复核审计工作。审计计划分为总体审计策略和具体审计计划两个层次。注册会计师应当针对总体审计策略中所识别的不同事项，制订具体审计计划，并考虑通过有效利用审计资源以实现审计目标。实务中，项目合伙人和项目组其他关键成员参与计划审计工作，可以利用其经验和见解，提高计划过程的效率和效果。

一、总体审计策略

在计划审计工作中，制定总体审计策略的意义在于确定审计范围、确定审计时间、确定审计方向、明确所需资源和沟通、指导具体审计计划的制订。总体审计策略内容主要如下。

（一）确定审计业务的特征以界定审计范围

审计人员应当确定审计业务的特征，包括采用的会计准则和相关会计制度，确定行业的报告要求以及被审计组成部分的分布，以确定审计范围。具体来说，确定审计业务的特征以界定审计范围需要考虑的内容如下。

（1）编制财务报表适用的会计准则和相关会计制度。

（2）特定行业的报告要求，如某些行业的监管部门要求提交的报告。

（3）预期的审计工作涵盖范围，包括需审计的集团内组成部分的数量及所在地点。

（4）其他注册会计师参与组成部分审计的范围。

（5）需审计的业务分部的性质，包括是否需要具备专业知识。

（6）外币业务的核算方法及外币财务报表折算和合并方法。

（7）内部审计工作的可利用性及对内部审计工作的拟依赖程度。

（8）被审计单位使用服务机构的情况、注册会计师如何取得有关服务机构内部控制设计、执行和运行有效性的证据。

（9）拟利用从以前审计工作中获取的审计证据的程度，如获取的与风险评估程序和控制测试相关的审计证据。

（10）信息技术对审计程序的影响，包括数据的可获得性和预期使用计算机辅助审计技术的情况。

（11）与为被审计单位提供其他服务的会计师事务所人员讨论可能影响审计的事项。

（12）被审计单位的人员和相关数据的可利用性。

（13）除对合并报表审计之外，是否需要对组成部分的财务报表进行单独审计。

（14）确定编制合并报表的母公司和集团内其他组成部分之间存在的控制关系的性质。

（二）明确审计时间安排和所需沟通的性质

总体审计策略的制定应当包括明确审计业务的报告目标，以计划审计的时间安排和所需沟通的性质，包括提交审计报告的时间要求，预期与管理层和治理层沟通的重要日期。为了制定报告目标、安排时间和沟通需求，应当对以下方面给予充分考虑。

（1）被审计单位的财务报告时间表。

（2）与管理层和治理层就审计工作的性质、范围和时间所举行的会议相关的组织工作。

（3）与管理层和治理层讨论预期签发报告和其他沟通文件的类型及提交时间，如审计报告、管理建议书和与治理层沟通函等。

（4）就组成部分的报告和其他沟通文件的类型及提交时间与负责组成部分审计的注册会计师沟通。

（5）项目组成员之间预期沟通的性质和时间安排，包括项目组会议的性质和时间安排及复核工作的时间安排。

（三）明确审计方向

精细审计　摸寻疑点

近年来，随着人们对环境建设需求的不断提升，园林绿化事业得到了地方各级政府和企事业单位的高度重视。但是目前园林景观项目管理体系尚未完善，在实施过程中还存在着很大的随机性，缺乏长期有效的规划和可持续发展。南宁市审计局在对 A 市××公园进行了专项审前调查后，发现该单位作为市园林局的二级机构，非税收入资金量较大、政府投资的基建项目较多，但通过向其上级单位查证发现当年该单位上报的基建项目很少，显然与审计人员获取的工程信息不符，审计人员职业判断其中可能存在一些问题。经市政府批复，南宁市审计局对××公园某年度预算执行和其他财政收支情况进行审计。

经过仔细分析研究该市××公园近年的预算执行情况，审计组决定将该单位所承建的工程建设管理情况作为此次审计的重点。随着审计的逐步深入，疑点逐渐显现。疑点一：审计人员要求该单位提供审计年度园内建设项目的立项、初步设计概算等前期资料，但是该单位以工程项目均使用本单位自有资金建设，无须报相关部门审批为由拒绝提供相关资料，俨然自成"独立王国"。这并不符合相关规定程序要求。疑点二：审计人员走访该园工程项目现场时，发现游客均须凭票方能进入××水世界、主题乐园游玩，疑为经营性项目。疑点三：通过盘点固定资产明细，审计人员发现与财政部门批复的年度部门预算不符，仍需审计人员进一步审查。疑点四：审计人员经过施工现场时，发现工程现场均未设置工程概况牌、现场主要管理人员名单及监督电话牌、消防保卫牌、安全生产牌、文明施工牌、劳务工工资监控制度牌等公示牌和施工现场平面图。疑点五：经现场核实发现部分场馆已完工并投入使用，审计人员要求××公园提供相关工程结算材料，该单位未能向审计部门提供结算资料。

资料来源：根据网络资料整理。

总体审计策略的制定包括考虑影响审计业务的重要因素，如确定适当的重要性水平、初步识别可能存在较高重大错报风险的领域等。确定审计方向时要考虑如下因素。

（1）重要性水平、重大错报风险较高的审计领域。

（2）评估的财务报表层次的重大错报风险对指导和监督以及复核的影响。

（3）项目组成员的选择（在必要时包括项目质量控制复核人员）。

（4）管理层对内部控制重要性的重视程度。

（5）影响被审计单位经营的重大发展变化。

（6）会计准则及会计制度的变化。

（四）确定执行业务所需的资源

确定执行业务所需的资源应当考虑下列内容。

（1）向具体审计领域调配的资源，包括向高风险领域分派有适当经验的项目组成员、复杂的问题利用专家工作。

（2）向具体审计领域分配资源的多少，包括分派到重要地点进行存货监盘的项目组成员人数、在集团审计中复核组成部分注册会计师工作的范围、向高风险领域分配的审计时间预算等。

（3）如何管理、指导、监督资源，包括预期何时召开项目组预备会和总结会、预期项目合伙人和经理如何进行复核、是否需要实施项目质量控制复核等。

二、具体审计计划

与总体审计策略相比，具体审计计划更加详细。具体审计计划的核心在于确定审计程序的性质、时间安排和性质范围以获取充分、适当的审计证据。相关审计准则规定，具体审计计划应覆盖的内容包括拟实施的风险评估程序的性质、时间安排和范围；认定层次拟实施的进一步审计程序的性质、时间安排和范围；拟实施的其他审计程序。据此，具体审计计划应分为计划风险评估程序、计划进一步的审计程序以及计划其他审计程序。

（一）计划风险评估程序

在具体审计计划中，风险评估以及重点审计领域的确定是一个重要的内容。注册会计师在计划和实施审计工作时，应当运用职业判断，并保持职业怀疑，认识到可能存在导致财务报表发生重大错报的情形。但是，风险评估程序本身并不能为形成审计意见提供充分、适当的审计证据。

应当注意的是，具体审计计划中的风险评估程序要和总体审计策略相结合。总体审计策略中确定了一些重要的会计问题和重点审计领域，通常这些会计问题和审计领域发生错误或舞弊的可能性比较高，从而隐藏着较高的审计风险[1]。针对这些会计问题和审计领域，注册会计师在计划风险评估程序时应当更加仔细和谨慎，有针对性地设计更为详尽的评估程序。

（二）计划进一步的审计程序

注册会计师计划进一步的审计程序可以分为进一步审计程序的总体方案和拟实施的具体审计程序。进一步审计程序的总体方案包括实质性方案和综合性方案，指的是注册会计师针对各类交易、账户余额以及列表和披露拟采用的总体方案。而拟实施的具体审计程序是对总体方案的延伸和细化，它通常包括控制测试和实质性程序的性质、时间安排和范围。

在确定进一步审计程序的性质时，注册会计师应当首先考虑认定层次重大错报风险的评估结果。评估的认定层次重大错报风险越高，对获取的审计证据的相关性和可靠性要求就越高，从而影响对进一步审计程序的选择。此外，注册会计师还应当考虑评估认定层次重大错报风险产生的原因。例如，注册会计师可能判断某特定类别的交易即使在不存在相关控制的情况下发生重大错报的风险的概率仍然很低，此时注册会计师很可能认为仅实施实质性程序就可以获取充分、适当的审计证据。确定进一步审计程序的时间即注册会计师选择何时实施进一步审计程序或审计证据使用的期间或时点。控制测试和实质性程序的实施时点一般可在期中或期末。但当评估的重大错报风险较高时，注册会计师应当考虑在期末或接近期末时实施实质性程序，或在管理层不可预见的时间实施审计程序。进一步审计程序的范围也应当结合总体审计策略确定的审计工作方向，并在综合考虑重要性水平、评估的重大错报风险以及计划获取的保证程度等因素后予以确定。

在审计实务中，具体审计计划的编制是通过审计程序表的形式进行的。审计人员可以根据审计风险和重要性来调整审计程序表的内容。对于这种调整，审计人员必须给出合理而充分的解释，同时将这些解释以书面的形式记录在审计工作底稿之中以提供证据证明审计人员在调整审计程序时保持了应有的职业谨慎。

（三）计划其他审计程序

在审计计划工作中，除了按照审计准则要求的程序进行计划工作之外，注册会计师还需要兼顾其他准则中规定的、针对特定项目在审计计划阶段应执行的程序及记录要求。由于被审计单位所在行业以及被审计单位自身特点的不同，对特定项目在审计计划阶段执行的程序及其记录的要求也不尽相同。例如，有些企业可能涉及环境事项、电子商务等。在实务中，注册会计师应根据被审计单位的具体情况确定特定项目并执行相应的审计程序。

审计计划的两个层次如图 6-1 所示。

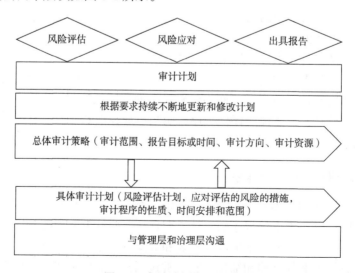

图 6-1　审计计划的两个层次

三、针对计划的更改、指导、监督及复核

审计过程有不同的阶段，整个审计业务的环节很多，而通常前面阶段的审计工作结果会对后面阶段的审计工作产生重大影响。因此，在审计实务中，随着审计工作的推进，注册会计师会发现已经制订的审计计划需要根据审计工作的实际情况做出相应的更新或修改。一般来说，这些更新或修改通常涉及重要事项，如对重要性水平做出的修改、对认定层次重大错报风险的评估和进一步审计程序的更新与修改等[1]。审计计划的更改会影响审计工作的实施，一旦审计计划发生了更改，随后的审计工作也应当随之做出调整。

除此之外，注册会计师还应当就对项目组成员的指导、监督以及复核制订计划以确定指导、监督及复核工作的性质、时间安排和范围，其决定因素包括以下几点：被审计单位的规模和复杂程度、重点审计领域、评估的重大错报风险以及执行审计工作的项目组成员的专业素质和胜任能力。总之，注册会计师对项目组成员工作的指导、监督和复核应建立在评估重大错报风险的基础上。随着评估的重大错报风险增加，指导和监督的范围也将扩大，复核工作的执行也会更加详细。

■　第三节　重要性

引例

无保留意见等于不存在错报？

C会计师事务所的注册会计师李某对A公司2015年度财务报表审计后发表了无保留意见。半年后，A公司因无法按时偿还巨额债务而宣告破产。股东与债权人集体上诉，状告审计A公司的会计师事务所。其诉讼理由是A公司2015年度的财务报表中存在重大错报，而C会计师事务所发表了无保留意见，从而误导了报表使用者。C会计师事务所对此提出了抗辩，认为其在审计中发现的被审计单位A公司财务报表中存在的重大错报都已要求A公司调整，A公司也接受了调整建议，未调整的错报是不重大的且在审计报告中发表审计意见时使用了"A公司2015年度财务报表在所有重大方面公允反映了A公司2015年12月31日的财务状况以及2015年度的经营成果和现金流量"这一表述，法院经过调查最终认定：A公司2015年度的财务报表存在计算错误，从而造成2015年度的财务报表多算产品销售收入1.8万元。对于年销售额近千万元和资产也近千万元的A公司来说，这无论是从财务报表层次还是账户交易层次都不重大，法院最终判定C会计师事务所不应承担赔偿。

根据上例可以看出，注册会计师发表无保留意见并不意味着被审计单位的财务报表不存在错报，那么为什么被审计单位的财务报表存在错报而注册会计师还要出具无保留意见的审计报告呢？

一、重要性的含义和理解

重要性是指被审计单位财务报表中错报或漏报的严重程度，这一程度在特定环境下

可能会影响财务报表使用者的判断或决策。可见，重要性可视为财务报表中存在的错报能否影响财务报表使用者对财务报表的全面理解的"临界点"，超过该点，就会影响其做出正确判断或决策。因此，对于重要性水平的判断，是审计人员的一种专业判断，不同的审计人员对同一财务报表的判断就可能存在差异。

理解这一概念，要注意以下几点。

（1）如果合理预期错报（包括漏报）单独或汇总起来可能影响财务报表使用者依据财务报表做出的经济决策，则通常认为错报是重大的。影响重要性的因素很多，注册会计师应当根据被审计单位面临的环境，并综合考虑其他因素，合理确定重要性水平。不同的注册会计师在确定同一被审计单位财务报表层次和认定层次的重要性水平时，得出的结果可能不同，主要是因为对影响重要性的各因素的判断存在差异。因此，注册会计师需要运用职业判断来合理评估重要性。

（2）对重要性的判断是审计人员的专业判断，是根据具体环境做出的。由于不同的被审计单位面临不同的环境，不同的报表使用者有着不同的信息需求，因此，注册会计师确定的重要性也不相同。例如，某一金额的错报对某被审计单位的财务报表来说是重要的，而对另一个被审计单位的财务报表来说可能是不重要的。例如，错报10万元对一个小公司来说可能是重要的，而对另一个大公司来说则可能不重要。

（3）判断某事项对财务报表使用者是否重大，是在考虑财务报表使用者整体共同的财务信息需求的基础上做出的。判断一项错报重要与否，应视其对财务报表使用者依据财务报表做出经济决策的影响程度而定。如果财务报表中的某项错报足以改变或影响报表使用者的相关决策，则该项错报就是重要的，否则就是不重要的。

（4）重要性的评估要兼顾审计效果与效率。现代企业集团日益增多，企业规模不断扩大以及组织结构日趋复杂，使得审计人员不得不用抽样审计的方法取代详细审计。在抽样审计方法下，审计人员需要考虑重要性来提高审计效率；同时抽样审计下的审计人员还必须对未抽查部分的正确性承担一定的审计风险。风险的大小与重要性的评估相关，因此，审计人员必须从严制定重要性水平，遵循谨慎性原则，重要性水平越低审计范围越大，审计结果会更准确，但不能过低，过低则审计范围过大，影响审计效率。

（5）重要性的评估要同时结合错报或漏报的金额与性质。注册会计师可能将低于某一金额的错报界定为明显微小的错报，对这类错报不需要累积，因为注册会计师认为这些错报的汇总数明显不会对财务报表产生重大影响。这些明显微小的错报，无论单独或者汇总起来，从规模、性质或其发生的环境来看都是明显微不足道的。一般情况下，较大金额的错报或漏报要比较小金额的错报或漏报更重要，但有些时候，金额相对较少的错报或漏报可能会对财务报表产生重大影响，即性质上是重要的。因此，重要性的评估不能只看金额还要看交易和事项的性质。例如，舞弊、影响收益趋势的事项。

（6）重要性的评估要从财务报表和交易账户两个层次考虑。审计的总体目标是对财务报表的合法性、公允性和会计处理方法的一贯性发表意见，因此，注册会计师应当确定财务报表整体的重要性。由于财务报表中提供的信息均来源于各个账户或各项交易，注册会计师仍需通过各账户和各交易来获得对财务报表整体性的结论，因此，注册会计师还必须考虑账户和交易层次的重要性。对于账户和交易层次的重要性水平的确定，注册会计师可采取将财务报表层次的重要性水平分配至各个账户和交易类别的方法，也可单独进行确定。

二、重要性运用

（一）计划审计工作初步确定重要性水平

1. 初步确定财务报表层次的重要性水平——财务报表整体重要性

$$财务报表整体重要性水平=判断基础\times 百分比$$

注册会计师运用职业判断，选择适合具体情况的适当基准、选择适合具体情况的百分比。在确定适当的基准时，要站在财务报表使用者角度，充分考虑被审计单位的性质、所处的生命周期阶段以及所处行业和经济环境，资产、负债、所有者权益收入和费用等财务报表要素，或报表使用者特别关注的项目。不同审计目的、不同审计对象、不同报表使用者，其判断基础选择不同，表 6-1 列示了常见的财务报表重要性的判断基础。

表 6-1 常用的基准

被审计单位的情况	可能选择的基准
1. 企业盈利水平保持稳定	经常性业务税前利润
2. 企业近年来盈利状况大幅度波动，盈利和亏损交替发生	过去 3~5 年的经营性业务的平均税前利润或亏损（取绝对值）或其他基准，如营业收入
3. 企业为新设企业，处于开办期，尚未开始经营，目前正在建造厂房及购买机器设备	总资产
4. 企业处于新兴行业，目前侧重抢占市场份额，扩大企业知名度和影响力	营业收入
5. 开放式基金，致力于优化投资组合	净资产
6. 国际企业集团设立的研发中心，主要为集团下属企业提供研发服务，并以成本加成的方式向相关企业收取费用	成本和营业费用总额
7. 公益性质的基金会	捐赠收入或捐赠支出总额

在确定恰当的判断基础后，注册会计师通常会运用职业判断合理选择百分比，百分比和确定的基准之间存在一定的联系。一般在审计实务中可供选择的固定比率（经验数值）如下：以营利为目的的实体，一般固定比率不超过税前利润的 5%；非营利组织，通常固定比率不超过费用总额或营业收入的 1%或者不超过资产总额的 0.5%；基金公司，通常固定比率不超过净资产的 0.5%；以资产总额为基准的实体，通常固定比率不超过资产总额的 1%。

如果同一期间各会计报表的重要性水平不同，注册会计师应当取其最低者作为财务报表层次的重要性水平，这样做符合谨慎性的原则，因为重要性水平越低，所需获取的审计证据就越多，审计风险就越小。

2. 从性质方面考虑重要性

以上我们仅从金额上考虑了重要性，但金额不重要的错报从性质上看也有可能是重要的，也会影响报表使用者的决策。实务中，金额较小但性质重要的错报可能包括（不限于）如下。

（1）试图掩盖收益或其他趋势变化的错报。

（2）为了迎合大多数分析师对企业的期望而隐瞒经营失败的错报。

（3）使被审计单位扭亏为盈或者由盈转亏的错报。

（4）涉及被审计单位在经营能力和盈利能力玩弄指标的错报。

（5）影响被审计单位达到规章要求或申请资格要求的错报。

（6）影响管理层报酬，如为了满足奖金或其他激励性奖励要求的错报。

（7）涉及隐瞒非法交易的错报。

3. 确定特定类别的交易、账户余额或披露的重要性水平

根据被审计单位的特定情况，下列因素可能表明存在一个或多个特定类别的交易、账户余额或披露，其发生的错报金额虽然低于财务报表整体的重要性，但合理预期将影响财务报表使用者依据财务报表做出的经济决策。

（1）额定项目法律法规或适用的财务报告编制基础是否影响财务报表使用者对特定项目（关联方交易、管理层或治理层的预期）计量和披露的预期。

（2）与被审计单位所处行业相关的关键性披露（如制药企业的研究与开发成本）。

（3）财务报表使用者是否特别关注财务报表中单独披露的业务的特定方面（新收购的业务）。

在根据被审计单位的特定情况考虑是否存在上述交易、账户余额或披露时，了解治理层和管理层的看法及预期通常是有用的，一般而言，特定类别的交易、账户余额或披露的重要性水平低于财务报表整体重要性即可。

（二）审计实施阶段对重要性的运用

1. 实际执行重要性的作用

（1）注册会计师在计划审计工作时，可以根据实际执行的重要性确定需要对哪些类型的交易、账户余额或披露实施进一步审计程序。但这不代表注册会计师可以对所有金额低于实际执行重要性的财务报表项目不实施进一步审计程序，主要原因是单个金额低于实际执行重要性的财务报表项目汇总起来可能金额重大，注册会计师需要考虑汇总后的潜在错报风险，对于存在低估风险或者存在舞弊风险的财务报表项目，也不能仅仅因为其金额低于实际执行重要性而不实施进一步审计程序。

（2）运用实际执行重要性确定进一步审计程序的性质、时间和范围。例如，在实施实质性分析时，注册会计师确定的已记录金额与预期值之间的可接受差异额通常不超过实际执行重要性；在运用审计抽样实施细节测试时，可以将可容忍错报的金额设定为等于或低于实际执行的重要性。

2. 实际执行重要性的确定

通常而言，实际执行重要性水平为财务报表整体重要性的 50%~75%，但确定实际执行重要性并非简单的计算，需要注册会计师运用职业判断，并考虑下列因素的影响。

（1）对被审计单位的了解，项目总体风险水平。例如，处于高风险行业、管理层能力欠缺、面临较大市场竞争压力或业绩压力等。

（2）前期审计工作中识别出的错报的性质和范围。例如，以前年度审计结果表

明管理层诚信存在问题等。

（3）根据以前年度识别出的错报对本期错报做出的预期。例如，以前年度经验表明内部控制运行有效、以前年度的审计调整较少等。

审计准则要求注册会计师确定低于财务报表整体重要性的一个或多个金额作为实际执行重要性，注册会计师无须通过将财务报表整体重要性平均分配或按比例分配到各个报表项目的方法确定实际执行重要性。

3. 审计过程中修改重要性。

由于存在下列原因，注册会计师可能需要修改财务报表整体重要性和特定类别的交易、账户余额和披露的重要性：①审计过程中情况发生重大变化；②获取新信息；③通过实施进一步审计程序，注册会计师发现对被审计单位及其经营所了解的情况发生变化。

（三）审计结果评价阶段重要性的运用

在审计结果评价阶段，注册会计师必须根据所发现的错报或漏报决定是否需要修正初始重要性水平，评价是否已获取了充分适当的审计证据使总体审计风险维持在可接受的水平之下，进而运用重要性评价审计过程中识别出的错报对报表的影响，发表审计意见。

1. 汇总错报

错报是指某一财务报表项目的金额、分类、列报或披露，与按照适用的财务报告编制基础应当列示的金额、分类、列报或披露之间的差异；或根据注册会计师的判断，为使财务报表在所有重大方面实现公允反映，需要对金额、分类、列报或披露做出的必要调整。错报可能由错误或舞弊导致。

为了帮助注册会计师评价审计过程中累积的错报的影响以及与管理层和治理层沟通错报事项，将错报区分为如下两类。

（1）已经识别的具体错报。已经识别的具体错报是指注册会计师在审计过程中发现的、能够准确计量的错报，具体如下。

对事实的错报产生于被审计单位收集和处理数据的错误，对事实的忽略或误解，或故意舞弊行为。例如，注册会计师在实施细节测试时发现最近购入存货的实际价值为 15 000 元，但账面记录的金额却为 10 000 元。因此，存货和应付账款分别被低估了 5000 元，这里被低估的 5000 元就是已识别的对事实的具体错报。

涉及主观决策的错报产生于两种情况：一是管理层和注册会计师对会计估计的判断差异，例如，由于包含在财务报表中的管理层做出的估计值超出了注册会计师确定的一个合理范围，出现判断差异；二是管理层和注册会计师对选择和运用会计政策的判断差异，注册会计师认为管理层选用会计政策造成错报，管理层却认为选用会计政策适当，导致出现判断差异。

（2）推断误差。推断误差也称可能误差，是注册会计师对不能明确、具体识别的其他错报的最佳估计数。推断误差具体如下。

通过测试样本估计出的总体的错报减去在测试中发现的已经识别的具体错报。例如，应收账款年末余额为 2000 万元，注册会计师抽查样本发现金额有 100 万元的高估，高估部分为账面金额的 20%，据此注册会计师推断总体的错报金额为 400（=2000×20%）

万元，那么上述 100 万元就是已经识别的具体错报，其余 300 万元即推断误差。

通过实质性分析程序推断出的估计错报。例如，注册会计师根据客户的预算资料及行业趋势等要素，对客户年度销售费用独立地做出估计，并与客户账面金额比较，发现两者间有 50% 的差异；考虑到估计的精确性有限，注册会计师根据经验认为 10% 的差异通常是可接受的，而剩余 40% 的差异需要有合理解释并取得佐证性证据；假定注册会计师对其中 20% 的差异无法得到合理解释或不能取得佐证，则该部分差异金额即为推断误差。

2. 评价尚未更正错报的汇总数的影响

注册会计师需要在出具审计报告之前，评估尚未更正错报单独或累积的影响是否重大。在评估时，注册会计师应当从特定的某类交易、账户余额及列报认定层次和财务报表层次考虑这些错报的金额和性质，以及这些错报发生的特定环境。注册会计师在评估未更正错报是否重大时，不仅需要考虑每项错报对财务报表的单独影响，而且需要考虑所有错报对财务报表的累积影响及其形成原因，尤其是一些金额较小的错报，虽然单个看起来并不重大，但是其累计数却可能对财务报表产生重大的影响。例如，某个月末发生的错报可能并不重要，但是如果每个月末都发生相同的错报，其累计数就有可能对财务报表产生重大影响。为全面地评价错报带来的影响，注册会计师应将审计过程中已识别的具体错报和推断误差进行汇总。

尚未更正错报与财务报表层次重要性水平相比，可能出现以下两种情况。

（1）尚未更正错报的汇总数低于重要性水平。如果尚未更正错报汇总数低于重要性水平，对财务报表的影响不重大，注册会计师可以发表无保留意见的审计报告。

（2）尚未更正错报的汇总数超过或接近重要性水平。如果尚未更正错报汇总数超过重要性水平，对财务报表的影响可能是重大的，注册会计师应当考虑通过扩大审计程序的范围或要求被审计单位管理层调整财务报表，以降低审计风险。如果被审计单位管理层拒绝调整财务报表，并且扩大审计程序范围的结果不能使注册会计师认为尚未更正错报的汇总数不重大，注册会计师应当考虑出具非无保留意见的审计报告。

如果已识别但尚未更正错报的汇总数接近重要性水平，注册会计师应当考虑该汇总数连同尚未发现的错报是否可能超过重要性水平，并考虑通过实施追加的审计程序，或要求被审计单位管理层调整财务报表降低审计风险。被审计单位财务报表的错报或漏报，除了已发现的错报或漏报及推断的错报或漏报之外，还可能存在其他的错报或漏报。当汇总数接近重要性水平时，如考虑该种错报或漏报汇总数可能超过重要性水平，审计风险就会增加，为降低审计风险，注册会计师应当实施追加审计程序，或要求被审计单位管理层调整财务报表。

第四节　审计风险

引例

HX 公司投资活动存在重大错报

HX 公司 2007 年度财务报表净利润为 1800 万元，审计师李某审计 HX 公司 2007 年度会计报表时发现：①由于验资后 HX 公司长期占用被投资单位 N 公司的资金，公司根据占用资金数额冲减了长期股权投资——N 公司的账面价值。②E 公司系 HX 公司于 2007 年 1 月 1 日在国外投资设立的联营公司，其 2007 年度会计报表反映的净利润为 3600 万元。HX 公司占 E 公司 45% 的股权比例，对其财务和经营政策具有重大影响，故在 2007 年度会计报表中采用权益法确认了该项投资收益 1620 万元。E 公司 2007 年度会计报表未经任何审计师审计。③HX 公司拥有 K 公司一项长期股权投资，账面价值 500 万元，持股比例 30%。2007 年 12 月 31 日，HX 公司与 Y 公司签署投资转让协议，拟以 450 万元的价格转让该项长期股权投资，已收到价款 300 万元，但尚未办理产权过户手续。HX 公司以该项长期股权投资正在转让之中为由，不再计提减值准备。④HX 公司 2007 年 7 月 1 日以资金 1500 万元投资于 M 公司，拥有 30% 股份。12 月 31 日 HX 公司根据 M 公司的报表（净利润 750 万元，所有者权益为 2250 万元，免交所得税）确认了 225 万元的投资收益。审计师审计时发现 M 公司审计报表中净利润为 -750 万元，所有者权益为 750 万元。⑤HX 公司于 2007 年 9 月 1 日和 H 公司签订并实施了金额为 5000 万元、期限为 3 个月的委托理财协议，该协议规定 H 公司负责股票投资运作，HX 公司可随时核查。2007 年 12 月 1 日，HX 公司对上述委托理财协议办理了展期手续，并于同日收到 H 公司汇来的标明用途为投资收益的 3000 万元款项，HX 公司据此确认投资收益 3000 万元。⑥HX 公司对 I 公司长期股权投资（无市价）为 5000 万元，I 公司在 2007 年 8 月已经进入清算程序。在编制 2007 年度会计报表时，HX 公司对该项长期股权投资计提了 1000 万元的减值准备。

该公司存在重大错报，对于审计人员而言是否也存在审计风险呢？是否会影响审计意见的类型呢？

资料来源：根据网络资料整理。

一、审计风险的含义和分类

（一）审计风险的含义、特征和成因

1. 审计风险的含义

审计风险是指当财务报表存在重大错报时，注册会计师发表不恰当审计意见的可能性。审计风险并不是指注册会计师执行业务的法律后果，如诉讼、负面宣传或其他与财务报表审计相关的事项而导致损失的可能性。

2. 审计风险的特征

审计风险的特征主要如下。

（1）审计风险是客观存在的。由于审计的固有限制，即使注册会计师按照审计准则的规定制订了恰当计划和实施了审计工作，也不可避免地存在财务报表中的某些重大错报未被发现的风险。而且审计风险也不是故意导致的，而是审计人员在执行业务的过程中无意识形成的，审计风险不会以人的意志为转移，无法被完全消除，只能通过相应的手段或措施尽量将其降低。因此，审计风险是客观存在的。

（2）审计风险贯穿于审计全过程。审计风险往往通过最终审计结论与预期的偏差体现出来，审计人员在执行审计的过程中一般很难察觉，但这并不意味着审计风险只存

在于审计的最终环节。实际上，审计过程中每一个环节微小的因素都可能导致产生审计风险。因此，审计风险贯穿于审计全过程。

3. 审计风险的成因

审计风险的成因包括客观原因和主观原因。

（1）审计风险形成的客观原因。审计风险形成的客观原因包括：①法律环境。审计活动所处的法律环境是审计风险形成的直接原因。注册会计师如果出具了不恰当的审计报告，应承担相应的法律责任。目前公众的经济决策对注册会计师发表的审计意见的依赖度空前加大，导致一旦他们在市场中相信了注册会计师错误的结论而遭受损失，便将会要求注册会计师提供补偿，从而导致了审计风险。②审计对象的复杂性和审计内容的广泛性。审计风险形成的另一个客观原因是审计对象的复杂性和审计内容的广泛性。社会经济持续发展，企业规模日益扩大，其生产经营活动也愈发复杂，这使得与此相对应的会计信息系统越来越复杂，从而加大了财务报表出错的可能性；再者，审计范围的逐渐扩大，审计对象愈发复杂，审计内容也愈发广泛，增加了许多不确定因素，导致审计难度加大，继而产生了审计风险。③现代审计方法存在的缺陷。审计风险形成的另一个客观原因是现代审计方法存在缺陷。现代审计方法对降低审计成本十分重视，在执行审计程序时强调审计成本与审计风险的平衡，选用的审计程序也允许存在一定的风险，加之审计抽样方法和分析性程序在审计过程中的广泛运用，因此审计结果必然存在一定的偏差。

（2）审计风险形成的主观原因。在审计过程中，许多方面都要由审计人员做出专业判断，审计对象和内容复杂度的逐渐加大对审计人员的经验和能力形成了巨大的挑战。审计人员有限的经验和能力很多时候不可避免地导致其在审计过程中发表不恰当的审计意见，进而产生了审计风险。此外，审计准则要求审计人员在审计过程中应当保持职业谨慎的态度，然而有些审计人员并未保持足够的职业谨慎，造成了许多不必要的差错，使本来能够发现的问题未被及时发现，本应实施的审计程序并没有实施，最终导致审计风险的产生。

（二）审计风险的构成要素

从理论上来看，审计风险的高低取决于重大错报风险和检查风险。重大错报风险与被审计单位有关，直接受被审计单位的经营活动和内部控制等情况的影响，审计人员对此无能为力。但是，审计人员可以通过加深对被审计单位的了解，对其重大错报风险的高低进行合理的评估，在此基础上确定实质性程序的性质、时间和范围，以便将审计风险降到可接受的低水平。对于检查风险，审计人员可以在准确评估重大错报风险的基础上通过合理规划实质性程序的性质、时间和范围来予以控制。

1. 重大错报风险

重大错报风险是指财务报表在审计前存在重大错报的可能性（审计人员不可控，只能进行评估）。重大错报风险包括以下两个层次。

（1）财务报表层次的重大错报风险。财务报表层次的重大错报风险与财务报表整体存在广泛联系，可能影响多项认定。这类风险通常与控制环境有关，如管理层缺乏诚信，也可能与其他因素有关，如企业所在行业处于衰退期。

（2）认定层次的重大错报风险。认定层次的重大错报风险由固有风险和控制风险构成，审计人员可以根据技术或方法的偏好和对实务的考虑，决定是单独还是合并评估该风险。

固有风险是指假定不存在相关的内部控制，某类交易、账户余额或披露的某一认定发生重大错报的可能性。这类风险一般与被审单位管理当局的诚信程度、管理当局对财务报告可靠性的态度、被审计单位业务的复杂程度以及所在行业的特性等因素有关。

控制风险是指某类交易、账户余额或披露的某一认定发生错报，不管该错报是单独还是连同其他错报构成重大错报，但没有被内部控制及时防止、发现或纠正的可能性。控制风险取决于与财务报表编制有关的内部控制的设计和运行的有效性。现代企业为了保证经营管理活动顺利有效地进行都建立了内部控制，健全的内部控制的存在有利于防范和检查交易或事项的发生及其处理过程中的差错。但是，内部控制的这种能力是有限的，主要原因一是在决策时人为判断可能出现错误和由人为失误而导致内部控制失效；二是可能由于两个或更多的人员进行串通或管理层凌驾于内部控制之上而被规避。因此，内部控制的局限性是控制风险产生的主要原因。

2. 检查风险

检查风险是指存在某一错报，该错报单独或连同其他错报是重大的，但注册会计师在执行相应降低审计风险至可接受水平的审计程序后未发现这种错报的可能性。检查风险的高低与审计程序设计的合理性和执行的有效性相关。由于审计固有的局限性等，注册会计师不可能对每一个交易、账户余额和列报进行检查。因此，检查风险的存在是必然的。

二、审计风险模型

1. 从定性的角度看，检查风险和重大错报风险是相互联系、相互作用的

首先，检查风险和重大错报风险都是审计风险的构成要素，产生于审计风险形成的不同环节；其次，审计风险是各构成要素共同作用的结果，缺少了任何一个，审计风险都将不存在；再次，审计风险各构成要素与审计人员的关系不同，审计人员对于重大错报风险只能评估而不能控制，审计人员只能根据对重大错报风险的评估水平通过制订合理的审计计划并有效地执行来控制其检查风险；最后，在既定的审计风险水平下，可接受的检查风险与认定层次重大错报风险评估呈反向关系。

2. 从定量的角度看，审计风险=重大错报风险×检查风险

可接受的审计风险是审计人员认为可以承受的风险水平，即凭借审计人员的职业判断，就财务报表发表意见来说是适当的水平。重大错报风险则是审计人员通过了解被审计单位及其环境后评估得出。因此，审计人员评估的重大错报风险水平以及审计人员可接受的总体审计风险水平共同决定了检查风险水平。在重大错报风险已确定的情况下，使总体审计风险水平维持在所设定的水平的检查风险即为可接受的检查风险。因此，在审计风险水平一定的情况下，可接受的检查风险水平与认定层次重大错报风险的评估结果呈反向关系。评估的重大错报风险越高，可接受的检查风险越低；反之，可接受的检查风险则越高。

在上述等式中，检查风险是审计人员的可控变量。例如，若注册会计师在计划阶段评估确定的审计风险为10%，即有90%的把握认为财务报表不存在重大的错报或漏报，而评

估的重大错报风险为 40%，此时，要保证总体的审计风险达到确定的标准，可接受的检查风险就必须为 25%，审计人员可通过增加实质性程序来降低检查风险至可接受的水平。

通过该审计风险模型，可以定量地描述风险水平，注册会计师则能根据可接受的检查风险合理确定审计范围、设计审计程序的性质和时间安排，将审计风险降低至可接受水平。

审计风险、重要性和审计证据之间的关系如图 6-2 所示。

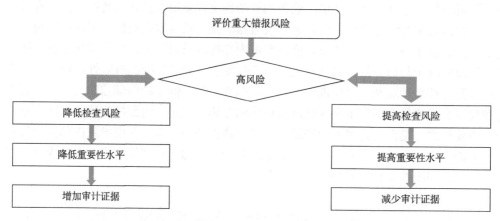

图 6-2　审计风险、重要性和审计证据的关系

思维导图

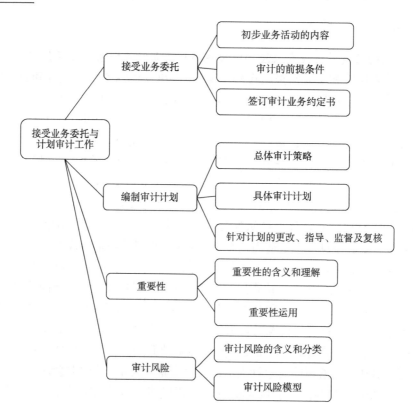

课后思考题

1. 简述重要性的概念及应用。
2. 简述审计风险的含义及种类。
3. 简述审计风险模型及应用。
4. 简述初步业务活动的目的和内容。

第六章习题

审计证据与审计工作底稿

审计的过程就是依据审计目标、收集审计证据、编制审计工作底稿、形成审计意见的过程，审计证据和审计工作底稿是形成审计意见的直接依据。

通过本章学习了解审计证据和审计工作底稿的作用与基本分类，掌握审计证据的特性、审计证据收集的方法和程序、审计工作底稿的基本要素和填制方法以及审计底稿的复核。

第一节　审计证据

引例

ZL 会计师事务所被撤销证券服务业务许可

2011 年 7 月 26 日，ZL 会计师事务所以 W 公司上市前三个年度（2008 年度、2009 年度、2010 年度）和最近一期（2011 年上半年）财务报表出具标准无保留意见的审计报告。经查明，ZL 会计师事务所及其注册会计师在审计 W 公司 IPO 财务报表过程中，未能勤勉尽责，出具的审计报告存在虚假记载。

ZL 会计师事务所及其注册会计师在审计 W 公司 IPO 财务报表过程中，未对 W 公司 2008 年末、2009 年末的银行存款、应收账款余额进行函证，也未执行恰当的替代审计程序。其中，银行存款函证程序的缺失，导致 ZL 会计师事务所未能发现 W 公司虚构一个农信社银行账户的事实，W 公司 2008 年以该银行账户虚构资金发生额 2.86 亿元，其中包括虚构收入回款约 1 亿元；应收账款函证程序的缺失，导致 ZL 会计师事务所未能发现 W 公司 2008 年、2009 年虚增收入的事实。

ZL 会计师事务所及其注册会计师在对 W 公司 2010 年末和 2011 年 6 月 30 日的往来科目余额进行函证时，未对函证实施过程保持控制。ZL 会计师事务所审计工作底稿中部分询证函回函上的签章，并非被询证者本人的签章。上述程序缺陷，导致 ZL 会计师事务所未能发现 W 公司 2010 年、2011 年上半年虚增收入和采购的事实。

ZL 会计师事务所及其注册会计师的上述行为，违反了《中国注册会计师审计准则第 1312 号——函证》的相关规定。

资料来源：根据《中国证监会行政处罚决定书》整理。

一、审计证据含义及分类

（一）审计证据的含义

《中国注册会计师审计准则第 1301 号——审计证据》是这样定义审计证据的："审计证据，是指注册会计师为了得出审计结论和形成审计意见而使用的信息。审计证据包括构成财务报表基础的会计记录所含有的信息和从其他来源获取的信息。"我们不难看出，审计证据就是审计人员在审计过程中通过采用各种审计程序与方法获取的、用以证实或否定客户财务报表所反映的财务状况和经营成果的公允性，并作为审计意见形成基础的一切资料。注册会计师必须在每项审计工作中获取充分、适当的审计证据，以满足发表审计意见的要求。

1. 会计记录中所含有的信息

依据会计记录编制财务报表是被审计单位管理层的责任，注册会计师应测试会计记录来获取审计证据。会计记录主要包括：原始凭证、记账凭证、总分类账、明细分类账以及未在记账凭证中反映的对财务报表的其他调整等。会计记录可以是被审计单位内部生成的各种形式的凭证，也可以是从与被审计单位进行交易的其他单位或者通过其他渠道取得的凭证。将这些会计记录作为审计证据时，注册会计师应该根据其性质和来源判断其可信赖程度。

2. 从其他来源获取的信息

会计记录所含有的信息往往不足以为对财务报表发表审计意见提供充分的审计证据。因此，注册会计师还需要获取作为审计证据的其他信息，主要包括：注册会计师从被审计单位内部或外部获取的会计记录以外的信息；通过询问、观察和检查等审计程序获取的信息；自身编制或获取的，可以通过合理推断得出结论的信息。

会计记录所含有的信息和从其他来源获取的信息共同构成了审计证据，二者缺一不可。只有将二者结合在一起，才能将审计风险降至可接受的水平，从而为注册会计师发表恰当的审计意见提供基础。

（二）审计证据的种类

审计证据复杂多样，为了提高审计效率，我们要把审计证据进行科学的分类。一般情况下，审计证据可分为六类：询证证据、实物证据、文件证据、数学证据、分析性证据和口头证据[4]。

1. 询证证据

询证证据是审计人员通过向被审计单位以外的第三方发出询证函而取得的一种审计证据。询证函主要针对的是与特定账户余额及其项目相关的认定，但不仅限于账户余额。例如，审计人员可能会对与被审计单位签订协议和交易条款的第三方发询证函，询问协议是否做过修改，如果有则要求被询证者提供相关信息。

2. 实物证据

实物证据是用以确定某些实物资产是否确实存在的证据，审计人员可以通过实际观察或盘点得到。例如，可以利用实物证据核实库存现金、有价证券、存货和固定资产的存在性与数量。实物证据提供了证明资产存在性的初步证据，但存在以下缺陷：①只能证明实物资产的存在性，而不能保证资产的所有权归被审计单位所有；②可以证明实物资产的数量，但难以确保实物资产的质量。

3. 文件证据

文件证据是审计人员在被审计单位内部获取的各种以书面文件为形式的一类证据，它由会计记录、支持这些会计记录的原始凭证以及其他诸如会议记录、合同书等重要文件组成。其主要包括如下类型。

（1）总分类账和现金日记账、银行存款日记账、支票存根和银行对账单等。

（2）订购单、申购单、验收单、入库单、购货发票和付款凭单等。

（3）计时卡片、考勤卡、工资汇总表、存货清单等。

（4）销售订单、销售发票、发运单、提货单和运费单等。

（5）公文、合同等。例如，租赁合同和分期付款销售协议；董事会会议纪要；销售合同；采购合同等。

文件证据形成于被审计单位的内部，其证明力不及审计人员自己取得的实物证据和从被审计单位以外的第三方取得的询证证据。但它提供了交易最初的证明，是审计证据中最大量、最基本的证据，在大多数审计项目中占有十分重要的地位。

4. 数学证据

数学证据是审计人员在实施计算、重新计算和对账等审计程序时所产生的证据。它是审计人员直接进行数据计算的结果，因此是一种直接形式的审计证据。其目的是要证明计价和分摊认定，所以数学证据涉及的大多数审计项目都是有关估价或分摊的应计项目，如资产处置的利得或损失、折旧、利息费用等。

此外，数学证据也形成于一些其他特定的审计项目。例如，审计人员在核对总账和明细账各账户余额之和后，将其结果记录下来，这一程序也形成了数学证据。类似的还有银行存款和银行对账单的核对等，这类证据可以用于证明账簿记录的准确性。

5. 分析性证据

分析性证据是审计人员通过分析程序所获得的证据。通过获取分析性证据，审计人员可以发现一些可能需要进一步调查的重要领域。例如，在审计计划阶段获取的分析性证据，可以帮助审计人员识别高风险的审计领域，以确定是否要在这些领域分配更多的审计资源，执行更加详细的实质性程序。

6. 口头证据

口头证据是由被审计单位的员工或其他有关人员对审计人员的询问所做出的口头答复形成的一类证据。它可以用于每一类认定的评价过程，但由于其证明力较弱，在通过询问获得口头证据后，审计人员还必须通过获取其他类型的证据对其进行进一步的确证。尽管如此，口头证据还是被广泛应用于整个审计过程中。因为一方面，被询问人员的答复可能为审计人员提供尚未获悉的信息或佐证证据；另一方面，被询问人员的答复也可能提供与审计人员已取得的信息存在重大差异的其他信息。

二、审计证据的特性

《中国注册会计师审计准则第 1301 号——审计证据》第九条规定："注册会计师的目标是，通过恰当的方式设计和实施审计程序，获取充分、适当的审计证据，以得出合理的结论，作为形成审计意见的基础。"由此可见，审计证据作为审计意见形成的基础，应具备两个方面的特征：充分性和适当性。

（一）审计证据的充分性

审计证据的充分性是对审计证据数量的衡量，即要求审计证据的数量足以支持审计意见的形成。客观公正的审计意见必须建立在足够数量的审计证据基础上，但并不意味着审计证据越多越好，为了使审计工作更高效，注册会计师通常把需要的足够数量审计证据的范围降低到最低限度。审计人员对审计证据充分性的判断通常基于以下几个因素。①重要性。对于重要的账户余额和交易类别，一旦判断出错，就会影响审计人员对审计对象整体的判断，从而导致错误的审计意见。因此，对于越重要的账户余额和交易类别，审计人员就需要收集越多的审计证据。②内部控制的有效性。内部控制系统越有效，其生成的会计数据就越可靠，审计人员需要收集的审计证据就越少；相反，审计人员需要收集的审计证据就越多。③成本效益原则。在确定审计证据数量规模时，审计人员也应考虑成本效益原则，如果增加时间和成本后未能带来相应的效益，就应考虑采取其他的替代程序来收集审计证据。

（二）审计证据的适当性

审计证据的适当性是对审计证据质量的衡量，即审计证据在支持各类交易、账户余额、列报与披露的相关认定，或发现其中存在错报方面具有相关性和可靠性。

相关性是指审计证据必须与特定的审计目标和管理层认定相关。例如，审计人员监盘存货获得的有关存货存在性的证据并不能证明这些存货的所有权和计价认定，更不能用来证明其他不相关的审计项目。在确定审计证据的相关性时，审计人员应当考虑：特定的审计程序可能只为某些认定提供相关的审计证据，而与其他认定无关；有关某一特定认定的审计证据，不能替代与其他认定相关的审计证据；不同来源或不同性质的审计证据可能与同一认定相关。

可靠性是指审计证据的可信赖程度，通常受审计证据来源和性质的影响，并取决于获取审计证据的具体环境。在确定审计证据的可靠性时，审计人员应当考虑以下因素。①证据的类型。例如，书面文件形式的证据比经由有关人员口头询问得来的口头证据更为可靠。②证据的来源。审计人员通过亲自进行实地检查、观察、计算等程序直接获取的证据比从被审计单位间接获取的证据更为可靠；外部证据比内部证据更为可靠，其中未经由被审计单位持有的外部证据比经由被审计单位持有的外部证据更为可靠，在外部流转已获独立第三者确认的内部证据比未获独立第三者确认的内部证据更为可靠。③证据的时效。对于资产负债表账户来说，越是临近资产负债表日收集的证据，其可靠性越高；对于损益表账户来说，从整个会计期间内选取的样本中所得到的证据比从部分时间段内选取的样本中所得到的证据更为可靠。④证据间的相互印证性。不同来源或不同性质的审计证据之间能相互印证时，审计证据就具有较高的可靠性；反之，若不同来源或不同性质的审计证据之间出现不一致，甚至相互矛盾时，则审计证据的可靠性较弱。⑤内部控制的有效性。如果被审计单位的内部控制较为健全、完善且能得到一贯的遵守与执行，则其提供的内部证据比内部控制较差时提供的内部证据更为可靠。

审计证据的充分性与适当性密切相关。审计人员所需获取的审计证据的数量也会受到审计证据质量的影响，审计证据质量越高，需要的审计证据可能越少。但如果审计证据的质量存在缺陷，则仅仅依靠获取更多的审计证据是难以弥补其质量上的缺陷的。因此，审计证据的充分性和适当性二者缺一不可，只有充分且适当的审计证据才是具有证明力的。审计证据的特征如图 7-1 所示。

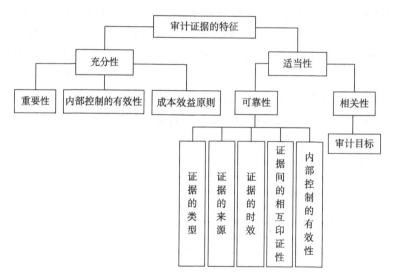

图 7-1　审计证据的特征

三、获取审计证据的程序

在审计实务中，不同的审计程序所获取的审计证据是不同的。审计人员为获取充分、适当的审计证据，可根据需要单独或综合运用以下审计程序：检查记录或文件、检查有形资产、观察、询问、函证、重新计算、重新执行、分析程序等。

（一）检查记录或文件

检查记录或文件是指审计人员对被审计单位内部或外部形成的，以纸质、电子或其他介质形式存在的记录或文件进行检查的过程。检查记录或文件的目的是对财务报表所包含的或应该包含的信息进行验证。审计人员对于记录或文件的检查主要有两种方法：

追查与核实。

追查也称为顺查，是指按照一笔交易或事项在会计记录上的顺序，从原始凭证到记账凭证再到分类账依次检查相应的记录是否正确，最终确定这笔交易或事项是否被正确地反映在财务报表上。追查的目的是要证明完整性认定，即检验发生的交易或事项的入账是否正确。

核实也称为逆查，它的顺序和追查恰恰相反，是从分类账开始，检查与其相关的记账凭证，并核实所附的原始凭证，最终确定某一账户所反映的交易或事项是否真实。因此，核实的目的是要证明发生认定，即检验已入账的交易或事项是否属实。

（二）检查有形资产

检查有形资产是指审计人员对被审计单位的现金、存货等资产实物进行审查，其主要方式是监盘。监盘是指审计人员在现场监督被审计单位相关人员对各种实物资产及现金、有价证券等的盘点，并进行适当的抽查。监盘可检查资产是否真实存在并与账面数量相符，是否存在短缺、毁损、贪污和盗窃等问题。

QF节能审计失败案中的检查有形资产程序

2014年2月12日，L会计师事务所因对QF节能IPO审计时出具了存在虚假记载的审计报告而受到证监会的行政处罚。L会计师事务所IPO审计底稿（2012年）"风险评估汇总表"中将固定资产循环评估为高风险，对报表的影响描述为虚增资产，涉及在建工程、固定资产科目。但总体应对措施仅描述为"控制测试及实质性测试"，也没有就认定层次重大错报风险设计进一步审计程序。

该事务所对固定资产的审计程序未能有效执行，检查固定资产新增发生额时，未关注原始凭证异常情况，盘点时未关注大额进口设备及构件，未核对设备编号，检查付款凭证时没有关注合同异常，违反《中国注册会计师审计准则第1301号——审计证据》第十条、第十一条、第十五条的规定，未能发现QF节能虚增固定资产2581.3万元。

资料来源：根据《中国证监会行政处罚决定书》整理。

（三）观察

观察是审计人员查看相关人员正在从事的活动或实施的程序。例如，查看和调查内部控制制度的执行、仓库的保管情况等。观察可以获取执行有关程序或过程的审计证据，但也存在一定的局限性，因为观察所提供的审计证据仅限于观察发生的时点，而被观察人员的行为也可能因被观察而受到影响。观察本身不能作为充分的审计证据来使用，还需要其他相关的审计证据来佐证。

（四）询问

询问是审计人员以口头或书面的方式，向被审计单位内部或外部的知情人员获取各种信息，并对其答复做出评价的过程，它是获取口头证据的重要方式。知情人对询问的答复可能为注册会计师提供信息或佐证，注册会计师要根据询问结果考虑修改审计程序或实施追加的审计程序。由于通过询问获取口头证据后，审计人员还必须通过获取其他类型的证据对其进行进一步的确证，因此，询问程序并不是孤立存在的，而是应和其他的审计程序结合起来使用。

审计谈话在审计调查中运用比较普遍，也是审计调查人员应该具备的基本技能。日常审计调查中的谈话主要是与被审计单位相关人员的谈话，包括证人、被调查人、知情人或检举揭发人。谈话技巧的高低，运用是否得当，是检验审计调查人员实际工作能力的重要标志之一，学习和掌握谈话的方法，提高谈话水平，对于提高审计工作水平具有重要意义。获取谈话成功的方法和技巧如下。

1. 获取信息的方法技巧

（1）重复谈话。对较复杂的重大问题进行反复的提问，让被调查人反复陈述；如果他的陈述是假的，那么总会出现前后陈述矛盾，调查人员就从矛盾中获得了其编造的假内容，以及掌握他想掩盖什么问题等信息，达到获取信息的目的。

（2）利用矛盾。由于被调查人在违纪违规中的角色、地位不同，面对调查的作用不同，他们互相之间会存在矛盾，其陈述也难以完全一致，我们可以利用他们之间的矛盾，使其互相推诿、指责，查清所需要澄清的问题。

（3）"容许"编造谎言。在某种情况下，调查人员可允许被调查人自由陈述他想说的一切和编造的谎言，并如实做好记录，从谎话的侧面完全可以弄清楚他想回避什么、注意什么，在适当时机揭穿谎言，促使其做出真实陈述。

2. 分散注意力的方法技巧

（1）自由交谈。对于那些对谈话感到压抑，用矢口否认对待谈话的被调查人，调查人员要改变谈话的方式，在和谐的气氛中使其在不知不觉中顺从和接受调查人员的谈话，把谈话内容逐渐引向实质问题，取得谈话效果。

（2）声东击西。可以把审计谈话过程分为两个阶段：第一"声东"阶段，在谈话中，调查人员要隐蔽主攻方面，表面上从与主要问题无关的情节谈起，向次要问题发起进攻，使其产生错觉和思想麻痹，觉察不出调查人员的真实意图；第二"击西"阶段，当被调查人的注意力已被转移，防御出现漏洞，便立即扭转锋芒，使被调查人猝不及防，其觉察时败局已无法挽回。

（3）四面出击。当被调查人想隐瞒问题、心理处于紧张状态、注意力无法集中时，调查人员精心选择出击点，谈话提问转得突然，使被调查人猜想不到审计人员所针对的是哪个问题，忙于应付，造成顾此失彼、防不胜防的局面。

3. 促使被调查人形成一定观念的方法技巧

（1）连续使用证据。在谈话中调查人员针对被调查人的一个或几个问题，选择一些直接或间接的证据，连续使用证据，使其内心产生巨大压力，有效进行攻心，为其如实提问打开通道。

（2）揭露谎言。重点是对谎言要揭得准，掌握确实的证据，选择不同的时机，在其表演"精彩"时，迎头痛击，从整体上进行揭露，使被调查人形成"靠撒谎是不能混过去的，调查人员不容易被欺骗"的观念，把被调查人引导到如实回答问题上来。

（3）跳跃发问。当一些被调查人熟悉审计的谈话方法，对于审计人员要问些什么内容，怎样发问都有防御计划，调查人员可在常规的问话过程中和适当的时机突然跳过其防线，直取其尚未防御的要害问题。

（4）引而不发。就是调查人员发出一种信息，让被调查人明显地意识到已经掌握的问题，但又不清楚是掌握了哪些问题，使他感到不回答又"滑"不过去，又不知该回答哪一个问题，最后迫使把问题全部供述出来。

4. 影响思想情绪的方法技巧

（1）消除对立。对立情绪在被调查人员中比较普遍地存在着，被调查人对审计检查不理解或调查人员执行政策有偏差等。消除对立情绪，首先要认真执行政策；其次是要进行文明审计、说话要文明、语言要谦虚、平等待人，注意方法技巧的综合运用。

（2）造成紧张。调查人员应在被调查人狂妄自信、缺乏防备的情况下，使其思想紧张起来，可以突然出示具有一定分量的证据，这种出乎意料的举动会很快造成被调查人紧张，使得被调查人既搞不清他的哪些问题暴露了，也无法马上用编造的谎言欺骗调查人员，狂妄自信的气焰和侥幸的心理必然有所收敛和转变，从而达到谈话目的。

（3）减轻压力。在谈话中，被调查人由于惧怕暴露问题，或矢口否认，或既不拒绝问话又不进行回答，这种情况下调查人员如果从被调查人愿意谈的话题谈起，使双方先实现心理上的接触，建立起共同谈话的基础，相互产生信任感，消除双方的心理隔阂，就会使谈话取得进展。

（4）加快谈话速度和减缓速度。其实质在于，一方面调查人员利用自己的主动地位，把主动权掌握在自己手中。利用事先准备好的一连串问题，不让被调查人把编好的供词讲出来，及时打断笼统的答话，使其回答不偏离问话的实质内容；另一方面加快或放慢谈话速度，被调查人不可能深思熟虑，可能无暇周密考虑和拖延回答，这能减弱被调查人急于结束谈话的情绪，取得明显效果。

（5）出其不意。对于那些事先已有准备的被调查人，调查人员骤然提出一个与以前谈话毫无联系，而被调查人又意想不到的问题，打乱被调查人编造和准备好的对答，为谈话顺利进行打开缺口。

总之，谈话的方法技巧：一是在实际谈话中，应注意各种方法技巧的结合运用，防止"单打一"，不然则难以获得成功；二是谈话技巧产生于实践，在实践中才能获得发展。因此，进一步探讨谈话技巧的科学性，使其日臻完善，有待于广大审计人员的共同努力。

（五）函证

函证是指审计人员直接从第三方获取书面答复以作为审计证据的过程。函证的对象主要包括：①银行存款、借款及与金融机构往来的其他重要信息；②应收账款；③其他相关内容，如交易性金融资产、应付账款、预收账款、或有事项、保证、抵押或质押、重大或异常交易等。

函证有积极式函证和消极式函证两种方式。积极式函证方式要求被询证者在所有情况下必须回函并确认询证函所列示的信息是否正确，或填列询证函要求的信息。消极式函证方式则只要求被询证者仅在不同意询证函列示信息的情况下才予以回函。消极式函证方式只有当被函证者认为函证事项存在出入时才回函，基于这种假设，即被询证者不回函是因为他已核对了询证单及所附账单，并对其列示的信息表示了同意。但在实务中也可能存在导致被询证者不回函的其他情况，如被询证者可能并未阅读询证函就把它丢弃了，或因工作繁忙而无暇顾及回函，或出于某种原因不愿意告诉审计人员，或还在研究金额不符的原因。因此，消极式函证方式存在较大的风险。是否需要函证取决于对可靠性的要求和是否有可替代的审计程序，如果通过函证无法获取满意的回函或者没收到回函，注册会计师必须实施必要的审计证据，以获取相应的审计证据。

JY 科技审计失败案中的函证程序

2018 年 8 月 6 日，L 会计师事务所因 JY 科技股份有限公司（简称 JY 科技）年报审计失败受到证监会的行政处罚。证监会经调查发现，2015 年 1 月 20 日，L 会计师事务所的审计师在对 JY 科技基本账户开户行函证时，未对询证函保持控制，未对询证函是否加盖银行公章事项给予充分关注，导致 L 会计师事务所未能发现银行回函系 JY 科技伪造，以及 JY 科技虚增银行存款 217 911 835.55 元的事实。

资料来源：根据《中国证监会行政处罚决定书》整理。

（六）重新计算

重新计算是指审计人员通过手工方式或电子方式对记录或文件中的数据的准确性进行核对。在财务报表审计中，注册会计师往往需要大量运用加总技术来获取必要的审计证据。例如，总明细账和日记账、存货总额、检查折旧费用的计算。在计算过程中，注册会计师不仅要注意计算结果是否正确，而且要对其他可能的差错（如过账和转账有误等）予以关注。

（七）重新执行

重新执行是指审计人员重新独立执行作为被审计单位内部控制组成部分的程序或控制。例如，根据被审计单位的银行存款日记账和银行对账单重新编制银行存款余额调节表，并与被审计单位编制的银行存款余额调节表进行对比。

（八）分析程序

分析程序是指审计人员通过分析不同财务数据之间以及财务数据与非财务数据之间的内在关系，对财务信息做出评价以及在必要时调查已识别出的、与其他相关信息不一致或与期望值差异较大的波动。分析程序在审计计划阶段和完成审计阶段要求必须使用，但在审计实施阶段则是任意选择的。

在审计计划阶段，分析程序可作为风险评估程序，帮助审计人员了解被审计单位及其环境。通过执行分析程序，审计人员可以发现财务报表的异常变化，或者预期应该发生而未发生的变化以识别存在潜在重大错报风险的领域。同时分析程序也可以帮助审计人员发现财务状况和盈利能力发生变化的信息及征兆，从而识别出一些表明被审计单位持续经营能力的事项。

在审计实施阶段，如果分析程序比细节测试能更有效地将检查风险降至可接受水平，则分析程序可用作实质性程序单独开展或结合细节测试开展以获取充分、适当的审计证据。在这种情况下，使用分析程序可以减少工作量、节约审计成本，同时降低审计风险，使审计工作更有效率和效果。

在完成审计阶段，审计人员可以运用分析程序来对财务报表进行总体复核。此时实施分析程序，有助于对财务报表整体的合理性进行把关，评价财务报表中仍存在重大风险而未被发现的可能性。

X 公司审计失败案中的分析程序

2013 年 10 月 15 日，DH 会计师事务所有限公司因广东 X 生物科技股份有限公司（简称 X 公司）IPO 审计失败而受到证监会的处罚。经调查发现，在审计 X 公司 2009 年主营业务收入过程中，DH 会计师事务所对 X 公司 2009 年主营业务毛利率进行统计，并将统计结果记录于工作底稿，但未对毛利率巨大波动做出审计结论，也未对异常波动的原因进行分析。在审计 X 公司 2011 年主营业务收入项目的过程中，在 12 月毛利率与全年平均毛利率偏离度超过 33%的情况下，仍得出全年毛利率无异常波动的结论。

资料来源：根据《中国证监会行政处罚决定书》整理。

四、选用审计程序的考虑

在审计中选用不同的审计程序主要是为了在保证审计质量的前提下减少审计成本，提高审计效率。为此，选择审计程序应当考虑如下几个方面。

1. 不同审计程序获取审计证据的适当性不同

审计人员需要根据审计目标选择不同的审计程序以获取适当的审计证据。例如，审计目标为验证存货是否真实存在，采用的方法是监盘，获取的证据类型是实物证据，但仅凭实物证据不足以证明存货的所有权，所以还必须同时辅以文件证据，验证存货属于被审计单位，是真实存在的。

2. 针对不同审计目标实施审计程序的方向不同

对于同一审计程序，如果执行审计程序的方向不同，则获取的审计证据与审计目标的相关性不同，如检查与销售相关的凭证时，从以销售发票、货运文件为起点检查到收入明细账获取的审计证据，与销售完整性审计目标最相关；但从收入明细账入手追查至销售发票或者货运文件取得的审计证据，与销售的真实性目标最相关。

3. 同一审计测试可以运用不同的审计程序获取审计证据

某一种审计测试可以运用几种审计程序获取审计证据，比如，风险评估可以采用的审计程序有观察、检查、询问、分析程序；控制测试可以采用检查、观察、询问和重新执行等，细节测试可以采用检查、函证、询问、重新执行和重新计算等。

4. 执行审计程序获取审计证据的成本不同

从审计过程来讲，风险评估程序、控制测试程序与实质性程序的执行成本相比较，实质性程序的成本最高，所以审计决策时应在保证审计工作质量的前提下尽量减少实质性程序，降低审计的综合成本。从审计证据的类型来看，实物检查和函证的成本最高，这些审计程序需要审计人员在场，并对全过程执行严格的质量控制、观察、询问并使重新计算的成本相对较低。但是，成本永远不能成为省去一项重要审计程序或不去收集充分审计证据的理由。

第二节 审计工作底稿

引例

如何正确管理审计工作底稿？

ABC会计师事务所的A注册会计师负责对甲公司2008年度财务报表进行审计。2009年2月15日，A注册会计师完成审计业务，并于5月15日将审计工作底稿归整为最终审计档案。2009年5月20日，A注册会计师意识到甲公司存在舞弊行为，私下修改了部分审计工作底稿。2009年6月1日，甲公司财务舞弊案曝出，A注册会计师擅自销毁了甲公司审计工作底稿。

A注册会计师的操作存在诸多问题。审计工作底稿归档期限应为审计报告日后60天内，ABC会计师事务所应当在2009年4月15日前归档审计工作底稿；审计工作底稿规整日期后的变动也不符合审计准则；会计师事务所应当自审计报告日起，对审计工作底稿至少保存十年，不得在规定的保存期届满前删除或废弃审计工作底稿。

审计工作底稿是审计证据的载体，是形成审计结论、发表审计意见的直接依据，是审计质量控制的核心环节。因此我们要了解审计工作底稿的编制复核以及归档，提高审计工作质量。

一、审计工作底稿的定义及分类

审计工作底稿是指审计人员对制订的审计计划、实施的审计程序、获取的审计证据以及得出的审计结论做出的记录。它是审计证据的载体，记录了整个审计过程所进行的工作及所获取的资料。因此，审计工作底稿是审计人员形成审计结论、发表审计意见的直接依据。审计工作底稿形成于审计过程，也反映整个审计过程，及时编制审计工作底稿是为了提供充分适当的记录，证明注册会计师已按照审计准则和相关法律法规的规定执行了审计工作。

审计工作底稿按照作用不同可以分为三类：综合类工作底稿、业务类工作底稿和备查类工作底稿。

综合类工作底稿是指注册会计师为反映整体审计计划、整体审计过程和最终审计意见而编制的工作底稿，主要包括审计业务约定书、审计计划、审计报告底稿、审计总结和审计调整分录汇总等综合性的审计工作记录。

业务类工作底稿是指注册会计师在实施阶段为执行具体审计程序所形成的工作底稿，主要包括注册会计师对某一业务循环或审计项目进行控制测试或实质性程序所做的记录或资料。

备查类工作底稿是指注册会计师在审计过程中编制或取得的对审计工作具有备查作用的各种审计资料，主要包括与审计约定事项有关的重要法律性文件、重要会议记录与纪要、重要经济合同与协议等原始资料的副本或复印件。

二、审计工作底稿的作用

审计工作底稿记录了审计人员从开始接受委托到最终发表审计意见的整个审计过程。这些底稿中有的是审计人员自己编制的，如审计程序表、某一账户的分析性证据等，有的是从被审计单位直接获取的，如重要交易合同的复印件、重要会议的会议记录等。审计工作底稿主要有以下作用。

（一）审计工作底稿是审计报告的基础

审计工作底稿完整地记载了审计人员在审计过程中所收集到的审计证据和所做出的职业判断。因此，审计工作底稿是审计证据的载体，是审计人员形成审计结论、发表审计意见的直接依据，是审计报告的基础。

（二）审计工作底稿是考核审计质量的依据，是控制与监督审计质量的手段

审计工作底稿几乎反映了所有已执行的审计工作，因此可以根据审计工作底稿的记录来判断审计人员是否实施必要的审计程序、审计程序的选择是否合理以及职业判断是否准确等，从而有助于分析和评价审计人员的审计质量。

（三）审计工作底稿是连接整个审计工作的纽带

审计项目小组往往由多位成员组成，项目小组内需要进行合理的分工与安排，不同的审计程序、不同报表项目的审计往往由不同的审计人员执行，而最终是针对被审计单位财务报表的整体形成审计结论并发表审计意见的。审计工作底稿则能把不同审计人员的工作有机地连接起来，从而实现对财务报表的整体发表审计意见。

（四）审计工作底稿对后续审计具有重要的参考价值

审计业务有一定的连续性，同一被审计单位前后年度的审计业务必然存在着联系和共同点，因此本期审计工作底稿包含了对后续审计工作具有重要参考价值的信息。此外，对于不熟悉被审计单位的助理审计人员，前期的审计工作底稿能帮助他们熟悉被审计单位的基本情况、了解重点审计领域。

三、审计工作底稿的要素

审计工作底稿的形成方式主要有两种：一种是直接取得；另一种是审计人员亲自编制。通常应包括下列全部或部分要素。

（1）被审计单位名称：每一张审计工作底稿都应该写上被审计单位名称，以防混淆。如果被审计单位下面有分（子）公司或者内部的车间、部门，则应该同时注明分（子）公司或者内部的车间、部门的名称。

（2）审计项目名称：每一张审计工作底稿都应该写明审计的内容，如审查的是某一财务报表项目，如销售收入；或者某一业务循环，如销售及收款控制测试。

（3）审计项目时点或期间：在审计工作底稿中应该写明审计内容的时点（指资产负债类项目）或期间（指损益类项目）。

（4）审计过程记录及其审计标识。①特定项目或事项的识别特征。在记录实施审计程序的性质、时间和范围时，注册会计师应当记录测试的特定项目或事项的识别特征。识别特征是指被测试项目或事项表现出的征象或标志。识别特征因审计程序性质和所测试的项目或事项不同而不同：用于细节测试的日期和唯一的交易编号；所使用程序和总体的范围；用于询问程序的被询问人的姓名、岗位名称、询问日期等。对于具体项目而言，其识别特征一般具有唯一性。②重大事项。注册会计师应当根据具体情况判断某一事项是否属于重大事项。重大事项一般包括：引起特别风险的事项；实施审计程序的结果，该结果表明财务信息可能存在重大错报，或需要修正以前对重大错报风险的评估和针对这些风险拟采取的应对措施；导致注册会计师难以实施必要审计程序的情形；导致出具非标准审计报告的事项等。③针对重大事项如何处理矛盾或不一致的情况。如果识别出的信息与针对某重大事项得出的最终结论相矛盾或不一致，应当记录形成最终结论时如何处理该矛盾或不一致的情况，不限于针对该信息执行的审计程序、项目组成员对该事项的职业判断不同而向专家咨询的情况，以及项目组成员和被咨询人员不同意见的解决情况等。④审计标识和说明。适当运用审计标识可以缩短工作时间，提高工作效率。审计标识一览表应事先说明其确切含义，保持前后一致和不同标识的唯一性。

（5）审计结论：不仅包括注册会计师对被审计单位内部控制情况的研究与评价结果、有关会计账项的审定发生额及审定期末余额，还包括审计程序识别出的例外情况和重大事项如何得到解决的结论。注册会计师恰当地记录审计结论非常重要。需要根据所实施的审计程序及获取的审计证据得出审计结论，并以此作为对财务报表发表审计意见的基础。在记录审计结论时需要注意，在审计工作底稿中记录的审计程序和审计证据是否足以支持所得出的结论。

（6）索引号及编号：为了便于整理和查阅，在每张审计工作底稿上都要注明索引号及编号。索引号在审计工作底稿目录表中应能查到，编号是指同一索引号下不同审计工作底稿的顺序编号，相互引用时，需要在审计工作底稿中交叉注明索引号。在审计实务中，审计人员运用一些常用的索引号，如表 7-1 所示。

表 7-1　审计工作底稿索引号说明

符号	代表工作底稿内容
TB	试算平衡表
BS	资产负债表

符号	代表工作底稿内容
PL	利润表
SE	所有者权益变动表
CF	现金流量表
FN	财务报表附注汇总表
AJL	调整分录
RJE	重分类分录

表 7-1 中的审计标识与索引号仅列示常用符号，审计人员也可自编审计标识，但应在工作底稿中对此予以说明。

（7）编制者姓名及编制日期：审计工作底稿的编制者必须在其编制的审计工作底稿上签名和注明编制的日期。

（8）复核者姓名及复核日期：审计工作底稿的复核者必须在复核过的审计工作底稿上签名和注明复核的日期。如果有多级复核，每级复核者都应签名和注明复核日期。

（9）其他应说明事项：揭示影响专业判断的其他重大事项，提供更详尽的补充信息。

四、审计工作底稿的复核

（一）项目组成员实施的复核

每一位注册会计师的工作都需要安排项目组内部进行详细复核，一般由项目组内部经验较多的人员（包括项目负责人）复核经验较少人员的工作。复核人员应当知悉并解决重大的会计审计问题，考虑其重要程度并适当修改总体审计计划和具体审计计划。此外，项目组成员与客户的专业判断分歧应当得到解决。必要时，应考虑寻求恰当的咨询，复核工作应由至少具备同等专业胜任能力的人员完成。复核时应考虑：审计工作是否按照规定执行；重大事项是否已提请进一步考虑；相关事项是否进行咨询，并得到记录和执行；已执行的程序是否支持形成的结论，并得到适当记录；获取的审计证据是否充分、适当，足以支持审计报告；审计程序的目标是否已经实现等。复核因审计规模、审计复杂程度以及工作安排的不同存在差异。但对于工作底稿的复核必须留下证据，一般由复核者在相关审计工作底稿上签名并署明日期。

（二）项目质量控制复核

注册会计师在出具审计报告前，专门指定项目组成员之外的机构或人员对审计项目组执行的审计实施项目质量控制复核。项目负责人有责任与项目质量控制复核人员讨论在审计过程中遇到的重大事项，包括项目质量控制复核中识别的重大事项；在项目质量控制复核完成后，才能出具审计报告。一般的项目质量控制复核应当包括客观评价的下列事项：①项目组做出的重大判断；②在准备审计报告时得出的结论。

五、审计工作底稿的归档与保管

（一）审计工作底稿的归档

对每项具体审计业务，审计人员应当将审计工作底稿归整为审计档案。在出具审计报告前，审计人员应完成所有必要的审计程序，取得充分、适当的审计证据并得出合理的审计结论。其实，在审计报告日后将审计工作底稿归整为最终审计档案是一项事务性的工作，此项工作不涉及实施新的审计程序或得出新的结论。

前已提及，审计工作底稿通常不包括已被取代的审计工作底稿的草稿或财务报表的草稿、对不全面或初步思考的记录、存在印刷错误或其他错误而作废的文本，以及重复的文件记录等。因此，有些会计师事务所等审计机构在归整审计档案时，根据审计实务中对审计档案使用的时间，将审计档案分为永久性档案和当期档案。其中，永久性档案是指那些记录内容相对稳定，具有长期使用价值，并对以后审计工作具有重要影响和直接作用的审计档案；而当期档案则指那些记录内容常有变化，主要供当期和下期审计使用的审计档案。

审计人员应当按照会计师事务所等审计机构质量控制政策和程序的规定，及时将审计工作底稿归整为最终审计档案。审计工作底稿的归档期限为审计报告日后 60 天内，如果审计人员未能完成审计业务，审计工作底稿的归档期限为审计业务中止后的 60 天内。

特别地，如果针对客户的同一财务信息执行不同的委托业务，出具两个或多个不同的报告，会计师事务所等审计机构应当将其视为不同的业务，根据会计师事务所等审计机构内部制定的政策和程序，在规定的归档期限内分别将审计工作底稿归整为最终审计档案。如果延迟归档，则可能导致审计档案不完整。当然，只有当审计项目组执行连续审计业务即后续财务年度的审计时，才可能发现上期"已完成的审计档案"是不完整的。

（二）审计工作底稿的保管

会计师事务所等审计机构应当自审计报告日起，对审计工作底稿至少保存 10 年。如果审计人员未能完成审计业务，会计师事务所等审计机构应当自审计业务中止日起，对审计工作底稿至少保存 10 年。值得指出的是，对于连续审计业务，当期归整的永久性档案虽然包括了以前年度获取的资料（甚至可能是 10 年以前的资料），但由于其作为本期档案的一部分，并作为支持审计结论的基础，因而审计人员对于这些对当期有效的档案，应视为当期取得并保存 10 年。如果这些资料在某个审计期间被替换，被替换资料可以从被替换的年度起至少保存 10 年。在完成最终审计档案的归整工作后，审计人员不得在规定的保存期限届满前删除或废弃审计工作底稿。

（三）审计工作底稿归档后的变动

《中国注册会计师审计准则第 1131 号——审计工作底稿》规定，在完成最终审计档案的归整工作后，如果注册会计师发现有必要修改现有审计工作底稿或增加新的审计工作底稿，无论修改或增加的性质如何，注册会计师均应当记录下列事项。

（1）修改或增加审计工作底稿的理由。

（2）修改或增加审计工作底稿的时间和人员，以及复核的时间和人员。

（四）审计工作底稿的所有权

审计工作底稿是审计人员对其执行的审计工作所做的完整记录。一般而言，审计档案的所有权应属于执行该项业务的审计人员。但是我国的审计人员不能独立于审计组织之外承揽审计业务，审计业务必须以审计组织的名义承接。因此，审计档案的所有权归属于承接该项业务的审计组织。

思维导图

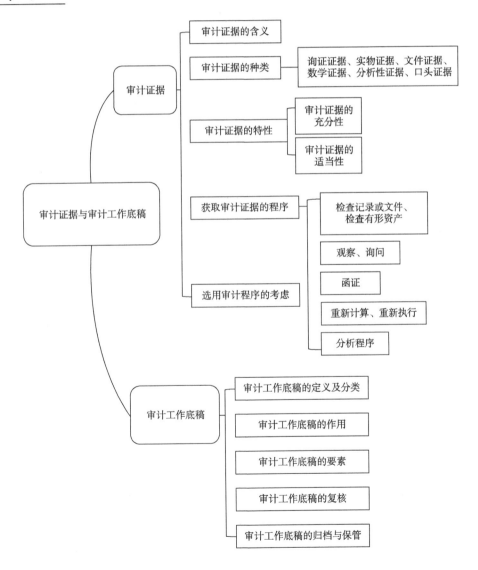

课后思考题

1. 简述审计证据的特征和种类。
2. 审计证据的取证方法有哪些？
3. 简述审计工作底稿的三级复核制度。

第七章习题

第八章

风险评估

重大错报风险是指财务报表在审计前存在重大错报的可能性，对重大错报风险的识别、评估和应对是当代审计的主线。风险评估程序是审计工作的起点，因为风险审计准则规定审计风险取决于重大错报风险和检查风险，审计人员必须了解被审计单位及其环境（包括内部控制），以评估重大错报风险，不得未经过风险评估直接将重大错报风险设定为高水平。

通过本章的学习让学生掌握了解被审单位的具体内容，了解被审单位时采用的程序，以及评估重大错报风险。

■ 第一节　风险评估概述

引例

Z 会计师事务所对 K 药业 2018 年财务报表的审计

在风险识别与评估阶段，部分审计底稿未认定营业收入科目存在舞弊风险或特别风险，未就由于舞弊导致的财务报表重大错报的可能性执行相关的审计程序，存在缺陷。

Z 会计师事务所认定 2018 年 K 药业公司整体层面的风险等级为"存在重大风险"。由于 K 药业以前年度存在财务造假行为，当期营业收入存在舞弊风险；而 K 药业一直强调中药材行业的龙头地位，中药材贸易未记录在系统中，也未开具发票，管理不规范，存在较高的舞弊风险。

Z 会计师事务所部分审计工作底稿中，对 K 药业营业收入或中药材贸易的风险评估结果错误，审计工作存在缺陷：一是汇总的重大风险领域中，认定中药材贸易收入不存在特别风险；二是在针对特别风险采取的应对措施汇总表中，未认定营业收入存在特别风险。

Z 会计师事务所 2018 年部分审计工作底稿风险评估结果错误，未按照准则要求记录对舞弊的讨论情况及结论；在无法信赖 K 药业内部控制的情形下，未严格执行计划的风险应对方案以获取必要的外部审计证据，也未对已取得的明显异常或相互矛盾的证据保持合理怀疑、采取进一步审计程序消除疑虑，发表的审计意见不恰当，应当承担审计责任。

资料来源：根据《中国证监会行政处罚决定书》整理。

一、风险评估程序

在风险导向审计模式中，注册会计师以重大错报风险的识别、评估和应对作为审计工作的主线，最终将审计风险控制在可接受的低水平，并且，风险审计准则规定审计风险取决于重大错报风险和检查风险，审计人员必须了解被审计单位及其环境（包括内部控制），以评估重大错报风险，不得未经过风险评估直接将重大错报风险设定为高水平。因此，审计风险模型要求风险评估程序是审计工作的起点。

审计人员在计划阶段，应当实施风险评估程序，以了解被审计单位及其环境，初步评估重大错报风险，为编制审计计划提供基础。为了解被审计单位及其环境而实施的程序称为风险评估程序。

二、风险评估程序和信息来源

（一）询问被审计单位管理层和内部其他相关人员

询问被审计单位管理层和内部其他相关人员是注册会计师了解被审计单位及其环境的一个重要信息过程。

（1）询问管理层。询问管理层的内容主要有：①询问其有关重要经营活动的变化；②了解管理当局的计划；③管理当局对新面临的风险所持有的态度；④新的投资项目及其资金来源；⑤新颁发的会影响公司的法律、法规以及一些对审计有重要影响的事项；⑥审计人员还可以就管理当局感兴趣的特定事项共同讨论；⑦新的部门或新的子公司。

（2）询问内部审计人员。询问内部审计人员的内容主要有：①审计范围；②被审计单位内部控制的强点与弱点；③新采用的电子数据处理系统的运行情况；④公司组织结构的重要变化。

（3）询问其他人员。询问诸如生产人员或有不同层次权威的其他员工，可为审计人员提供识别重大错报风险的不同视角。①询问负责治理的人员可能有助于审计人员了解编制财务报表的环境；②询问法律顾问，可以了解被审计单位的诉讼、对法律法规的遵守情况，或影响被审计单位舞弊的事项及担保、售后义务及合同条款等事项；③询问营销人员或销售人员可以了解被审计单位营销策略的变化、销售趋势或与顾客的合同安排。

（二）分析性程序

审计人员实施分析性程序有助于识别异常的交易或事项，以及对财务报表和审计产生影响的金额、比率和趋势。

分析性程序步骤：①确定将要执行的计算与比较。②估计期望值：根据被审计单位以前若干期间的可比会计信息，并考虑已知的变化估计期望值，包括可以根据正式的预算或预测估计期望值、本期内会计要素之间的关系估计期望值、同行业数据估计期望值、会计信息和非会计信息之间关系估计期望值。③执行计算和比较：根据第一步确定的数据比较、比率计算或趋势分析执行计算，并和第二步所估计的期望值进行比较。④调查重大差异。⑤考虑对审计风险与审计计划的影响。如果无法解释重大差异的原因，审计人员要充分考虑对审计计划的影响。

（三）观察和检查

1. 观察被审计单位的生产经营活动

使审计人员了解被审计单位的重要业务、成本，并有机会接触重要岗位的职员，为风险评估提供环境证据。例如，企业采购的内部控制规定产品入库前要经过验收程序，而审计人员在实际观察过程中发现验收程序并未有效履行，而是由仓库管理员随意在验收单上签名确认验收，则说明企业在该环节可能存在重大错报风险。

2. 检查文件、记录和内部控制手册

了解被审计单位的重要经营信息和生产流程等。通常需要检查的文件包括公司章程及细节、董事会或股东大会的会议纪要、商业计划和战略等。

审计人员通过检查企业的行为规则、制度手册、组织结构图等，可以获得关于内部控制设计方面的信息，再同询问员工得到的结果比较，就可以判断企业内部控制设计是否切实得到正确理解并严格执行，判断该环节是否存在重大错报风险。

3. 阅读由管理层和治理层编制的报告

阅读分析管理层和治理层编制的中期财务报表、季度管理报告、纳税申报表以及提交给行业或政府主管部门的报告和董事会会议记录等，有助于审计人员评估被审计单位的经营风险。

4. 实地察看被审计单位的生产经营场所和设备

实地察看被审计单位的生产经营场所和设备有助于审计人员评估被审计单位的经营风险。

5. 追踪交易在财务报告信息系统中的处理过程（穿行测试）

确认交易的处理结果同调查的实际情况相符。穿行测试是指在每一类交易中选择一笔或若干笔交易进行测试，是为了验证企业财务报告信息系统的实际运行是否与经过其他方法调查后在审计工作底稿中所描述的结果保持一致，以判断控制点是否存在重大错报风险。

第二节 了解被审计单位及其环境

引例

X公司财务舞弊

X公司是当地重点扶持发展的国有控股企业。2012年3月，X公司因涉嫌违反证券法律法规，被证监会新疆监管局立案调查，其连续6年的财务造假问题逐渐浮出水面。X公司连续多年虚构购销业务，虚增业务收入与成本，虚增或者虚减利润，不仅隐瞒关联关系、关联交易，更直接导致公司2006~2011年度报告信息披露存在虚假记载及重大遗漏，是一个比较典型的利用关联交易进行舞弊的案例。其是利用"空壳公司"SZ国际贸易有限公司以及表面毫无关联、实际由 X 公司前任销售负责人控制的 HK 国际贸易有限公司进行关联方之间的虚假交易，任意操作利润、成本长达 6 年之久。因此，审计人员应当充分了解被审计单位性质，如所有权结构以及所有者与其他人员或主体之间的关系，考虑关联方关系是否已经得到识别，以及关联方交易是否得到恰当核算；另外，2006年 X 公司为了可持续发展，面临制订开发新产品等计划，以及计划再融资的压力。因此，审计师在风险评估程序中，也要着重关注企业的发展战略及相关经营风险。

资料来源：根据《中国证监会行政处罚决定书》整理。

一、了解被审计单位及其环境的重要性

（1）确定重要性水平，并随着审计工作的进程评估对重要性水平的判断是否仍然适当。

（2）考虑会计政策的选择和运用是否恰当，以及财务报表的列报与披露是否适当。

（3）评价所获取审计证据的充分性和适当性。

（4）确定在实施分析性程序时所使用的预期值。

（5）设计和实施进一步审计程序，将审计风险降至可接受的低水平。

（6）识别需要特别考虑的领域，包括关联方交易、管理层运用持续经营假设的合理性，或交易是否具有合理的商业目的等。

二、了解被审计单位及其环境的内容

了解被审计单位及其环境对实施充分的审计非常关键，调查这些情况不仅可以使审计人员了解被审计单位经营背景、特点、特殊会计实务，还可以帮助审计人员有效评价重大错报风险，为编制审计计划奠定基础。

了解被审计单位及其环境主要包括以下几个方面。

（一）行业状况、法律与监管环境以及其他外部因素

（1）被审计单位的行业状况可以从竞争环境、供应商与客户关系及技术开放等方面进行了解。例如，所在行业的市场供求与竞争、生产经营的季节性和周期性、产品生产技术的变化、能源供求与成本以及行业的关键指标和统计数据等。

（2）法律和监管环境主要指适用于被审计单位的财务报告框架、法律和政治环境以及影响该行业或主体的管制环境。例如，使用的会计准则、会计制度和行业特定惯例、对经营活动产生重大影响的法律法规及监管活动、对开展业务产生重大影响的政府政策（货币、财政、税收和贸易等政策）、与被审计单位所处行业和所从事经营活动相关的环保要求等。

（二）被审计单位的性质

被审计单位的性质可以从所有权结构、治理结构、组织结构三个方面进行了解。

（1）所有权结构：应当了解所有权结构以及所有者与其他人员或主体之间的关系，考虑关联关系是否已经得到识别，以及关联方交易是否得到恰当核算（企业很可能通

过关联方之间的关联交易进行虚假交易，操纵利润）。

（2）治理结构：审计人员应当了解被审计单位的治理结构，考虑治理层是否能够在独立于管理层的情况下对被审计单位事务做出客观判断。

（3）组织结构：审计人员应当了解被审计单位的组织结构，考虑可能产生的财务报表合并、商誉摊销和减值、权益法运用以及特殊目的实体核算等问题。

同时，被审计单位的性质也可以从企业经营、投资、筹资活动中了解。

（1）经营活动：审计人员应当了解被审计单位主营业务的性质；与生产产品或提供劳务相关的市场信息；业务的开展情况；联合经营与业务外包等。

（2）投资活动：审计人员应当了解被审计单位近期拟实施或已实施的并购活动与资产处置情况；证券投资、委托贷款的发生与处置；资本性投资活动等。

（3）筹资活动：审计人员应当了解被审计单位的债务结构，包括债务协议、与债务相关的限制性条款、担保情况及资产负债表外融资；固定资产的租赁；关联方融资；出资人的情况和衍生金融工具的运用。

（三）被审计单位对会计政策的选择和运用

（1）重要项目的会计政策和行业惯例。

（2）重大和异常交易的会计核算方法。

（3）在缺乏权威性标准或共识的领域或新领域，采用重要会计政策产生的影响。

（4）被审计单位会计政策的变更。

（5）被审计单位何时采用以及如何采用新颁布的会计准则和相关会计制度。

（四）被审计单位的目标、战略及相关经营风险

审计人员应当了解被审计单位的目标和战略，以及可能导致财务报表重大错报的相关经营风险。经营风险源于对被审计单位实现目标和战略产生不利影响的重大情况、事项、环境和行动，或源于不恰当的目标和战略。由于多数经营风险最终都有财务后果，从而影响财务报表。审计人员应当根据被审计单位的具体情况考虑经营风险是否可能导致财务报表发生重大错报。经营风险可能存在于以下几种情况中。

（1）行业发展及其导致的被审计单位不具备应对行业变化的人力资源和业务专长的风险。

（2）开发新产品或提供新服务及其导致的被审计单位产品责任增加的风险。

（3）业务扩张及其导致的被审计单位对市场需求的估计不准确的风险。

（4）新颁布的会计法规及处理要求及其导致的被审计单位执行法规不当或不完整，或会计处理成本增加的风险。

（5）监管要求及其导致的被审计单位法律责任增加的风险。

（6）本期及未来的融资条件及其导致的被审计单位由于无法满足融资条件而失去融资机会的风险。

（7）信息技术的运用及其导致的被审计单位信息系统与业务流程难以融合的风险。

此外，小型被审计单位通常没有正式的计划和程序来确定其目标、战略并管理经营

风险。注册会计师应当询问管理层或观察小型被审计单位企业如何应对这些事项，以获取了解。

（五）被审计单位财务业绩的衡量和评价

可以通过关键业绩指标（财务的和非财务的）、业绩趋势、预测、预算和差异分析、管理层和员工业绩衡量与激励性报酬政策、分部信息与不同层次部门的业绩报告、与竞争对手的业绩比较以及外部机构发布的报告对被审计单位的财务业绩情况进行衡量与评价。

在评价过程中，审计人员应当关注被审计单位内部财务业绩衡量所显示的未预期到的结果或趋势、管理层的调查结果和纠正措施，以及相关信息是否显示财务报表可能存在重大错报。如果拟利用被审计单位内部信息系统生成的财务业绩衡量指标，审计师应当考虑相关信息是否可靠，以及利用这些信息是否足以实现审计目标。

（六）被审计单位的内部控制

对于被审计单位内部控制的了解非常重要，具体内容下一节单独进行介绍。

■ 第三节 了解被审计单位的内部控制

引例

"内控元年"的首份否定报告诞生

XH 医药集团有限责任公司（简称 XH 制药）位于中国东部，公司占地 300 多万平方米，截止到 2012 年有职工 5000 多人。该公司是我国重点骨干大型制药企业、亚洲最大的解热镇痛类药物生产与出口基地，在我国化工及医药行业具有较高的企业地位和影响力。公司是 H 股、A 股上市公司，是中国医药工业十佳技术创新企业。但 2012 年 3 月 23 日，XH 制药被 X 会计师事务所出具了否定意见的内部控制审计报告，并指出其原因是 XH 制药内部制度存在重大缺陷（重大缺陷是内部控制中存在的，可能导致不能及时防止或发现并纠正财务报表出现重大错报的一项控制缺陷或多项控制缺陷的组合）。报告指出，XH 制药的内部控制主要存在两大重要缺陷：①XH 制药内部控制制度并没有规定多头授信的情况，在实际执行中，山东 XH 医药贸易有限公司、XH 制药的下属子公司的三个部门分别向同一客户授信。②山东 XH 医药贸易有限公司对部分客户的授信超出了客户的注册资本，导致部分客户的授信额度过大，而且在公司中也存在没有授信就进行发货的情况。上述重大缺陷使得 XH 制药对山东 A 医药有限公司及其担保关系方形成大额应收款项 6073 万元。同时，因山东 A 医药有限公司经营出现异常，资金链断裂，可能使 XH 制药遭受较大经济损失。

注册会计师应当了解与审计相关的内部控制以识别潜在错报的类型，考虑导致重大错报风险的因素，以及设计和实施进一步审计程序的性质、时间和范围。

注册会计师审计并不需要了解被审计单位的所有内部控制，只需要了解与审计相关的、与企业财务报表有关的内部控制即可。风险导向审计下，每次审计都必须了解被审计单位内部控制；即使是对小企业进行审计，也需要了解其内部控制能否发挥作用。

资料来源：根据网络资料整理。

一、内部控制概念

内部控制是指经济单位和各个组织在经济活动中建立的一种相互制约的业务组织形式和职责分工制度。也就是由企业董事会、管理层和全体员工共同实施的，旨在合理保证实现企业基本目标的一系列控制活动。换言之，内部控制是一个单位为了实现其经营目标，保护资产的安全完整，保证会计信息资料的正确可靠，确保经营方针的贯彻执行，保证经营活动的经济性、效率性和效果性而在单位内部采取的自我调整、约束、规划、评价和控制的一系列方法、手续与措施的总称。

二、了解被审计单位的内部控制的程序

（1）询问被审计单位的有关人员：从高级到低级。

（2）观察特定控制的运行：一些没有留下书面证据的控制。例如，高管组织验收贵重存货。

（3）检查文件和报告：一些留下书面证据的控制。

三、了解被审计单位的内部控制的内容

1. 从整体与各个流程层面了解内部控制

首先，从整体层面了解并评价内部控制，即一些对被审计单位有普遍影响的控制，就是从内部控制五要素入手对被审计单位内部控制进行了解。

（1）了解控制环境：审计师应当了解控制环境。控制环境包括治理职能和管理职能，以及治理层和管理层对内部控制及其重要性的态度、认识和措施。在评价控制环境的设计和实施情况时，审计师应当了解管理层在治理层的监督下，是否营造并保持了诚实守信和合乎道德的文化，以及是否建立了防止或发现并纠正舞弊和错误的恰当控制。

（2）了解风险评估：风险评估过程的作用是识别、评估和管理影响其经营目标实现能力的各种风险。被审计单位的风险评估过程包括识别与财务报告相关的经营风险，以及针对这些风险采取的措施。审计师应当了解被审计单位的风险评估过程。如果管理层有效地评估和应对了风险，那么，审计师就可以因为控制风险较低而少收集一些审计证据（了解被审计单位的风险来源、识别经营风险、评价被审计单位风险评估过程的设计和运行等）。

（3）了解信息系统与沟通：信息系统与沟通是收集与交换被审计单位执行、管理和控制业务活动所需信息的过程，包括收集和提供信息（特别是为履行内部控制岗位职责所需的信息）给适当的人员，使之能够履行职责。信息系统与沟通的质量直接影响管理层对经营活动做出正确决策和编制可靠的财务报告的能力。审计师应当了解信息系统与沟通。

（4）了解控制活动：控制活动是指有助于确保管理层的指令得以执行的政策和程

序，包括与授权、业绩评价、信息处理、实物控制和职责分离等相关的活动。审计师应当了解控制活动，以适当评估认定层次的重大错报风险和针对评估的风险设计进一步的审计程序。

（5）了解对控制的监督：对控制的监督是指被审计单位评价内部控制在一段时间内运行有效性的过程，该过程包括及时评价控制的设计和运行，以及根据情况的变化采取必要的纠正措施。审计师应当了解被审计单位对与财务报告相关的内部控制的监督活动，并了解如何采取纠正措施。

在从整体层面了解内部控制后，对其进行评价。评价其内部控制设计是否合理、评价其是否真正执行、识别的缺陷是否属于重大缺陷（这里的重大缺陷是指审计发生了重大错报，但被审计单位内部控制没有发现）。

2. 在业务流程层面了解并评价内部控制

（1）确定重要业务流程和重要交易类别。

首先，确定是销售与收款循环、采购与付款循环、存货与生产循环和投资与筹资循环中的哪种业务循环；其次，确定是哪种重要交易类别（可能对被审计单位财务报表产生重大影响的各类交易），重要交易分为常规交易、非常规交易和判断事项。

（2）了解重要交易流程并记录：重要交易流程，即交易在自动化或人工系统中生成、处理、记录、报告的流程。

（3）确定可能发生错报的环节，即确定被审计单位应在哪些环节设置控制。

（4）识别和了解相关控制并记录：通过了解被审计单位及其环境、整体层面内部控制、重要业务流程，确定是否有必要了解在业务流程层面的控制；如果之前的了解显示控制无效或缺失，就没有进一步了解业务流程层面的控制的必要了；若控制是有效的，那么就应该将重点放在交易流程容易出现错报的环节；多项控制能实现同一目标，就不必了解与该目标相关的每项控制。[6]

（5）执行穿行测试：追踪交易在财务报告信息系统中的处理过程，选择具有代表性的一笔或几笔交易追踪其从发生到记账的整个流程，这是为了证实之前通过其他程序所获得的关于业务流程、交易流程和控制的信息（设计与执行）是否准确、完整。

执行穿行测试时用到的程序有以下三种：询问相关人员、检查相关文件、观察相关控制的执行。有一点值得注意，不打算对业务流程层面相关控制进行了解，仍要执行穿行测试，是为了验证之前对业务流程、交易流程及可能的错报环节的了解是否准确、完整。

（6）初步评价内部控制：注册会计师对控制的评价结论可能是所设计的控制单独执行或连同其他控制执行能够防止或发现并纠正重大错报；控制本身的设计是合理的，但没有得到执行；控制本身的设计就是无效的或缺乏必要的控制。

四、内部控制的局限性

（1）在决策时人为判断可能出现错误和由人为失误导致内部控制失效。

（2）可能由于两个或更多的人员进行串通或管理层凌驾于内部控制之上而被规避。

（3）如果被审计单位内部行使控制职能的人员素质不适应岗位要求，也会影响内部控制功能的正常发挥。

（4）被审计单位实施内部控制的成本效益问题也会影响其效能，当实施某项控制成本大于控制效果而发生损失时，就没有必要设置控制环节或控制措施。

（5）内部控制一般都是针对经常而重复发生的业务而设置的，如果出现不经常发生或未预计到的业务，原有控制可能不适用。

第四节 评估重大错报风险

引例

H公司财务造假——R会计师事务所

《中国证监会行政处罚决定书》中指出，R会计师事务所在对H公司2013年度、2014年度财务报表审计过程中未勤勉尽责，出具了存在虚假记载的审计报告。事务所存在的问题：第一，未能实施有效程序对公司舞弊风险进行识别，未直接与公司治理层沟通关于治理层了解公司是否存在舞弊及治理层如何监督管理层对舞弊风险的识别和应对过程等。R会计师事务所在2013年度和2014年度报告审计过程中，未直接与公司治理层沟通关于治理层了解公司是否存在舞弊及治理层如何监督管理层对舞弊风险的识别和应对过程等，而是分别询问H公司财务总监郭某红和发展部经理王某锋以履行这一询问程序。但根据H公司所公布的2013年度和2014年度报告，郭某红、王某锋并非公司治理层成员。因此R会计师事务所未与治理层进行沟通，无法了解在此过程中治理层所发挥的作用，可能导致会计师错误评估舞弊风险。第二，未对应收票据余额在审计基准日前后激增又剧减的重大异常情况保持必要的职业怀疑，未能及时识别财务报告的重大错报风险。H公司2013年应收票据期末余额为1 325 270 000元，占其2013年总资产的38.84%，具有重大性。相应票据于期前2013年11月、12月集中背书转入，并于期后2014年1月、2月集中背书转出，截至审计盘点日2014年3月7日，实存票据余额为零，具有异常性。H公司2014年应收票据期末余额为1 363 931 170元，占其2014年总资产的32.43%，具有重大性。相应票据于期前2014年11月、12月集中背书转入，并于期后2015年1月、2月、3月集中背书转出，截至审计盘点日2015年3月26日，实存票据余额为零，具有异常性。前述重大异常情况与2013年高度一致。

资料来源：根据《中国证监会行政处罚决定书》整理。

一、识别与评估重大错报风险的思路与方法

重大错报风险的评估过程是识别和评估财务报表层次以及各类交易、账户余额、列报与披露认定层次的重大错报风险的过程。重大错报风险的评估是以了解被审计单位及其环境（包括内部控制）为基础的。具体评估过程分为三步：首先，通过风险评估程序，了解被审计单位及其环境，目的是初步评估财务报表总体层次和认定层次的重大错报风险；其次，如果审计人员对认定层次重大错报风险的评估包含了预期控制运行是有效的，则必须执行控制测试，目的是测试内部控制在防止、发现和纠正认定层次重大错报方面的有效性，并据此进一步评估认定层次的重大错报风险，以支持初步评估结果；最后，实施实质性程序，目的是检查认定层次的重大错报风险。

（一）在了解被审计单位及其环境的整个过程中识别风险，并考虑各类交易、账户余额、列报

注册会计师应运用各种风险评估程序，在了解被审计单位及其环境的整个过程中识别风险，并将风险与各类交易、账户余额和列报相联系。例如，相关环境法规的实施需要更新设备，被审计单位可能面临原有设备闲置或贬值的风险；宏观经济的低迷可能预示应收账款的回收存在问题；竞争者开发的新产品上市，可能导致被审计单位的主要产品在短期内过时，预示将出现存货跌价和长期资产的减值。

（二）识别两个层次的重大错报风险

在对重大错报风险进行识别和评估后，注册会计师应当确定，识别的重大错报风险是与特定的某类交易、账户余额、列报的认定相关，还是与财务报表整体广泛相关，进而影响多项认定。

某些重大错报风险可能与特定的某类交易、账户余额、列报的认定相关。例如，审计单位存在复杂的联营或合资，这一事项表明长期股权投资账户的认定可能存在重大错报风险。又如，被审计单位存在重大的关联方交易，该事项表明关联方及关联方交易的披露认定可能存在重大错报风险。

某些重大错报风险可能与财务报表整体广泛相关，进而影响多项认定。例如，在经济不稳定的国家和地区开展业务、资产的流动性出现问题、重要客户流失、融资能力受到限制等可能导致注册会计师对被审计单位的持续经营能力产生重大疑虑，这些风险与财务报表整体相关。

（三）将识别的风险与认定层次可能发生错报的领域相联系

注册会计师应当将识别的风险与认定层次可能发生错报的领域相联系（交易、账户余额、列报）。例如，销售困难使产品的市场价格下降，可能导致年末存货减值而需要计提存货跌价准备，这显示存货的计价认定可能发生错报。

（四）考虑发生错报的可能性（包括发生多项错报的可能性），以及潜在错报的重大程度是否足以导致重大错报

风险是否重大是指风险造成后果的严重程度。例如，在销售困难使产品的市场价格下降的情况下，除考虑产品市场价格下降因素外，审计师还应当考虑产品市场价格下降的幅度、该产品在被审计单位产品中的比重等，以确定识别的风险对财务报表的影响是否重大。假如，产品市场价格大幅下降，导致产品销售收入不能抵偿成本，毛利率为负，那么年末存货跌价问题严重，存货计价认定发生错报的风险重大；假如，价格下降的产品在被审计单位销售收入中所占比例很小，被审计单位其他产品销售毛利率很高，尽管该产品的毛利率为负，但可能不会使年末存货发生重大跌价问题。

（五）汇总识别的重大错报

审计师应当考虑对识别的各类交易、账户余额和列报认定层次的重大错报风险予以汇总和评估，以确定进一步的审计程序的性质、时间和范围。这可以通过评估认定层次的重大错报风险汇总表（表 8-1）来完成。

表 8-1　认定层次的重大错报风险汇总表

重大账户	认定	识别的重大错报风险	风险评估结果
列示重大账户，如应收账款	列示相关的认定，如存在、完整、计价和分摊等	汇总实施审计程序识别出的与该重大账户的某项认定相关的重大错报风险	评估该项认定的重大错报风险水平（应考虑控制设计是否合理、是否得到有效执行）

二、可能表明被审计单位存在重大错报风险的事项和情况

（1）在经济不稳定的国家或地区开展业务。

（2）在高度波动的市场开展业务。

（3）在严厉、复杂的监管环境中开展业务。

（4）持续经营和资产流动性出现问题，包括重要客户流失。

（5）融资能力受到限制。

（6）行业环境发生变化。

（7）供应链发生变化。

（8）开发新产品或提供新服务，或进入新的业务领域。

（9）开辟新的经营场所。

（10）发生重大收购、重组或其他非经常性事项。

（11）拟出售分支机构或业务分部。

（12）复杂的联营或合资。

（13）运用表外融资、特殊目的实体以及其他复杂的融资协议。

（14）重大的关联方交易。

（15）缺乏具备适当会计核算与财务报告技能的人员。

（16）关键人员变动。

（17）内部控制薄弱。

（18）信息技术战略与经营战略不协调。

（19）信息技术环境发生变化。

（20）安装新的与财务报告有关的重大信息技术系统。

（21）经营活动或财务报告受到监管机构的调查。

（22）以往存在重大错报或本期期末出现重大会计调整。

（23）发生重大的非常规交易。

（24）按照管理层特定意图记录的交易。

（25）应用新颁布的会计准则或相关会计制度。

（26）会计计量过程复杂。

（27）事项或交易在计量时存在重大不确定性。

（28）存在未决诉讼和或有负债。

注册会计师应当充分关注可能表明被审计单位存在重大错报风险的上述事项和情况，并考虑由上述事项和情况导致的风险是否重大，以及该风险导致财务报表发生重大错报的可能性。

三、特别风险

作为风险评估的一部分，注册会计师应当运用职业判断，确定识别的风险哪些是特别风险。

在确定哪些风险是特别风险时，注册会计师应当在考虑识别出的控制对相关风险的抵销效果前，根据风险的性质、潜在错报的重要程度（该风险是否可能导致多项错报）和发生的可能性，判断风险是否属于特别风险。

（一）在确定风险的性质时，注册会计师应当考虑的事项

在确定风险的性质时，注册会计师应当考虑如下事项：①风险是否属于舞弊风险；②风险是否与近期经济环境、会计处理方法和其他方面的重大变化有关；③交易的复杂程度；④风险是否涉及重大的关联方交易；⑤财务信息计量的主观程度，特别是对不确定事项的计量存在较大区间；⑥风险是否涉及异常或超出正常经营过程的重大交易。

（二）非常规交易与判断事项导致的特别风险

一般来看，日常的、常规的交易不太容易产生特别风险，相对而言，特别风险更容易产生在非常规交易事项与判断事项。

非常规交易是指由于金额或性质异常而不经常发生的交易。例如，企业购并、债务重组、重大或有事项等。由于非常规交易中存在管理层更多地介入会计处理、数据收集和处理涉及更多的人工成分、复杂的计算或会计处理方法、非常规交易的性质可能使被审计单位难以对由此产生的特别风险实施有效控制等情况，所以，与重大非常规交易相关的特别风险可能导致更高的重大错报风险。

判断事项通常包括做出的会计估计。例如，资产减值准备金额的估计、需要运用复杂估值技术确定的公允价值计量等。由于下列原因，与重大判断事项相关的特别风险可能导致更高的重大错报风险：①对涉及会计估计、收入确认等方面的会计原则存在不同的理解；②所要求的判断可能是主观和复杂的，或需要对未来事项做出假设的。

（三）考虑与特别风险相关的控制

考虑与特别风险相关的控制，有助于注册会计师制订有效的审计方案予以应对。对特别风险，注册会计师应当评价相关控制的设计情况，并确定其是否已经得到执行。由于与重大非常规交易或判断事项相关的风险很少受到日常控制的约束，注册会计师应当了解被审计单位是否针对该特别风险设计和实施了控制。例如，做出会计估计所依据的

假设是否由管理层或专家进行复核，是否建立做出会计估计的正规程序，重大会计估计结果是否由治理层批准等。再如，管理层在收到重大诉讼事项的通知时采取何种措施，包括这类事项是否提交适当的专家（如内部或外部的法律顾问）处理、是否对该事项的潜在影响做出评估、是否确定该事项在财务报表中的披露以及如何确定等。

如果管理层未能实施控制以恰当应对特别风险，注册会计师应当认为内部控制存在重大缺陷，并考虑其对风险评估的影响。在此情况下，注册会计师应当考虑就此类事项与治理层沟通。

思维导图

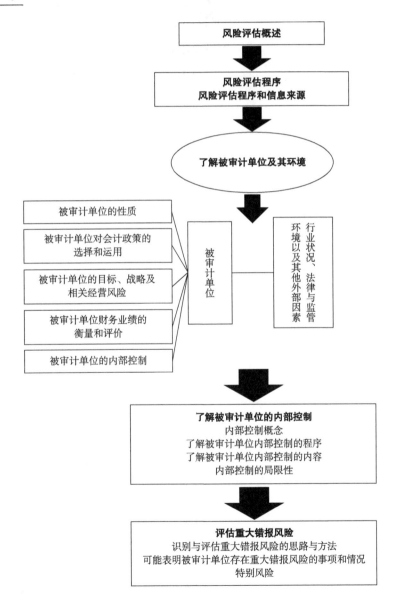

课后思考题

1. 风险评估的总体要求是什么？
2. 简述内部控制的目标和要素。
3. 如何理解被审计单位的性质？

第八章习题

第九章

风 险 应 对

通过执行风险评估程序识别和评估重大错报风险后，注册会计师应当根据识别与评估的结果，针对性地设计和实施应对重大错报风险的措施。

通过本章的学习，让学生掌握针对报表层次的重大错报风险和认定层次的重大错报风险的应对措施，明确进一步审计程序的含义、性质和范围及控制测试和实质性程序的性质、时间范围的决策。

第一节　针对财务报表层次的总体应对措施

引例

K 药业财务造假　百亿资金消失

2019 年 4 月 30 日，K 药业在披露其年报的同时，还发布了一份会计差错更正说明，近 300 亿元的货币资金被当成会计差错突然调减，与之相对应的调整账户包括营业收入以及应收账款、存货、在建工程等。K 药业的公告一出，引起了社会各界的密切关注。

2019 年 5 月 17 日，证监会经过细致调查后认定 K 药业年报存在重大虚假，同时对其审计的 Z 会计师事务所涉嫌未勤勉尽责展开立案调查。据调查，早在 2017 年，K 药业就曾因公司出现了货币资金过高、大股东股票质押比例过高以及存货双高等情况遭到质疑，并被怀疑存在财务造假。公司对此进行自查以及必要的核查后发现，2018 年之前，K 药业营业收入、营业成本、费用及款项收付方面存在账实不符的情况。

K 药业近 300 亿元货币资金"凭空消失"，暴露的不仅仅是上市公司本身存在的诸多问题，为其提供审计服务的 Z 会计师事务所同样值得关注。通过分析发现：Z 会计师事务所的审计失败，主要是由银行存款的函证程序不科学、有形资产监盘程序设计不合理、收入确认的审计程序失当，以及会计师事务所审计质量控制机制失灵等四个方面过失引起的。例如，注册会计师没有给予重大风险点应有的关注以及未执行进一步审计程序。K 药业的存货属于农林产品，本就存在盘点困难的特点，并且 K 药业的采购渠道是直接到中药材的产地，从农户或者药材生产商手中进行采购的。这样的交易方式多是现金交易及无票采购，就使得存货非常容易造假。然而，注册会计师并未对可能存在重大错报的地方给予充分的关注，执行相应的进一步审计程序。在 2018 年才对存货执行监盘、核查进销存货、聘请专家咨询等追溯调整程序。

在本案例中，缺少了对可能存在重大风险的科目执行进一步审计程序，这就导致了未发现财务舞弊的行为。因此，为了避免类似案例的发生，我们应该仔细了解风险应对的措施，防止类似悲剧的再次发生。

资料来源：根据网络资料整理。

一、财务报表层次重大错报风险的总体应对措施

（一）向项目组强调在收集和评价审计证据过程中保持职业怀疑态度的必要性

职业怀疑态度是指注册会计师以质疑的思维方式评价所获取审计证据的有效性，并对相互矛盾的审计证据，以及引起对文件记录或管理层和治理层提供的信息的可靠性产生怀疑的审计证据保持警觉。职业怀疑态度并不要求注册会计师假设管理层是不诚信的，但是注册会计师也不能假设管理层的诚信毫无疑问。职业怀疑态度要求注册会计师凭证据"说话"。

在整个审计过程中，职业怀疑态度十分必要。例如，它有助于降低注册会计师疏忽异常情况的风险，有助于降低注册会计师在确定审计程序的性质、时间、范围及评价由此得出的结论时采用错误假设的风险，有助于注册会计师避免根据有限的测试范围过度推断总体实际情况。

（二）分派更有经验或具有特殊技能的审计人员，或利用专家的工作

由于各行业在经营业务、经营风险、财务报告、法规要求等方面具有特殊性，审计人员的专业分工细化成为一种趋势。审计项目组成员中应有一定比例的人员曾经参与过被审计单位以前年度的审计，或具有被审计单位所处特定行业的相关审计经验。必要时，要考虑利用信息技术、税务、评估、精算师等方面的专家的工作。

（三）提供更多的督导

对于财务报表层次重大错报风险较高的审计项目，项目组的高级别成员如项目负责人、项目经理等经验较丰富的人员，要对其他成员提供更详细、更经常、更及时的指导和监督并加强项目质量复核。

（四）在选择进一步审计程序时，应注意使某些程序不被管理层预见或事先了解

被审计单位人员，尤其是管理层，如果熟悉注册会计师的审计套路，就可能采取种种规避手段，掩盖财务报告中的舞弊行为。因此，在设计拟实施审计程序的性质、时间和范围时，为了避免既定思维对审计方案的限制，避免对审计效果的人为干涉，从而使得针对重大错报风险的进一步审计程序更加有效，注册会计师要考虑使某些程序不被审计单位管理层预见或事先了解。

（五）对拟实施审计程序的性质、时间和范围做出总体修改

财务报表层次的重大错报风险很可能源于薄弱的控制环境。薄弱的控制环境带来的

风险可能对财务报表产生广泛影响，难以限于某类交易、账户余额、列报，注册会计师应当采取总体应对措施。注册会计师对控制环境的了解影响其对财务报表层次重大错报风险的评估。有效的控制环境可以使注册会计师增强对内部控制和被审计单位内部产生的证据的信赖程度。如果控制环境存在缺陷，注册会计师在对拟实施审计程序的性质、时间和范围做出总体修改时应当考虑如下内容。

（1）在期末而非期中实施更多的审计程序。控制环境的缺陷通常会削弱期中获得的审计证据的可信赖程度。

（2）主要依赖实质性程序获取审计证据。良好的控制环境是其他控制要素发挥作用的基础。控制环境存在缺陷通常会削弱其他控制要素的作用，导致注册会计师可能无法信赖内部控制，而主要依赖实施实质性程序获取审计证据。

（3）修改审计程序的性质，获取更具说服力的审计证据。修改审计程序的性质主要是指调整拟实施审计程序的类别及组合，比如，原先可能主要限于检查某项资产的账面记录或相关文件，而调整审计程序的性质后可能意味着更加重视实地检查该项资产。

（4）扩大审计程序的范围。例如，扩大样本规模，或采用更详细的数据实施分析程序。

二、增加审计程序不可预见性的方法

（一）提高审计程序不可预见性的原因

被审计单位人员（尤其是管理者）熟悉注册会计师的审计套路，可能采取种种规避手段，掩盖财务报告中的舞弊行为。因此在设计拟实施的审计程序的性质、时间和范围时，为了避免既定思维对审计方案的限制，避免对审计效果的人为干涉，注册会计师可以通过一定的方式提高审计程序的不可预见性。

（二）提高审计程序不可预见性的思路

（1）对某些以前未测试的低于设定的重要性水平或风险较小的账户余额和认定实施实质性程序。

（2）调整实施审计程序的时间，使其超出被审计单位的预期。

（3）采取不同的审计抽样方法，使当年抽取的测试样本与以前有所不同。

（4）选取不同的地点实施审计程序，或预先不告知被审计单位所选定的测试地点。

（三）提高审计程序不可预见性的实施要点

与被审计单位的高层管理人员事先沟通，要求实施具有不可预见性的审计程序，但不能告知其具体内容。

虽然对于不可预见性程度没有量化的规定，但审计项目组可根据对舞弊风险的评估等确定具有不可预见性的审计程序。

项目合伙人需要安排项目组成员有效地实施具有不可预见性的审计程序，但同时要避免使项目组成员处于困难境地。

三、总体应对措施对拟实施进一步审计程序的总体审计方案的影响

（一）总体应对措施产生影响的原因

总体财务报表层次重大错报风险难以限于某类交易、账户余额和披露的特点，意味着此类风险可能对财务报表的多项认定产生广泛影响，并相应增加注册会计师对认定层次重大错报风险的评估难度。因此，注册会计师评估的财务报表层次重大错报风险以及采取的总体应对措施，对拟实施进一步审计程序的总体审计方案具有重大影响。

（二）总体应对措施的类别

拟实施的进一步审计程序的总体审计方案包括实质性方案和综合性方案。其中，实质性方案是指注册会计师实施的进一步审计程序以实质性程序为主；综合性方案是指注册会计师在实施进一步审计程序时，将控制测试与实质性程序结合使用。

（三）总体应对措施的决策

当评估的财务报表层次重大错报风险属于高风险水平（并相应采取更强调审计程序不可预见性，重视调整审计程序的性质、时间和范围等总体应对措施）时，拟实施进一步审计程序的总体审计方案往往更倾向于实质性方案。注册会计师应根据对认定层次重大错报风险的评估结果，恰当选用实质性方案或综合性方案。进一步审计程序总体方案决策矩阵见表9-1。

表9-1　进一步审计程序总体方案决策矩阵

方案	成本效益原则	重大错报风险评估结果	控制初步评价结果
综合性方案（控制测试+实质性程序）	控制测试符合	认定层次重大错报风险低	控制设计合理且得到执行
实质性方案（实质性程序为主）	控制测试很可能不符合	1. 认定层次重大错报风险高 2. 财务报表层次重大错报风险高	1. 控制缺失或无效 2. 控制未得到执行

第二节　针对认定层次的进一步审计程序

引例

L 会计师事务所对 JY 科技财务报表审计失责

L 会计师事务所在对 JY 科技 2014 年度财务报表审计时，未勤勉尽责，出具了存在虚假记载的审计报告。具体不当行为包括销售与收款循环函证程序不当，未关注重大合同的异常情况。

1. 应收账款函证程序不当。L 会计师事务所未对存在不确定性的发函地址实施进一步审计程序，导致未能发现错误及不存在的发函地址，且审计工作底稿未记录发函和回函过程，现有证据无法证实其对函证保持控制；同时 L 会计师事务所未关注回函中的异

常情况，未正确填写被询证者地址，违反了《中国注册会计师审计准则第 1312 号——函证》第十四条的规定。

现有证据未能证实 L 会计师事务所针对未收到回函的客户实施了进一步替代程序，以证实应收账款是否真实存在，计价是否正确，违反了《中国注册会计师审计准则第 1312 号——函证》第十九条关于在未回函的情况下，注册会计师应当实施替代程序以获取相关、可靠的审计证据的规定。

2. 对重大合同的异常情况，未保持合理的职业怀疑。L 会计师事务所对 JY 科技 2014 年前 20 名大客户及金额较大合同进行查验，并在审计工作底稿中予以记录。经调查，其中 7 份合同存在异常情况，存在未签字盖章、两份合同编号相同等异常情况。审计人员未保持职业怀疑，未充分关注重大合同中的异常情况，未实施进一步审计程序。上述行为违反了《中国注册会计师审计准则第 1141 号——财务报表审计中与舞弊相关的责任》第十三条、第十四条的规定。

资料来源：根据《中国证监会行政处罚决定书》整理。

一、进一步审计程序的内涵和要求

（一）进一步审计程序的内涵

进一步审计程序是相对于风险评估程序而言的，是指注册会计师针对评估的各类交易、账户余额和披露的认定层次重大错报风险实施的审计程序，包括控制测试和实质性程序。

（二）设计和实施进一步审计程序的要求

注册会计师应当针对评估的认定层次重大错报风险，设计和实施进一步审计程序，进一步审计程序的性质、时间安排和范围应当与评估的认定层次重大错报风险具有明确的对应关系。

（三）在设计进一步审计程序时注册会计师应当考虑的因素

（1）风险的重要性。
（2）重大错报发生的可能性。
（3）涉及的各类交易、账户余额、列报的特征。
（4）被审计单位采用的特定控制的性质。
（5）注册会计师是否拟获取审计证据，以确定内部控制在防止或发现并纠正重大错报方面的有效性。

（四）设计和实施进一步审计程序时的特别考虑

（1）注册会计师应当根据对认定层次重大错报风险的评估结果，恰当选用实质性方案或综合性方案。无论选择何种方案，注册会计师都应当对所有重大的各类交易、账户余额、列报设计和实施实质性程序。

（2）小型被审计单位可能不存在能够被注册会计师识别的控制活动，注册会计师实施的进一步审计程序可能主要是实质性程序。在缺乏控制的情况下，注册会计师应当考虑仅通过实施实质性程序是否能够获取充分、适当的审计证据。

二、进一步审计程序的性质

进一步审计程序的性质是指进一步审计程序的目的和类型。其中，进一步审计程序的目的包括通过实施控制测试确定内部控制运行的有效性，通过实施实质性程序发现认定层次的重大错报。进一步审计程序的类型包括检查、观察、询问、函证、重新计算、重新执行和分析程序。

在应对评估的风险时，合理确定审计程序的性质是最重要的。这是因为不同的审计程序应对特定认定错报风险的效力是不同的。例如，对于与收入完整性认定相关的重大错报风险，控制测试通常更能有效应对；对于与收入发生认定相关的重大错报风险，实质性程序通常更能有效应对。再如，实施应收账款的函证程序可以为应收账款在某一时点存在的认定提供审计证据，但通常不能为应收账款的计价认定提供审计证据。对应收账款的计价认定，注册会计师通常需要实施其他更为有效的审计程序，如审查应收账款账龄和期后收款情况，了解欠款客户的信用情况等。

三、进一步审计程序的时间

进一步审计程序的时间是指注册会计师何时实施进一步审计程序，或审计证据适用的期间或时点。注册会计师可以在期中或期末实施控制测试或实质性程序。

（一）进一步审计程序时间安排的选择

注册会计师可以在期中或期末实施控制测试或实质性程序。进一步审计程序时间安排的选择见表9-2。

表9-2　进一步审计程序时间安排的选择

重大错报风险	性质	时间	范围
高	实质性方案	期末或接近期末； 采用不通知的方式； 在管理层不能预见的时间	较大样本、较多证据
中	实质性方案或综合性方案	期中	适中样本、适量证据； 获取这些控制在剩余期间变化情况的审计证据； 确定针对剩余期间还需获取的补充审计证据
低	综合性方案	期中或期末	较小样本、较少证据，针对剩余期间获取证据

（二）进一步审计程序时间选择的特别注意

（1）当重大错报风险较高时，注册会计师应当考虑在期末或接近期末实施实质性程序；或采用不通知的方式，或在管理层不能预见的时间实施审计程序。

（2）只能在期末或期末以后实施的审计程序分为：将财务报表与会计记录相核对

和检查财务报表编制过程中所做的会计调整。

（3）如果被审计单位在期末或接近期末发生了重大交易，或重大交易在期末尚未完成，注册会计师应当考虑交易的发生或截止等认定可能存在的重大错报风险，并在期末或期末以后检查此类交易。

四、进一步审计程序的范围

（一）含义

进一步审计程序的范围是指实施进一步审计程序的数量，包括抽取的样本量、对某项控制活动的观察次数等。

（二）确定审计程序范围时需考虑的因素

在确定审计程序范围时，注册会计师应当考虑确定的重要性水平、评估的重大错报风险、计划取得的保证程度、可容忍错报、重大错报风险的增加及计算机辅助审计技术。其中，确定重要性水平与审计范围为反向变动，相关评估的重大错报风险和计划获取的保证程度与进一步审计程序的范围为正向变动。注册会计师可以使用计算机辅助审计技术对电子化的交易和账户文档进行更广泛的测试，包括从主要电子文档中选取交易样本，或按照某一特征对交易进行分类，或对总体而非样本进行测试。

一般来说，注册会计师使用恰当的抽样方法通常可以得出有效结论，但如果存在下列情况，注册会计师依据样本得出的结论与对总体实施同样的审计程序得出的结论可能不同，从而出现不可接受的风险：从总体中选择的样本量过小；选择的抽样方法对实现特定目标不适当；未对发现的例外事项进行恰当的追查等。我们通常将不同审计程序的综合运用视为审计程序性质的选择，注册会计师在综合使用不同审计程序时还应当考虑测试的范围是否适当。

■ 第三节　控制测试

引例

内控失效　ZG 控股出错

2019 年 12 月 3 日，ZG 控股股份有限公司（简称 ZG 控股）收到青海证监局《行政处罚决定书》，ZG 控股存在的违法事项包括：虚增营业收入和营业利润、虚增应收账款和预付账款、隐报大股东占用上市公司巨额资金这三项违规事项。

其中，关于虚增营业收入和营业利润，青海证监局认定 ZG 控股通过开展虚假贸易业务的方式，在 2017 年和 2018 年分别虚增利润总额 1.28 亿元和 4.77 亿元，导致该公司披露的《2017 年年度报告》《2018 年半年度报告》《2018 年年度报告》存在虚假记载。

关于虚增应收账款和预付账款，青海证监局认定 ZG 控股通过开展虚假贸易业务的方式，在 2017 年、2018 年分别虚增预付账款 2.41 亿元、2.81 亿元，也就是相当于虚增了同等数量的资产。

关于控股股东违规占用上市公司资金问题，青海证监局认定，2018 年 1 月至 2019 年 4 月，ZG 控股股东西藏 ZG 创业投资集团有限公司及其关联方利用虚假贸易业务预付账款、钾肥销售业务应收账款非经营性占用 ZG 控股资金共计 22.14 亿元。截至 2019 年 6 月 30 日，占用资金余额为 21.63 亿元。ZG 控股未按规定及时披露上述事项，也未在《2018 年半年度报告》《2018 年年度报告》中予以披露。

设想一下，如果公司的内部控制完善健全，开展虚假贸易业务的财务造假从一开始就被发现端倪。但 ZG 控股的控股股东和财务人员却利用与关联方的虚假交易欺骗了注册会计师、其他中小股东、广大投资人，最终受到了青海证监局的严厉处罚，不仅企业口碑受到打击，继续经营也遇到困难。因此，控制测试不仅对于注册会计师出具的审计报告有着十分重要的意义，也对企业的可持续发展、良好的营商环境有着不可低估的作用。

资料来源：根据网络资料整理。

一、控制测试的含义、目的和要求

（一）控制测试的含义

控制测试，是指用于评价内部控制在防止或发现并纠正认定层次重大错报方面的运行有效性的审计程序。

（二）控制测试的目的

注册会计师从下列方面获取关于控制是否有效运行的审计证据。
（1）控制在所审计期间的相关时点是如何运行的。
（2）控制是否得到一贯执行。
（3）控制由谁或以何种方式执行。

（三）控制测试的要求

作为进一步审计程序的类型之一，控制测试并非在任何情况下都需要实施。当存在下列情形之一时，注册会计师应当实施控制测试：①在评估认定层次重大错报风险时，预期控制的运行是有效的；②仅实施实质性程序并不能够提供认定层次充分、适当的审计证据。

如果在评估认定层次重大错报风险时预期控制的运行是有效的，注册会计师应当实施控制测试，就控制在相关期间或时点的运行有效性获取充分、适当的审计证据。

注册会计师通过实施风险评估程序，可能发现某项控制的设计是存在的，也是合理的，同时得到了执行。在这种情况下，出于成本效益的考虑，注册会计师可能预期，如果相关控制在不同时点都得到了一贯执行，与该项控制有关的财务报表认定发生重大错报的可能性就不会很大，也就不需要实施很多的实质性程序。为此，注册会计师可能会认为值得对相关控制在不同时点是否得到了一贯执行进行测试，即实施控制测试。这种测试主要是出于成本效益的考虑，其前提是注册会计师通过了解内部控制以后认为某项控制存在被信赖和利用的可能。因此，只有认为控制设计合理、能够防止或发现并纠正认定层次的重大错报，注册会计师才有必要对控制运行的有效性实施测试。

如果认为仅通过实施实质性程序无法获取认定层次的充分、适当的审计证据，注册会计师应当实施相关的控制测试，以获取控制运行有效性的审计证据。

二、控制测试的性质

（一）控制测试性质的含义

（1）控制测试的性质，是指控制测试所使用的审计程序的类型及其组合。

（2）控制测试所采用的审计程序的类型包括询问、观察、检查和重新执行。

注册会计师应当根据职业判断合理选择控制测试的程序，需要注意：询问本身并不足以测试控制运行的有效性；观察提供的证据仅限于观察发生的时点，在不观察时可能未被执行，观察适宜于证实某些时点上控制运行的有效性。

（二）确定控制测试的性质时的要求

1. 考虑特定控制的性质

注册会计师应当根据特定控制的性质选择所需实施审计程序的类型。例如，某些控制可能存在反映控制运行有效性的文件记录，在这种情况下，注册会计师可以检查这些文件记录以获取控制运行有效的审计证据。例如，某些控制可能不存在文件记录（如一项自动化的控制活动），或文件记录与能否证实控制运行有效性不相关，注册会计师应当考虑实施检查以外的其他审计程序（如询问和观察）或借助计算机辅助审计技术，以获取有关控制运行有效性的审计证据。

2. 考虑测试与认定直接相关和间接相关的控制

在设计控制测试时，注册会计师不仅应当考虑与认定直接相关的控制，还应当考虑这些控制所依赖的与认定间接相关的控制，以获取支持控制运行有效性的审计证据。例如，被审计单位可能针对超出信用额度的例外赊销交易设置报告和审核制度（与认定直接相关的控制）。在测试该项制度的运行有效性时，注册会计师不仅应当考虑审核的有效性，还应当考虑与例外赊销报告中信息准确性有关的控制（与认定间接相关的控制）是否有效运行。

3. 如何对一项自动化应用控制实施控制测试

对于一项自动化的应用控制，由于信息技术处理过程的内在一贯性，注册会计师可以利用该项控制得以执行的审计证据和信息技术一般控制（特别是对系统变动的控制）运行有效性的审计证据，作为支持该项控制在相关期间运行有效性的重要审计证据。

控制测试使用的程序类型及举例见表9-3。

表 9-3   控制测试使用的程序类型及举例

程序类型	程序实施	举例
询问	向被审计单位适当员工询问，获取与控制运行情况相关的信息	询问信息系统管理人员有无未经授权而接触计算机硬件和软件；向负责复核银行存款余额调节表的人员询问如何进行复核，包括复核的要点是什么，发现不符事项如何处理；向开票人员询问如何防止虚开发票
观察	测试不留下书面记录的控制的运行情况，观察往往是有效的方法	贵重的大宗货物的验收入库等必须有采购部门负责人、仓库负责人、财会部门负责人在场的控制，往往不会有文件记录——询问并实地观察，来判断控制是否得到有效遵守；观察职责分离是否严格执行；观察也可用于测试财产保护控制，如观察仓库门是否锁好，空白支票是否妥善保管
检查	对运行情况留有书面记录的控制，检查非常适用	检查赊销的批准文件，以确定其是否经过适当的授权批准；检查销售发票是否有复核人员签字；检查销售发票是否附有顾客订单和出库单等
重新执行	询问、观察和检查程序无法获得充分的证据时——重新执行来证实控制是否有效运行	销售交易准确性认定——控制：由复核人员核对销售发票上的价格与商品价目表上的价格是否一致。检查复核人员是否在相关文件上签字是不够的，注册会计师还需要抽取一部分销售发票进行核对——重新执行

三、控制测试的时间安排

（一）控制测试的时间

控制测试的时间包含两层含义：一是何时实施控制测试；二是测试所针对的控制适用的时点或期间。如果测试特定时点的控制，注册会计师仅得到该时点控制运行有效性的审计证据；如果测试某一期间的控制，注册会计师可获取控制在该期间有效运行的审计证据。因此，注册会计师应当根据控制测试的目的确定控制测试的时间，并确定拟信赖的相关控制的时点或期间。

（二）剩余期间获取内部控制补充证据时应当考虑的因素

（1）评估的认定层次重大错报风险的重要程度。评估的重大错报风险对财务报表的影响越大，注册会计师需要获取的剩余期间的补充证据越多。

（2）在期中测试的特定控制，以及自期中测试后发生的重大变动。

（3）在期中对有关控制运行有效性获取的审计证据的充分程度。如果注册会计师在期中对有关控制运行有效性获取的审计证据比较充分，可以考虑适当减少需要获取的剩余期间的补充证据。

（4）剩余期间的长度。剩余期间越长，注册会计师需要获取的剩余期间的补充证据越多。

（5）在信赖控制的基础上拟缩小实质性程序的范围。注册会计师对相关控制的信赖程度越高，需要获取的剩余期间的补充证据越多。

（6）控制环境。在注册会计师总体上拟信赖控制的前提下，控制环境越薄弱，注册会计师需要获取的剩余期间的补充证据越多。

审计期间测试某项控制的决策过程如图 9-1 所示。

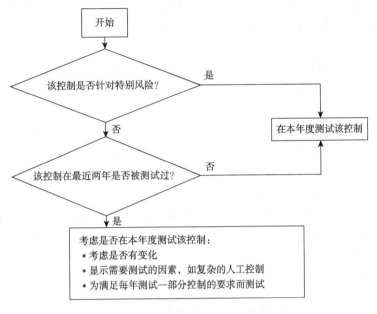

图 9-1 审计期间测试某项控制的决策过程

（三）确定是否利用以前审计获取的有关控制运行有效性的审计证据及再测试的时间间隔时应当考虑的因素

（1）内部控制其他要素的有效性。

（2）控制特征（是人工控制还是自动化控制）产生的风险。

（3）信息技术一般控制的有效性。

（4）影响内部控制的重大人事变动。

（5）由环境发生变化而特定控制缺乏相应变化导致的风险。

（6）重大错报的风险和对控制的信赖程度。

四、控制测试的范围

（一）影响控制测试范围的因素

对于控制测试的范围，其含义主要是指某项控制活动的测试次数。注册会计师应当设计控制测试，以获取控制在整个拟信赖的期间有效运行的充分、适当的审计证据。当针对控制运行的有效性需要获取更具说服力的审计证据时，可能需要扩大控制测试的范围。在确定控制测试的范围时，除考虑对控制的信赖程度外，注册会计师还可能考虑以下因素。

（1）在拟信赖期间，被审计单位执行控制的频率。控制执行的频率越高，控制测试的范围越大。

（2）在所审计期间，注册会计师拟信赖控制运行有效性的时间长度。拟信赖控制运行有效性的时间长度不同，在该时间长度内发生的控制活动次数也不同。注册会计师需要根据拟信赖控制的时间长度确定控制测试的范围。拟信赖期间越长，控制测试的范围越大。

（3）控制的预期偏差。预期偏差可以用控制未得到执行的预期次数占控制应当得到执行次数的比率加以衡量（也可称为预期偏差率）。考虑该因素，是因为在考虑测试结果是否可以得出控制运行有效性的结论时，不可能只要出现任何控制执行偏差就认定控制运行无效，所以需要确定一个合理水平的预期偏差率。控制的预期偏差率越高，需要实施控制测试的范围越大。如果控制的预期偏差率过高，注册会计师应当考虑控制可能不足以将认定层次的重大错报风险降至可接受的低水平，从而认为针对某一认定实施的控制测试可能是无效的。

（4）通过测试与认定相关的其他控制获取的审计证据的范围。针对同一认定，可能存在不同的控制。当针对其他控制获取审计证据的充分性和适当性较高时，测试该控制的范围可适当缩小。

（5）拟获取的有关认定层次控制运行有效性的审计证据的相关性和可靠性。

（二）对自动化控制的测试范围的特别考虑

（1）信息技术处理具有内在一贯性，除非系统发生变动，一项自动化应用控制应当一贯运行。

（2）对于一项自动化应用控制，一旦确定被审计单位正在执行该控制，注册会计师通常无须扩大控制测试的范围，但需要考虑执行下列测试以确定该控制持续有效运行：测试与该应用控制有关的一般控制的运行有效性；确定系统是否发生变动，如果发生变动，是否存在适当的系统变动控制；确定对交易的处理是否使用授权批准的软件版本。

第四节　实质性程序

引例

虚增利润虚假销售　实质性程序来帮忙

A股史上最大利润造假案之一：K公司2015年虚增利润总额23.81亿元，占年报披露利润总额的144.65%。2016年虚增利润总额30.89亿元，占年报披露利润总额的134.19%。2017年虚增利润总额39.74亿元，占年报披露利润总额的136.47%。2018年虚增利润总额23.81亿元，占年报披露利润总额的722.16%，合计四年虚增利润近119亿元。公司股票自2019年7月8日起，一直处于停牌状态。截至2019年12月31日，K公司市值仅剩125亿元，较上年末270.53亿元市值缩水逾5成。至今K公司仍坚称截至2018年底账上有着150亿元的现金。然而令人惊讶的是，这150亿元现金中存放于北京银行西单支行的122亿元的巨款,R会计师事务所无法确认它们的存在。

经调查表明,K公司财务造假的主要手段是虚构客户、虚构外销业务链、虚增营业收入等。例如,光学膜一直是K公司的重要业务,根据2017年年报,光学膜业务为K公司贡献了98.31亿元营收,占总营收的83.39%。2018年年报显示,光学膜营收为77.97亿元,同比减少20.69%,但占总营收的85.21%。K公司在账面虚增业务收入,从而虚构利润,将生产的货物亏本送人,报关运到海外处理。

而在审计过程中,多年审计K公司的R会计师事务所并未发现其资金池业务协议对银行存款实际余额的影响,未发现企业的系统性财务舞弊。另外,在风险评估阶段,会计师还存在风险评估不到位的问题,未能充分识别违规占资的舞弊风险等一系列问题。对此,我们可以深入思考,做好进一步延伸审计程序来防范系统性财务造假的重大意义。

资料来源:根据网络资料整理。

一、实质性程序的内涵和要求

实质性程序是指注册会计师针对评估的重大错报风险实施的直接用以发现认定层次重大错报的审计程序。实质性程序包括对各类交易、账户余额和列报的细节测试以及实质性分析程序。

注册会计师实施的实质性程序应当遵循以下要求:将财务报表与其所依据的会计记录相核对;检查财务报表编制过程中做出的重大会计分录和其他会计调整。注册会计师对会计分录和其他会计调整检查的性质和范围,取决于被审计单位财务报告过程的性质和复杂程度以及由此产生的重大错报风险。

由于注册会计师对重大错报风险的评估是一种判断,可能无法充分识别所有的重大错报风险,并且由于内部控制存在固有局限性,无论评估的重大错报风险结果如何,注册会计师都应当针对所有重大的各类交易、账户余额和列报实施实质性程序。这一要求反映出审计人员的风险评估结果是判断性的,而且不是十分准确地识别出所有重大错报风险这一事实。而且,内部控制存在包括可能被管理当局逾越在内的固有局限性。

二、实质性程序的性质

实质性程序的性质是指实质性程序的类型及其组合。实质性程序的两种基本类型包括细节测试和实质性分析程序。

细节测试是对各类交易、账户余额、列报的具体细节进行测试,目的在于直接识别财务报表认定是否存在错报。细节测试适用于对各类交易、账户余额、列报认定的测试,尤其是对存在或发生、计价认定的测试。注册会计师应当针对评估的风险设计细节测试,获取充分、适当的审计证据,以达到认定层次所计划的保证水平。例如,在针对存在或发生认定设计细节测试时,注册会计师应当选择包含在财务报表金额中的项目,并获取相关审计证据;又如,在针对完整性认定设计细节测试时,注册会计师应当选择有证据表明应包含在财务报表金额中的项目,并调查这些项目是否确实包括在内；再如，为应对被审计单位漏记本期应付账款的风险，注册会计师可以检查期后付款记录。

实质性分析程序从技术特征上仍然是分析程序，主要是通过研究数据间的关系评价信息，只是将该技术方法用作实质性程序，即用以识别各类交易、账户余额、列报及相关认定是否存在错报。对于实质性分析程序而言，在一段时期内存在可预期关系的大量交易，注册会计师可以考虑实施实质性分析程序。在设计实质性分析程序时，注册会计师应当考虑下列因素：对特定认定使用实质性分析程序的适当性；对已记录的金额或比率做出预期时，所依据的内部或外部数据的可靠性；做出预期的准确程度是否足以在计划的保证水平上识别重大错报；已记录金额与预期值之间可接受的差异额。当实施实质性分析程序时，如果使用被审计单位编制的信息，注册会计师应当考虑测试与信息编制相关的控制，以及这些信息是否在本期或前期经过审计。

三、实质性程序的时间

实质性程序的时间选择与控制测试的时间选择有共同点，也有很大差异。共同点在于：两类程序都面临着对期中审计证据和对以前审计获取的审计证据的考虑。两者的差异在于：在控制测试中，期中实施控制测试并获取期中关于控制运行有效性审计证据的做法更具有一种常态；而由于实质性程序的目的在于更直接地发现重大错报，在期中实施实质性程序时更需要考虑其成本效益的权衡；在本期控制测试中拟信赖以前审计获取的有关控制运行有效性的审计证据，已经受到了很大的限制；而对于以前审计中通过实质性程序获取的审计证据，则采取了更加慎重的态度和更严格的限制。

（一）如何考虑是否在期中实施实质性程序

如前所述，在期中实施实质性程序，一方面消耗了审计资源；另一方面，期中实施实质性程序获取的审计证据又不能直接作为期末财务报表认定的审计证据，注册会计师仍然需要消耗进一步的审计资源使期中审计证据能够合理延伸至期末。于是这两个部分审计资源的总和是否能够显著小于完全在期末实施实质性程序所需消耗的审计资源，是注册会计师需要权衡的。因此，注册会计师在考虑是否在期中实施实质性程序时应当考虑以下因素。

（1）控制环境和其他相关的控制。控制环境和其他相关的控制越薄弱，注册会计师越不宜依赖期中实施的实质性程序。

（2）实施审计程序所需信息在期中之后的可获得性。如果实施实质性程序所需信息在期中之后可能难以获取（如系统变动导致某类交易记录难以获取），则注册会计师应考虑在期中实施实质性程序；但如果实施实质性程序所需信息在期中之后的可获得性并不存在明显困难，则该因素不应成为注册会计师在期中实施实质性程序的重要影响因素。

（3）实质性程序的目标。如果针对某项认定实施实质性程序的目标就包括获取该认定的期中审计证据（从而与期末比较），注册会计师就应在期中实施实质性程序。

（4）评估的重大错报风险。注册会计师评估的某项认定的重大错报风险越高，针对该认定所需获取的审计证据的相关性和可靠性要求也就越高，注册会计师应当考虑将实质性程序集中于期末（或接近期末）实施。

（5）各类交易或账户余额以及相关认定的性质。例如，某些交易或账户余额以及相关认定的特殊性质（如收入截止认定、未决诉讼）决定了注册会计师必须在期末（或接近期末）实施实质性程序。

（6）针对剩余期间，能否通过实施实质性程序或将实质性程序与控制测试相结合，降低期末存在错报而未被发现的风险。如果针对剩余期间注册会计师可以通过实施实质性程序或将实质性程序与控制测试相结合，较有把握地降低期末存在错报而未被发现的风险（如注册会计师在10月实施预审时考虑是否使用一定的审计资源实施实质性程序，从而形成的剩余期间不是很长），注册会计师就可以考虑在期中实施实质性程序；但如果针对剩余期间注册会计师认为还需要消耗大量审计资源才有可能降低期末存在错报而未被发现的风险，甚至没有把握通过适当的进一步审计程序降低期末存在错报而未被发现的风险（如被审计单位于8月发生管理层变更，注册会计师接受后任管理层邀请实施预审时，考虑是否使用一定的审计资源实施实质性程序），注册会计师就不宜在期中实施实质性程序。

（二）如何考虑期中审计证据

如果在期中实施了实质性程序，注册会计师就应当针对剩余期间实施进一步的实质性程序，或将实质性程序和控制测试结合使用，以将期中测试得出的结论合理延伸至期末。在考虑如何将期中实施的实质性程序得出的结论合理延伸至期末时，注册会计师有两种选择：其一是针对剩余期间实施进一步的实质性程序；其二是将实质性程序和控制测试结合使用。

如果拟将期中测试得出的结论延伸至期末，注册会计师就应当考虑针对剩余期间仅实施实质性程序是否足够。如果认为实施实质性程序本身不充分，则注册会计师还应测试剩余期间相关控制运行的有效性或针对期末实施实质性程序。

对于舞弊导致的重大错报风险（作为一类重要的特别风险），被审计单位存在故意错报或操纵的可能性，那么注册会计师更应慎重考虑能否将期中测试得出的结论延伸至期末。因此，如果已识别出由舞弊导致的重大错报风险，为将期中得出的结论延伸至期末而实施的审计程序通常是无效的，注册会计师应当考虑在期末或者接近期末实施实质性程序。

（三）如何考虑以前审计获取的审计证据

在以前审计中实施实质性程序获取的审计证据，通常对本期只有很弱的证据效力或没有证据效力，不足以应对本期的重大错报风险。只有当以前获取的审计证据及其相关事项未发生重大变动时，以前获取的审计证据才可能用作本期的有效审计证据。但即便如此，如果拟利用以前审计中实施实质性程序获取的审计证据，注册会计师应当在本期实施审计程序，以确定这些审计证据是否具有持续相关性。

四、实质性程序的范围

（一）确定实质性程序的范围时应当考虑的因素

注册会计师应当考虑评估的认定层次重大错报风险和实施控制测试的结果。

（1）评估的认定层次的重大错报风险越高，需要实施实质性程序的范围越广。认定层次重大错报风险与实质性程序范围的关系见表 9-4。

表 9-4   认定层次重大错报风险与实质性程序范围的关系

项目	影响分析	
认定层次的重大错报风险	高	低
实质性程序的范围	广	窄

（2）对控制测试的结果不满意，注册会计师很可能需要考虑扩大实施实质性程序的范围。对控制测试结果的满意度与实施实质性程序的范围的关系见表 9-5。

表 9-5   对控制测试结果的满意度与实施实质性程序的范围的关系

项目	影响分析	
对控制测试结果的满意度	高	低
实施实质性程序的范围	考虑减小	考虑扩大

（二）确定细节测试的范围时应当考虑的因素

在设计细节测试时，注册会计师除了从样本量的角度考虑测试范围外，还要考虑选样方法的有效性等因素。如果不考虑成本效益的问题，那么审计人员只有在获取了最充分适当的审计证据后才能发表审计意见。但是，如果为了实现某个具体审计目标有多种可选审计方案，审计人员将选择成本较低的方案。例如，为了确定被审计单位委托他人保管的有价证券确实存在而且所有权归属于被审计单位，一方面，审计人员可以亲自前往存放地点进行核查；另一方面，审计人员也可以通过向证券管理人员进行函证来有效确认证券的存在和所有权。很显然，后一种方案更经济，而且可以达到相同的审计目标。所以，除非有明显迹象表明证券管理人员和被审计单位存在串通舞弊的可能，否则审计人员将选择成本最低的那个方案。

（三）确定实质性分析程序的范围时，对于可接受检查风险的考虑

在设计和实施实质性分析程序时，注册会计师应当确定已记录金额与预期值之间可接受的差异额，成本效益原则的考虑会影响实质性程序的范围。一般而言，审计人员根据可接受的检查风险的水平确定所需要获取的审计证据和实质性程序的范围。可接受的风险水平高，审计人员可以获取相对较少的审计证据，实质性程序的范围也相对较小；反之，则要获取较多的审计证据，并实施较大范围的实质性程序。但是，无论如何，成本效益的原则不能成为审计人员无法获取充分适当审计证据的理由。如上所述，审计人员实施的实质

性程序的性质、时间和范围的确定，最终取决于根据重大错报风险所确定的可接受的检查风险。可接受的检查风险与实质性程序的性质、时间和范围的关系见表9-6。

表 9-6 可接受的检查风险与实质性程序的性质、时间和范围的关系

可接受的检查风险	性质	时间	范围
高	分析性测试和交易测试为主，辅以列报与披露测试	期中审计为主	较少样本、较少证据
中	分析性测试、交易测试和余额测试结合运用，辅以列报与披露测试	期中审计、期末审计和期后审计结合运用	适中样本、适量证据
低	余额测试为主，辅以列报与披露测试	期末审计和期后审计为主	较大样本、较多证据

思维导图

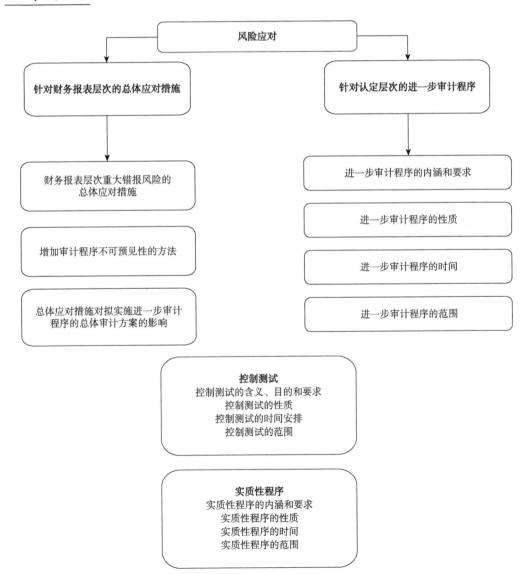

课后思考题

1. 简述控制测试和实质性程序的选择决策。
2. 简述实质性分析程序的步骤。
3. 财务报表层次的总体应对措施包括哪些？

第九章习题

第十章

审 计 抽 样

在现实社会经济生活中,企业规模的扩大和经营复杂程度的不断上升,使注册会计师对每一笔交易进行检查变得既不可行,也没有必要。为了在合理的时间内以合理的成本完成审计工作,审计抽样应运而生。审计抽样旨在帮助注册会计师确定实施审计程序的范围,以获取充分、适当的审计证据,得出合理的结论,作为形成审计意见的基础。

通过对本章内容的学习,应该能够理解并掌握审计抽样的含义及审计抽样的分类。理解并掌握抽样风险的含义、种类及其与样本量之间的关系。理解样本规模的影响因素并掌握选取样本的方法。了解审计抽样技术在控制测试及实质性程序中的应用。

第一节　审计抽样概述

引例

审计抽样应运而生

A 会计师事务所接受 C 公司的委托对其 2015 年度的财务报表进行审计。审计助理小王在对存货项目进行审计时发现,C 公司的经营范围广泛,其业务总体规模数量达 1000 多个,存货项目账面金额达 1 亿多元。要对存货的每个项目进行审查是不可能的,因此必须运用抽样技术对审计项目进行筛选样本。当小王决定对 C 公司的存货项目进行抽样时,他发现自己面临一系列问题:①应当采用哪种抽样方法,是统计抽样还是非统计抽样? ②应当采用哪种方式进行抽样,是随机抽样、系统抽样还是其他? ③抽样结束以后,如何根据样本结果来推导总体的结果? 又怎样确定总体中是否存在重要的错报呢? ④确定了抽样的方式后,如何确定样本的规模? 你能帮小王回答这些问题吗?

在上述引例中,随着现代企业规模的不断扩大,企业经营也日益复杂,是否需要以及能否对每一笔交易和事项进行检查成为眼下最关键的问题。注册会计师在进行审计的过程中不可能也没必要对每一笔交易和事项进行检查,于是审计抽样应运而生。在审计抽样的帮助下,审计人员能以更合理的成本、更有效率地实施审计程序、获取审计证据。本节主要介绍审计抽样的含义及分类。

一、审计抽样的含义

审计抽样是指注册会计师对具有审计相关性的总体中低于百分之百的项目实施审

计程序，使所有抽样单元都有被选取的机会，为注册会计师针对整个总体得出结论提供合理基础。审计抽样具有以下三个基本特征：①对具有审计相关性的总体中低于百分之百的项目实施审计程序；②所有抽样单元都有被选取的机会；③审计测试的目的是评价该账户余额或交易类型的某一特征。审计抽样使注册会计师能够获取和评价与被选取项目的某些特征有关的审计证据，以形成或帮助形成对从中抽取样本的总体的结论。在这里，总体是指注册会计师从中选取样本并期望据此得出结论的整个数据集合。总体可分为多个层或子总体，每一层或子总体予以分别检查。抽样单元是指构成总体的个体项目。在审计流程中，运行留下轨迹的控制测试和实质性程序中的细节测试适合审计抽样。

二、审计抽样的分类

审计抽样的种类很多，其常用的分类方法是：按抽样决策的依据不同，将审计抽样划分为统计抽样和非统计抽样；按审计抽样所了解的总体特征的不同，将审计抽样划分为属性抽样和变量抽样；按审计抽样的风险不同，将审计抽样划分为抽样风险和非抽样风险。

（一）统计抽样与非统计抽样

统计抽样指审计人员在计算正式抽样结果时采用统计推断技术的一种抽样方法。非统计抽样则不同，审计人员全凭主观判断和个人经验来评价样本结果，并对总体做出结论。采用非统计抽样不能量化抽样风险，这是它与统计抽样的最根本的区别。

审计人员执行审计抽样既可以用统计抽样，也可以用非统计抽样，还可以结合使用这两种抽样技术。不管采用何种抽样技术，都要求审计人员在设计、执行抽样和评价抽样结果中合理运用专业判断；而且只要运用得当，均可以获得充分、适当的审计证据，同时都存在某种程度的抽样风险与非抽样风险。

在统计抽样中，可能需要花费很大的成本来训练审计人员掌握统计抽样技术，以及设计和执行抽样计划。采用这种抽样技术的优点如下：①统计抽样能够科学地确定抽样规模；②采用统计抽样需要使总体各项目被选中的机会是均等的，可以防止主观判断；③统计抽样能计算抽样误差在预先给定的范围内的概率有多大，并根据抽样推断的要求，把这种误差控制在预先给定的范围内；④广泛运用统计抽样便于规范审计工作，也便于审计人员为其得出的审计结论提供可辩护的依据。

当然，尽管统计抽样有上述优点，并解决了非统计抽样难以解决的问题，但是统计抽样的产生并不意味着非统计抽样的消亡。非统计抽样审计得当，也可以达到同统计抽样一样的效果。非统计抽样一般用于以下情况：某些审计测试不能用统计抽样完成，如对于分录的加总、记录的复核，以及与公司人员的会谈等。此外，在大多数情况下，采用非统计抽样，除了在正式性上稍有逊色以外，其结果与采用统计抽样得出的结果相差无几。

综上可以看出，统计抽样和非统计抽样的选用并不影响运用于样本的审计程序的选择，也不影响获取单个样本项目证据的适当性和审计人员对已发现的样本错误所做的适当反应。统计抽样在审计实务中的应用明显更广泛一些。

(二)属性抽样与变量抽样

属性抽样是指在精确度界限和可靠程度一定的条件下,为测定总体特征的发生频率而采用的一种方法;变量抽样是指用来估计总体金额而采用的一种方法。根据控制测试的目的和特点所采用的审计抽样通常称为属性抽样;根据实质性程序的目的和特点所采用的审计抽样称为变量抽样。在审计实务中,经常存在同时进行控制测试和实质性程序的情况,在此情况下采用的审计抽样称为双重目的抽样。属性抽样和变量抽样的主要区别如表 10-1 所示。

表 10-1 抽样适用程序及目标

抽样技术	测试种类	目标
属性抽样	控制测试	估计总体既定控制的偏差率
变量抽样	实质性程序	估计总体总金额或者总体中的错误金额

(三)抽样风险与非抽样风险

抽样风险是指审计人员根据样本得出的结论可能与审计对象总体特征不相符的风险。抽样风险是由抽样引起的,与样本模型和抽样方法相关。

在控制测试中,抽样风险包括信赖过度风险和信赖不足风险。信赖过度风险是指推断的控制有效性高于其实际有效性的风险,也就是说,样本结果使审计人员的信赖程度超过了其实际上可予以信赖的程度。信赖过度风险与审计的效果有关,如果审计人员评估的控制有效性高于其实际有效性,则会低估重大错报风险水平,从而不适当地减少从实质性程序中获取的证据,导致审计的有效性降低。相反,信赖不足风险是指推断的控制有效性低于其实际有效性的风险,也可以说,样本结果使审计人员的信赖程度低于其实际上应予以信赖的程度。信赖不足风险与审计的效率有关,如果审计人员评估的控制有效性低于其实际有效性,则会高估重大错报风险水平,从而可能会增加不必要的实质性程序,导致审计效率降低。对于注册会计师而言,信赖过度风险更容易导致其发表不恰当的审计意见,因而更应予以关注。

在实质性程序的细节测试中,抽样风险包括误受风险和误拒风险。误受风险是指审计人员推断某一重大错报不存在而实际存在的风险。与信赖过度风险类似,误受风险与审计效果有关。例如,账面金额实际上存在重大错报,而审计人员认为其不存在重大错报,因而不再继续对该账面金额进行测试,并根据样本结果得出该账面金额无重大错报的结论。相反,误拒风险是指注册会计师推断某一重大错报存在而实际不存在的风险。与信赖不足风险类似,误拒风险与审计效率有关。例如,账面金额不存在重大错报,而审计人员认为其存在重大错报,从而扩大细节测试的范围并考虑获取其他审计证据,虽然最终也会得出恰当的结论,但审计效率可能会因此大大降低。同样,误受风险更容易导致审计人员发表不恰当的审计意见,因此更应予以关注。

由此可见,在控制测试和实质性程序的细节测试中,抽样风险都可以分为两种类型

（图 10-1）：一类是影响审计效果的抽样风险，包括控制测试中的信赖过度风险和细节测试中的误受风险；另一类是影响审计效率的抽样风险，包括控制测试中的信赖不足风险和细节测试中的误拒风险。

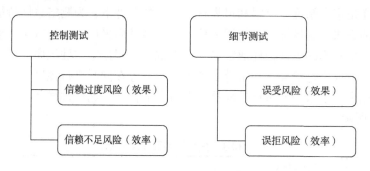

图 10-1   抽样风险类型

只要使用了审计抽样，就会有抽样风险。但无论是在控制测试中还是在细节测试中，审计人员都可以通过扩大样本规模的方式来降低抽样风险。一般来说，样本规模越小，抽样风险就越大；样本规模越大，抽样风险就越小。当对总体中的所有项目都实施检查时，抽样风险就不存在了，而此时审计风险完全由非抽样风险产生。

非抽样风险是指审计人员由于其他与抽样风险无关的原因未能发现重大错报而得出错误结论的风险，即使对某类交易或账户余额的所有项目实施审计程序，审计人员也存在难以发现一些重大错报或无效控制的风险。在审计过程中，可能导致非抽样风险的原因包括下列几种情况：①审计人员选择的总体目标不适合测试目标；②审计人员未能适当地定义误差（包括控制偏差或错报），导致其未能发现样本中存在的偏差或错报；③审计人员选择了不适于实现特定目标的审计程序；④审计人员未能适当地评价审计发现的情况；⑤其他原因。

非抽样风险是由人为错误造成的，因而可以降低、消除或防范。虽然非抽样风险不能被量化，但是审计人员可以通过采取适当的质量控制政策和程序，对审计工作进行适当的指导、监督和复核，并仔细设计审计程序，将非抽样风险尽量降至可接受水平。

审计人员在进行控制测试时，通常采用固定样本量抽样、停走抽样、发现抽样等属性抽样方法；在进行实质性程序时，通常采用均值估计抽样、差异估计抽样、比率估计抽样等变量抽样方法。

第二节   审计抽样的基本原理和步骤

在使用审计抽样时，注册会计师的目标是，为得出有关抽样总体的结论提供合理的基础。注册会计师在控制测试和细节测试中使用审计抽样方法，主要分三个阶段进行。第一阶段是样本设计阶段，旨在根据测试的目标和抽样总体，制订选取样本的计划。第二阶段是选取样本阶段，旨在按照适当的方法从相应的抽样总体中选取所需的样本，并对其实施检查，以确定是否存在误差。第三阶段是评价样本结果阶段，旨在根据对误差的性质和原因的分析，将样本结果推断至总体，形成对总体的结论[1]。

一、样本设计阶段

在设计审计样本时，注册会计师应当考虑审计程序的目的和抽样总体的特征。也就是说，注册会计师首先应考虑拟实现的具体目标，并根据目标和总体的特点确定能够最好地实现该目标的审计程序组合，以及如何在实施审计程序时运用审计抽样。审计抽样中样本设计阶段的工作主要包括以下几个步骤。

（一）确定测试目标

审计抽样必须紧紧围绕审计测试的目标展开，因此确定测试目标是样本设计阶段的第一项工作。一般而言，控制测试是为了获取关于某项控制运行是否有效的证据，而细节测试的目的是确定某类交易或账户余额的金额是否正确，获取与存在的错报有关的证据。

（二）定义总体与抽样单元

1. 总体

在实施抽样之前，注册会计师必须仔细定义总体，确定抽样总体的范围。总体可以包括构成某类交易或账户余额的所有项目，也可以只包括某类交易或账户余额中的部分项目。例如，如果应收账款中没有单个重大项目，注册会计师直接对应收账款账面余额进行抽样，则总体包括构成应收账款期末余额的所有项目，如果注册会计师已使用选取特定项目的方法将应收账款中的单个重大项目挑选出来单独测试，只对剩余的应收账款余额进行抽样，则总体只包括构成应收账款期末余额的部分项目。

注册会计师应当确保总体的适当性和完整性。也就是说，注册会计师所定义的总体应具备下列两个特征。

（1）适当性。注册会计师应确定总体适合于特定的审计目标，包括适合于测试的方向。例如，在控制测试中，如果要测试用以保证所有发运商品都已开单的控制是否有效运行，注册会计师从已开单的项目中抽取样本不能发现误差，因为该总体不包含那些已发运但未开单的项目。为发现这种误差，将所有已发运的项目作为总体通常比较合适。又如，在细节测试中，如果注册会计师的目标是测试应付账款的高估，总体可以定义为应付账款清单。但在测试应付账款的低估时，总体就不是应付账款清单，而是后来支付的证明、未付款的发票、供货商的对账单或能提供低估应付账款的审计证据的其他总体。

（2）完整性。在实施审计抽样时，注册会计师需要实施审计程序，以获取有关总体的完整性的审计证据。注册会计师应当从总体项目内容和涉及时间等方面确定总体的完整性。例如，如果注册会计师从档案中选取付款证明，除非确信所有的付款证明都已归档，否则注册会计师不能对该期间的所有付款证明得出结论。又如，如果注册会计师对某一控制活动在财务报告期间是否有效运行得出结论，总体应包括来自整个报告期间的所有相关项目。

注册会计师通常从代表总体的实物中选取样本项目。例如，如果注册会计师将总体定义为特定日期的所有应收账款余额，代表总体的实物就是该日应收账款余额明细表。又如，如果总体是某一测试期间的销售收入，代表总体的实物就可能是记录在销售明细账中的销售交易，也可能是销售发票。由于注册会计师实际上是从该实物中选取样本，所有根据样本得出的结论只与该实物有关。如果代表总体的实物和总体不一致，注册会计师可能对总体得出错误的结论。因此，注册会计师必须详细了解代表总体的实物，确定代表总体的实物是否包括整个总体。注册会计师通常通过加总或计算来完成这一工作。例如，注册会计师可将发票金额总数与已记入总账的销售收入金额总数进行核对。如果注册会计师将选择的实物和总体比较之后，认为代表总体的实物遗漏了应包含在最终评价中的总体项目，注册会计师应选择新的实物，或对被排除在实物之外的项目实施替代程序。

2. 定义抽样单元

抽样单元是指构成总体的个体项目。抽样单元可能是实物项目（如支票簿上列示的支票信息、银行对账单上的贷方记录、销售发票或应收账款余额），也可能是货币单元。在定义抽样单元时，注册会计师应使其与审计测试目标保持一致。注册会计师在定义总体时通常都指明了适当的抽样单元。

3. 分层

如果总体项目存在重大的变异性，注册会计师可以考虑将总体分层。分层是指将总体划分为多个子总体的过程，每个子总体由一组具有相同特征（通常为货币金额）的抽样单元组成。分层可以降低每一层中项目的变异性，从而在抽样风险没有成比例增加的前提下减小样本规模，提高审计效率。注册会计师应当仔细界定子总体，以使每一抽样单元只能属于一个层。

在实施细节测试时，注册会计师通常根据金额对总体进行分层。这使注册会计师能够将更多审计资源投向金额较大的项目，而这些项目最有可能包含高估错报。例如，为了函证应收账款，注册会计师可以将应收账款账户按其金额大小分为三层，即账户金额在 10 000 元以上的；账户金额为 5000~10 000 元的；账户金额在 5000 元以下的。然后，根据各层的重要性分别采取不同的选样方法。对于金额在 10 000 元以上的应收账款账户，应进行全部函证；对于金额在 5000~10 000 元以及 5000 元以下的应收账款账户，则可采用适当的选样方法选取进行函证的样本。同样，注册会计师也可以根据表明更高错报风险的特定特征对总体分层。例如，在测试应收账款计价中的坏账准备时，注册会计师可以根据账龄对应收账款余额进行分层。

分层后的每层构成一个子总体且可以单独检查。对某一层中的样本项目实施审计程序的结果，只能用于推断构成该层的项目。如果对整个总体得出结论，注册会计师应当考虑与构成整个总体的其他层有关的重大错报风险。例如，在对某一账户余额进行测试时，占总体数量20%的项目，其金额可能占该账户余额的90%。注册会计师只能根据该样本的结果推断至上述90%的金额。对于剩余10%的金额，注册会计师可以抽取另一个样本或使用其他收集审计证据的方法，单独得出结论，或者认为其不重要而不实施审计程序。

如果注册会计师将某类交易或账户余额分成不同的层，需要对每层分别推断错报。在考虑错报对该类别的所有交易或账户余额的可能影响时，注册会计师需要综合考虑每层的推断错报。

（三）定义误差构成条件

注册会计师必须事先准确定义构成误差的条件，否则执行审计程序时就没有识别误差的标准。在控制测试中，误差是指控制偏差，注册会计师要仔细定义所要测试的控制及可能出现偏差的情况；在细节测试中，误差是指错报，注册会计师要确定哪些情况构成错报。

注册会计师定义误差构成条件时要考虑审计程序的目标。清楚地了解误差构成条件，对于确保在推断误差时将且仅将所有与审计目标相关的条件包括在内至关重要。

（四）确定审计程序

注册会计师必须确定能够最好地实现测试目标的审计程序组合。例如，如果注册会计师的审计目标是通过测试某一阶段的适当授权证实交易的有效性，审计程序就是检查特定人员已在某文件上签字以示授权的书面证据。注册会计师预计样本中每一张该文件上都有适当的签名。

二、选取样本阶段

（一）确定样本规模

样本规模是指从总体中选取样本项目的数量。在审计抽样中，如果样本规模过小，就不能反映出审计对象总体的特征，注册会计师就无法获取充分的审计证据，其审计结论的可靠性就会大打折扣，甚至可能得出错误的审计结论。因此，注册会计师应当确定足够的样本规模，以将抽样风险降至可接受的低水平。相反，如果样本规模过大，则会增加审计工作量，造成不必要的时间和人力上的浪费，加大审计成本，降低审计效率，就会失去审计抽样的意义。

影响样本规模的因素主要如下。

（1）可接受的抽样风险。可接受的抽样风险与样本规模成反比。注册会计师愿意接受的抽样风险越低，样本规模通常越大。反之，注册计师愿意接受的抽样风险越高，样本规模越小。

（2）可容忍误差。可容忍误差是指注册会计师在认为测试目标已实现的情况下准备接受的总体最大误差。

在控制测试中，它指可容忍偏差率。可容忍偏差率是指注册会计师设定的偏离规定的内部控制程序的比率，注册会计师试图对总体中的实际偏差率不超过该比率获取适当水平的保证。换言之，可容忍偏差率是注册会计师能够接受的最大偏差数量；如果偏差超过这一数量则减少或取消对内部控制程序的信赖。

在细节测试中，它指可容忍错报。可容忍错报是指注册会计师设定的货币金额，注册会计师试图对总体中的实际错报不可超过该货币金额获取适当水平的保证。实际上，可容忍错报是实际执行的重要性这个概念在特定抽样程序中的运用。可容忍错报可能等于或低于实际执行的重要性。

当保证程度一定时，注册会计师运用职业判断确定可容忍误差。可容忍误差越小，为实现同样的保证程度所需的样本规模越大。

（3）预计总体误差。预计总体误差是指注册会计师根据以前对被审计单位的经验或实施风险评估程序的结果而估计总体中可能存在的误差。预计总体误差越大，可容忍误差也应当越大；但预计总体误差不应超过可容忍误差。在既定的可容忍误差下，当预计总体误差增加时，所需的样本规模越大。

（4）总体变异性。总体变异性是指总体的某一特征（如金额）在各项目之间的差异程度。在控制测试中，注册会计师在确定样本规模时一般不考虑总体变异性。在细节测试中，注册会计师确定适当的样本规模时要考虑特征的变异性。总体项目的变异性越低，通常样本规模越小。注册会计师可以通过分层，将总体分为相对同质的组，以尽可能降低每一组中变异性的影响，从而减小样本规模。未分层总体具有高度变异性，其样本规模通常很大。最有效率的方法是根据预期会降低变异性的总体项目特征进行分层。在细节测试中分层的依据通常包括项目的账面金额、与项目处理有关的控制的性质，或与特定项目（如更可能包含错报的那部分总体项目）有关的特殊考虑等。分组后的每一组子总体被称为一层，每层分别独立选取样本。

（5）总体规模。除非总体非常小，一般而言，总体规模对样本规模的影响几乎为零。注册会计师通常将抽样单元超过5000个的总体视为大规模总体。对大规模总体而言，总体的实际容量对样本规模几乎没有影响。对小规模总体而言，审计抽样比其他选择测试项目的方法的效率低。

表10-2列示了审计抽样中影响样本规模的因素，并分别说明了这些影响因素在控制测试和细节测试中的表现形式。

表 10-2   影响样本规模的因素

影响因素	控制测试	细节测试	与样本规模的关系
可接受的抽样风险	可接受的信赖过度风险	可接受的误受风险	反向变动
可容忍误差	可容忍偏差率	可容忍错报	反向变动
预计总体误差	预计总体偏差率	预计总体错报	同向变动
总体变异性		总体变异性	同向变动
总体规模	总体规模	总体规模	影响很小

使用统计抽样方法时，注册会计师必须对影响样本规模的因素进行量化，并利用根据统计公式开发的专门的计算机程序或专门的样本量表来确定样本规模。在非统计抽样中，注册会计师可以只对影响样本规模的因素进行定性的估计，并运用职业判断确定样本规模。

（二）选取样本

不管使用统计抽样或非统计抽样，在选取样本项目时，注册会计师都应当使总体中的每个抽样单元都有被选取的机会。在统计抽样中，注册会计师选取样本项目时每个抽样单元被选取的概率是已知的。在非统计抽样中，注册会计师根据判断选取样本项目。由于抽样是为注册会计师得出有关总体的结论提供合理的基础，因此，注册会计师通过选择具有总体典型特征的样本项目，从而选出有代表性的样本以避免偏向是很重要的。选取样本的基本方法包括使用随机数表或计算机辅助审计技术选样、系统选样和随意选样。

1. 使用随机数表或计算机辅助审计技术选样

使用随机数表或计算机辅助审计技术选样又称随机数选样。使用随机数选样需以总体中的每一项目都有不同的编号为前提。注册会计师可以使用计算机生成的随机数，如电子表格程序、随机数码生成程序、通用审计软件程序等计算机程序产生的随机数，也可以使用随机数表获得所需的随机数。

随机数是一组从长期来看出现概率相同的数码，且不会产生可识别的模式。随机数表也称乱数表，它是由随机生成的从 0~9 共 10 个数字组成的数表，每个数字在表中出现的次数是大致相同的，它们出现在表上的顺序是随机的。表 10-3 就是 5 位随机数表的一部分。

表 10-3　5 位随机数表（部分）

序号	1	2	3	4	5	6	7	8	9	10
1	32 044	69 037	29 655	92 114	81 034	40 582	01 584	77 184	85 762	46 505
2	23 821	96 070	82 592	81 642	08 971	07 411	09 037	81 530	56 195	98 425
3	82 383	94 987	66 441	28 677	95 961	78 346	37 916	09 416	42 438	48 432
4	68 310	21 792	71 635	86 089	38 157	95 620	96 718	79 554	50 209	17 705
5	94 856	76 940	22 165	01 414	01 413	37 231	05 509	37 489	56 459	52 983
6	95 000	61 958	83 430	98 250	70 030	05 436	74 814	45 978	09 277	13 827
7	20 764	64 638	11 359	32 556	89 822	02 713	81 293	52 970	25 080	33 555
8	71 401	17 964	50 940	95 753	34 905	93 566	36 318	79 530	51 105	26 952
9	38 464	75 707	16 750	61 371	01 523	69 205	32 122	03 436	14 489	02 086
10	59 442	59 247	74 955	82 835	98 378	83 513	47 870	20 795	01 352	89 906

应用随机数表选样的步骤如下。

（1）对总体项目进行编号，建立总体中的项目与表中数字的一一对应关系。一般情况下，编号可利用总体项目中原有的某些编号，如凭证号、支票号、发票号等。在没有事先编号的情况下，注册会计师需按一定的方法进行编号。例如，由 40 页、每页 50 行组成的应收账款明细表，可采用 4 位数字编号，前两位由 01~40 的整数组成，表示该记录在明细表中的页数，后两位数字由 01~50 的整数组成，表示该记录的行次。

这样，编号 0534 表示第 5 页第 34 行的记录。所需使用的随机数的位数一般由总体项目数或编号位数决定，如前例中可采用 4 位随机数表，也可以使用 5 位随机数表的前 4 位数字或后 4 位数字。

（2）确定连续选取随机数的方法。从随机数表中选择一个随机起点和一个选号路线，随机起点和选号路线可以任意选择，但一经选定就不得改变。从随机数表中任选一行和一栏开始，按照一定的方向（上下左右均可）依次查找，符合总体项目编号要求的数字，即为选中的号码，与此号码相对应的总体项目即为选取的样本项目，一直到选足所需的样本量为止。例如，从前述应收账款明细表的 2000 个记录中选择 10 个样本，总体编号规则如前所述，即前两位数字不能超过 40，后两位数字不能超过 50。例如，从表 10-3 第一行第一列开始，使用前 4 位随机数，逐行向右查找，则选中的样本为编号 3204、0741、0903、0941、3815、2216、0141、3723、0550、3748 的 10 个记录。

随机数选样不仅使总体中每个抽样单元被选取的概率相等，而且使相同数量的抽样单元组成的每种组合被选取的概率相等。这种方法在统计抽样和非统计抽样中均适用。由于统计抽样要求注册会计师能够计量实际样本被选取的概率，这种方法尤其适合于统计抽样。

2. 系统选样

系统选样也称等距选样，是指按照相同的间隔从审计对象总体中等距离地选取样本的一种选样方法。采用系统选样法，首先要计算选样间距，确定选样起点，然后再根据间距顺序地选取样本。选样间距的计算公式如下：

$$选样间距 = 总体规模 \div 样本规模$$

例如，如果销售发票的总体范围是 652~3151，设定的样本量是 125，那么选样间距为 20［=（3152 – 652）÷ 125］。注册会计师必须从 0~19 中选取一个随机数作为抽样起点。如果随机选择的号码是 9，那么第一个样本项目是发票号码为 661（=652 + 9）的那一张，其余的 124 个项目是 681（=661+20）、701（=681 + 20）……依此类推，直至第 3141 号。

系统选样方法的主要优点是使用方便，比其他选样方法节省时间，并可用于无限总体。此外，使用这种方法时，对总体中的项目不需要编号，注册会计师只要简单数出每一个间距即可。但是，使用系统选样方法要求总体必须是随机排列的，否则容易产生较大的偏差，造成非随机的、不具代表性的样本。如果测试项目的特征在总体内的分布具有某种规律性，则选择样本的代表性就可能较差。例如，应收账款明细表每页的记录均以账龄的长短按先后次序排列，则选中的 200 个样本可能多数是账龄相同的记录。

为克服系统选样法的这一缺点，可采用两种办法：一是增加随机起点的个数；二是在确定选样方法之前对总体特征的分布进行观察。例如，发现总体特征的分布呈随机分布，则采用系统选样法；否则，可考虑使用其他选样方法。

系统选样可以在非统计抽样中使用，在总体随机分布时也适用于统计抽样。

3. 随意选样

在随意选样中，注册会计师选取样本不采用结构化的方法。尽管不使用结构化方法，注册会计师也要避免任何有意识的偏向或可预见性（如回避难以找到的项目，或总是选择或回避每页的第一个或最后一个项目），从而试图保证总体中的所有项目都有被选中的机会。在使用统计抽样时，运用随意选样是不恰当的。

上述三种基本方法均可选出代表性样本。但随机数选样和系统选样属于随机基础选样方法，即对总体的所有项目按随机规则选取样本，因而可以在统计抽样中使用，当然也可以在非统计抽样中使用。而随意选样虽然也可以选出代表性样本，但它属于非随机基础选样方法，因而不能在统计抽样中使用，只能在非统计抽样中使用。

（三）对样本实施审计程序

注册会计师应当针对选取的每个项目，实施适合具体目的的审计程序。对选取的样本项目实施审计程序旨在发现并记录样本中存在的误差。

如果审计程序不适用于选取的项目，注册会计师应当针对替代项目实施该审计程序。例如，如果在测试付款授权时选取了一张作废的支票，并确信支票已经按照适当程序作废因而不构成偏差，注册会计师需要适当选择一个替代项目进行检查。

注册会计师通常对每一样本项目实施适合于特定审计目标的审计程序。有时，注册会计师可能无法对选取的抽样单元实施计划的审计程序（如原始单据丢失等原因）。注册会计师对未检查项目的处理取决于未检查项目对评价样本结果的影响。如果注册会计师对样本结果的评价不会因为未检查项目可能存在错报而改变，就不需对这些项目进行检查。如果未检查项目可能存在的错报会导致该类交易或账户余额存在重大错报，注册会计师就要考虑实施替代程序，为形成结论提供充分的证据。例如，对应收账款的积极式函证没有收到回函时，注册会计师可以审查期后收款的情况，以证实应收账款的余额。注册会计师也要考虑无法对这些项目实施检查的原因是否会影响计划的重大错报风险评估水平或对舞弊风险的评估。如果未能对某个选取的项目实施设计的审计程序或适当的替代程序，注册会计师应当将该项目视为控制测试中对规定的控制的一项偏差，或细节测试中的一项错报。

三、评价样本结果

（一）分析样本误差

注册会计师应当调查识别出的所有偏差或错报的性质和原因，并评价其对审计程序的目的和审计的其他方面可能产生的影响。无论是统计抽样还是非统计抽样，对样本结果的定性评估和定量评估一样重要。即使样本的统计评价结果在可以接受的范围内，注册会计师也应对样本中的所有误差（包括控制测试中的控制偏差和细节测试中的金额错报）进行定性分析。

如果注册会计师发现许多误差具有相同的特征，如交易类型、地点、生产线或时期等，则应考虑该特征是不是引起误差的原因，是否存在其他尚未发现的具有相同特征的误差。此时，注册会计师应将具有该共同特征的全部项目划分为一层，并对层中的所有项目实施审计程序，以发现潜在的系统误差。同时，注册会计师仍需分析误差的性质和原因，考虑存在舞弊的可能性。如果将某一误差视为异常误差，注册会计师应当实施追加的审计程序，以高度确信该误差对总体误差不具有代表性。

在极其特殊的情况下，如果认为样本中发现的某项偏差或错报是异常误差，注册会计师应当对该项偏差或错报对总体不具有代表性获取高度保证。异常误差，是指对总体中的错报或偏差明显不具有代表性的错报或偏差。在获取这种高度保证时，注册会计师应当实施追加的审计程序，获取充分、适当的审计证据，以确定该项偏差或错报不影响总体的其余部分。

（二）推断总体误差

当实施控制测试时，注册会计师应当根据样本中发现的偏差率推断总体偏差率，并考虑这一结果对特定审计目标及审计的其他方面的影响。

当实施细节测试时，注册会计师应当根据样本中发现的错报金额推断总体错报金额，并考虑这一结果对特定审计目标及审计的其他方面的影响。

（三）形成审计结论

注册会计师应当评价样本结果，以确定对总体相关特征的评估是否得到证实或需要修正。

1. 控制测试中的样本结果评价

在控制测试中，注册会计师应当将总体偏差率与可容忍偏差率比较，但必须考虑抽样风险。

（1）统计抽样。在统计抽样中，注册会计师通常使用表格或计算机程序计算抽样风险。用以评价抽样结果的大多数计算机程序都能根据样本规模、样本结果，计算在注册会计师确定的信赖过度风险条件下可能发生的偏差率上限的估计值。该偏差率上限的估计值即总体偏差率与抽样风险允许限度之和。

如果估计的总体偏差率上限低于可容忍偏差率，则总体可以接受。这时注册会计师对总体得出结论，样本结果支持计划评估的控制有效性，从而支持计划的重大错报风险评估水平。

如果估计的总体偏差率上限大于或等于可容忍偏差率，则总体不能接受。这时注册会计师对总体得出结论，样本结果不支持计划评估的控制有效性，从而不支持计划的重大错报风险评估水平。此时注册会计师应当修正重大错报风险评估水平，并增加实质性程序的数量。注册会计师也可以对影响重大错报风险评估水平的其他控制进行测试，以支持计划的重大错报风险评估水平。

如果估计的总体偏差率上限低于但接近可容忍偏差率，注册会计师应当结合其他审计程序的结果，考虑是否接受总体，并考虑是否需要扩大测试范围，以进一步证实计划评估的控制有效性和重大错报风险水平。

（2）非统计抽样。在非统计抽样中，抽样风险无法直接计量。注册会计师通常将样本偏差率（即估计的总体偏差率）与可容忍偏差率相比较，以判断总体是否可以接受。

如果样本偏差率大于可容忍偏差率，则总体不能接受。

如果样本偏差率低于总体的可容忍偏差率，注册会计师要考虑即使总体实际偏差率高于可容忍偏差率时仍出现这种结果的风险。如果样本偏差率大大低于可容忍偏差率，注册会计师通常认为总体可以接受。如果样本偏差率虽然低于可容忍偏差率，但两者很接近，注册会计师通常认为总体实际偏差率高于可容忍偏差率的抽样风险很高，因而总体不可接受。如果样本偏差率与可容忍偏差率之间的差额不是很大也不是很小，以至于不能认定总体是否可以接受，则注册会计师要考虑扩大样本规模，以进一步收集证据。

2. 细节测试中的样本结果评价

当实施细节测试时，注册会计师应当根据样本中发现的错报推断总体错报。注册会计师首先必须根据样本中发现的实际错报要求被审计单位调整账面记录金额。将被审计单位已更正的错报从推断的总体错报金额中减掉后，注册会计师应当将调整后的推断总体错报与该类交易或账户余额的可容忍错报相比较，但必须考虑抽样风险。如果推断错报高于确定样本规模时使用的预期错报，注册会计师可能认为，总体中实际错报超出可容忍错报的抽样风险是不可接受的。考虑其他审计程序的结果有助于注册会计师评估总体中实际错报超出可容忍错报的抽样风险，获取额外的审计证据可以降低该风险。

（1）统计抽样。在统计抽样中，注册会计师利用计算机程序或数学公式计算出总体错报上限，并将计算的总体错报上限与可容忍错报比较。计算的总体错报上限等于推断的总体错报（调整后）与抽样风险允许限度之和。

如果计算的总体错报上限低于可容忍错报，则总体可以接受。这时注册会计师对总体得出结论，所测试的交易或账户余额不存在重大错报。

如果计算的总体错报上限大于或等于可容忍错报，则总体不能接受。这时注册会计师对总体得出结论，所测试的交易或账户余额存在重大错报。在评价财务报表整体是否存在重大错报时，注册会计师应将该类交易或账户余额的错报与其他审计证据一起考虑。通常，注册会计师会建议被审计单位对错报进行调查，且在必要时调整账面记录。

（2）非统计抽样。在非统计抽样中，注册会计师运用其经验和职业判断评价抽样结果。如果调整后的总体错报大于可容忍错报，或虽小于可容忍错报但两者很接近，注册会计师通常得出总体实际错报大于可容忍错报的结论。也就是说，该类交易或账户余额存在重大错报，因而总体不能接受。如果对样本结果的评价显示，对总体相关特征的评估需要修正，注册会计师可以单独或综合采取下列措施：提请管理层对已识别的错报和存在更多错报的可能性进行调查，并在必要时予以调整；修改进一步审计程序的性质、时间安排和范围；考虑对审计报告的影响。

如果调整后的总体错报远远小于可容忍错报，注册会计师可以得出总体实际错报小于可容忍错报的结论，即该类交易或账户余额不存在重大错报，因而总体可以接受。

如果调整后的总体错报虽然小于可容忍错报但两者之间的差距既不很小又不很大，注册会计师必须特别仔细地考虑，总体实际错报超过可容忍错报的风险是否能够接受，并考虑是否需要扩大细节测试的范围，以获取进一步的证据。

思维导图

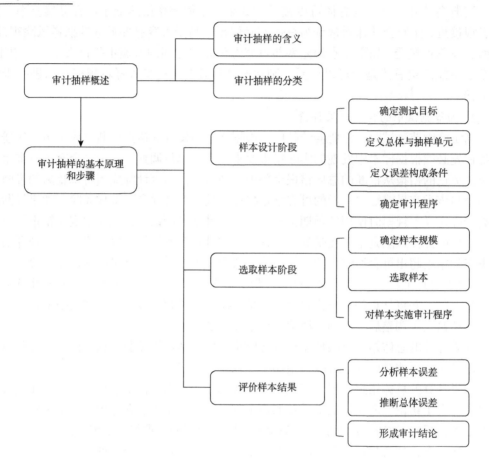

课后思考题

第十章习题

第十一章

完成审计工作

风险评估应对之后审计人员能够直接发表审计意见吗？当然不行，我们依据审计准则要求发表审计意见之前应该再一次评估风险，复核审计工作底稿，进行审计沟通之后才能发表审计意见，撰写审计报告。

本章内容介绍完成审计工作阶段的主要步骤，要求学生掌握如何评价审计中的重大发现和错报，如何进行审计沟通，如何进行期后事项的审计。

第一节 评价审计中的重大发现及错报

引例

我国证券市场上第一份否定意见审计报告

1998 年 3 月 8 日，重庆会计师事务所在对重庆渝港钛白粉股份有限公司（简称渝钛白公司）1997 年度的会计报表进行审计后，出具了中国证券市场上第一份否定意见的审计报告，被审计界称为我国注册会计师审计事业上的一次质的飞跃。导致注册会计师出具否定意见的原因是渝钛白公司在借款利息的处理上不符合我国相关会计制度的规定。该公司 1997 年度在其在建工程已经完工交付，已经生产出产成品的情况下，仍将原来的借款利息予以资本化，计入了固定资产的价值中，而此项利息费用高达 8064 万元。另外，该公司尚未支付的外币借款应计利息 89.8 万美元（折合人民币 743 万元），公司也未按权责发生制的要求计提入账。两项应计入当年财务费用的金额合计达 8807 万元，占该公司当年年末净资产的 72.8%。也就是说，如果渝钛白公司按照我国相关会计制度的规定将上述利息费用计入当年损益，该公司的所有者权益将减少近四分之三。

资料来源：《中国证券市场第一份否定意见审计报告》，http://cm.hust.edu.cn/info/1445/12464.htm[2022-10-24]。

一、评价审计中的重大发现

重大发现涉及会计政策的选择、运用和一贯性的重大事项，包括相关的信息披露。这些信息披露包含但不限于说明复杂的或不常见的交易活动、会计估计和包含管理层假设在内的不确定性。

在审计完成阶段，项目合伙人和审计项目组考虑的重大发现和事项的例子如下。

（1）期中复核中的重大发现及其对审计方法的影响。

（2）涉及会计政策的选择、运用和一贯性的重大事项，包括相关披露。

（3）就识别出的重大风险，对审计策略和计划的审计程序所做的重大修正。

（4）在与管理层和其他人员讨论重大发现及事项时得到的信息。

（5）与注册会计师的最终审计结论相矛盾或不一致的信息。

对实施的审计程序的结果进行评价，可能全部或部分地揭示出以下事项。

（1）为了实现计划的审计目标，是否有必要对重要性进行修订。

（2）对审计策略和计划的审计程序的重大修正，包括对重大错报风险评估结果的重要变动。

（3）对审计方法有重要影响的值得关注的内部控制缺陷和其他缺陷。

（4）财务报表中存在的重大错报。

（5）项目组成员内部，或者项目组与项目质量控制复核人员或提供咨询的其他人员之间，就重大会计和审计事项达成最终结论所存在的意见分歧。

（6）在实施审计程序时遇到的重大困难。

（7）向事务所内部有经验的专业人士或外部专业顾问咨询的事项。

（8）与管理层或其他人员就重大发现以及与注册会计师的最终审计结论相矛盾或不一致的信息进行的讨论。

注册会计师在审计计划阶段对重要性的判断，与其在评估审计差异时对重要性的判断是不同的。如果在审计完成阶段修订后的重要性水平远远低于在计划阶段确定的重要性水平，注册会计师应重新评估已经获得的审计证据的充分性和适当性。如果审计项目组内部、项目组与被咨询者之间以及项目合伙人与项目质量控制复核人员之间存在意见分歧，审计项目组应当遵循事务所的政策和程序予以妥善处理。

二、评价审计过程中发现的错报

（一）错报的类型

错报是指某一财务报表项目的金额、分类或列报，与按照适用的财务报告编制基础应当列示的金额、分类或列报之间存在的差异；或根据注册会计师的判断，为使财务报表在所有重大方面实现公允反映，需要对金额、分类或列报做出的必要调整。错报可能是由错误或舞弊导致的。

错报可能由下列事项导致。

（1）收集或处理用以编制财务报表的数据时出现错误。

（2）遗漏某项金额或披露，包括不充分或不完整的披露，以及为满足特定财务报告编制基础的披露目标而被要求做出的披露（如适用）。

（3）由疏忽或明显误解有关事实导致做出不正确的会计估计。

（4）注册会计师认为管理层对会计估计做出不合理的判断或对会计政策做出不恰当的选择和运用。

（5）信息的分类、汇总或分解不恰当。

为了帮助注册会计师评价审计过程中累积的错报的影响以及与管理层和治理层沟

通错报事项，将错报区分为事实错报、判断错报和推断错报可能是有用的。

1. 事实错报

事实错报是毋庸置疑的错报。这类错报产生于被审计单位收集和处理数据的错误，对事实的忽略或误解，或故意舞弊行为。例如，注册会计师在审计测试中发现购入存货的实际价值为 15 000 元，但账面记录的金额却为 10 000 元。因此，存货和应付账款分别被低估了 5000 元，这里被低估的 5000 元就是已识别的对事实的具体错报。

2. 判断错报

由注册会计师认为管理层对财务报表中的确认、计量和列报（包括对会计政策的选择或运用）做出不合理或不恰当的判断而导致的差异。这类错报产生于两种情况：一是管理层和注册会计师对会计估计值的判断差异。例如，包含在财务报表中的管理层做出的估计值超出了注册会计师确定的一个合理范围，导致出现判断差异。二是管理层和注册会计师对选择和运用会计政策的判断差异，注册会计师认为管理层选用会计政策造成错报，管理层却认为选用会计政策适当，导致出现判断差异。

3. 推断错报

注册会计师对总体存在的错报做出的最佳估计数，涉及根据在审计样本中识别出的错报来推断总体的错报。推断错报通常是指通过测试样本估计出的总体的错报减去在测试中发现的已经识别的具体错报。例如，应收账款年末余额为 2000 万元，注册会计师测试样本时发现样本金额有 100 万元的高估，高估部分为样本账面金额的 20%，据此注册会计师推断总体的错报金额为 400 万元（=2000×20%），那么上述 100 万元就是已识别的具体错报，其余 300 万元即推断错报。

（二）错报的沟通和更正

除非法律法规禁止，注册会计师应当及时将审计过程中累积的所有错报与适当层级的管理层进行沟通。注册会计师还应当要求管理层更正这些错报。及时与适当层级的管理层沟通错报事项是重要的，因为这能使管理层评价这些事项是否为错报，并采取必要行动，如有异议则告知注册会计师。适当层级的管理层通常是指有责任和权限对错报进行评价并采取必要行动的人员。

法律法规可能限制注册会计师向管理层或被审计单位内部的其他人员通报某些错报。例如，法律法规可能专门规定禁止通报某事项或采取其他行动，这些通报或行动可能不利于有关权力机构对实际存在的或怀疑存在的违法行为展开调查。在某些情况下，注册会计师的保密义务与通报义务之间存在的潜在冲突可能很复杂。此时，注册会计师可以考虑征询法律意见。

管理层更正所有错报（包括注册会计师通报的错报），能够保证会计账簿和记录的准确性，降低由与本期相关的、非重大的且尚未更正的错报的累积影响而导致的未来期间财务报表出现重大错报的风险。

如果管理层拒绝更正沟通的部分或全部错报，注册会计师应当了解管理层不更正错报的理由，并在评价财务报表整体是否不存在重大错报时考虑该理由。《中国注册会计师审计准则第 1501 号——对财务报表形成审计意见和出具审计报告》规定，注册会计师应当评价财务报表是否在所有重大方面按照适用的财务报告编制基础的规定编制。这项评价包括考虑被审计单位会计实务的质量（包括表明管理层的判断可能出现偏向的迹象）。注册会计师对管理层不更正错报的理由的理解，可能影响其对被审计单位会计实务质量的考虑。

（三）评价未更正错报的影响

未更正错报是指注册会计师在审计过程中累积的且未被审计单位予以更正的错报。注册会计师在确定重要性时，通常依据对被审计单位财务结果的估计，因为此时可能尚不知道实际的财务结果。因此，在评价未更正错报的影响之前，注册会计师可能有必要依据实际的财务结果对重要性做出修改。如果在审计过程中获知了某项信息，而该信息可能导致注册会计师确定与原来不同的财务报表整体重要性或者特定类别交易、账户余额或披露的一个或多个重要性水平（如适用），注册会计师应当予以修改。因此，在注册会计师评价未更正错报的影响之前，可能已经对重要性或重要性水平（如适用）做出重大修改。但是，如果注册会计师对重要性或重要性水平（如适用）进行的重新评价导致需要确定较低的金额，则应重新考虑实际执行的重要性和进一步审计程序的性质、时间安排和范围的适当性，以获取充分、适当的审计证据，作为发表审计意见的基础。

在某些情况下，即使某些错报低于财务报表整体的重要性，但因与这些错报相关的某些情况，在将其单独或连同在审计过程中累积的其他错报一并考虑时，注册会计师也可能将这些错报评价为重大错报。例如，某项错报的金额虽然低于财务报表整体的重要性，但对被审计单位的盈亏状况有决定性的影响，注册会计师应认为该项错报是重大错报。

除非法律法规禁止，注册会计师应当与治理层沟通未更正错报，以及这些错报单独或汇总起来可能对审计意见产生的影响。在沟通时，注册会计师应当逐项指明重大的未更正错报。注册会计师应当要求被审计单位更正未更正错报。注册会计师应当与治理层沟通与以前期间相关的未更正错报对相关类别的交易、账户余额或披露以及财务报表整体的影响。

第二节　复核审计工作和财务报表

引例

草草完成的审计工作

注册会计师王某在一家规模不大的会计师事务所工作。2019 年 4 月 18 日，某股份有限公司聘请王某进行年度报表审计，希望从委托之日起，半个月内完成所有的审计任务，并出具审计报告，以向公司股东大会汇报。否则，不仅不付审计费用，会计师事务所还要赔款。如果提前，公司可以额外加付审计报酬，王某同意了这一条件。为了及时完成任务，王某临时聘用了一批还没有毕业的会计专业的大学生。由于王某手上还有一个项目没有完成，因此，他对这些学生进行了如何核对账册、检查凭证等简单培训后，就请他们去客户的现场进行审计，还指派了一个学习成绩较好的学生作为该项目的临时负责人，他自己则在另一家客户处进行电话指挥。10天之后，这些学生准备了厚厚一叠工作底稿。因为时间有限，王某将这些工作底稿稍作整理，然后就草拟了审计报告，并在两周之内递交给了该股份有限公司。

上述引例中王某为了在短时间内完成审计工作，在完成审计工作时既没有复核审计工作底稿，也没有对财务报表进行总体复核。因此，本节将对完成审计工作时复核财务报表及审计工作底稿进行介绍。

一、复核财务报表

在审计结束或临近结束时，注册会计师需要运用分析程序的目的是确定经审计调整后的财务报表整体是否与对被审计单位的了解一致，是否具有合理性。注册会计师应当围绕这一目的运用分析程序。在运用分析程序进行总体复核时，如果识别出以前未识别的重大错报风险，注册会计师应当重新考虑对全部或部分各类别的交易、账户余额、披露评估的风险是否恰当，并在此基础上重新评价之前计划的审计程序是否充分，是否有必要追加审计程序。

二、复核审计工作

对审计工作的复核包括项目组内部复核和作为会计师事务所业务质量管理措施而执行的项目质量复核（如适用）。

（一）项目组内部复核

1. 复核人员

《会计师事务所质量管理准则第5101号——业务质量管理》规定，会计师事务所持续高质量地执行业务是服务公众利益的内在要求。设计、实施和运行质量管理体系可以使会计师事务所持续高质量地执行业务。实现业务的高质量，需要会计师事务所执业人员按照适用的法律法规和职业准则的规定计划和执行业务并出具报告。会计师事务所应当基于这一质量目标，确定有关复核的政策和程序。对一些较为复杂、审计风险较高的领域，如舞弊风险的评估与应对、重大会计估计及其他复杂的会计问题、审核会议记录和重大合同、关联方关系和交易、持续经营存在的问题等，需要指派经验丰富的项目组成员执行复核，必要时可以由项目合伙人执行复核。

2. 复核范围

执行复核时，复核人员需要考虑的事项如下。

（1）审计工作是否已按照职业准则和适用的法律法规的规定执行。

（2）重大事项是否已提请进一步考虑。

（3）相关事项是否已进行适当咨询，由此形成的结论是否已得到记录和执行。

（4）是否需要修改已执行审计工作的性质、时间安排和范围。

（5）已执行的审计工作是否支持形成的结论，并已得到适当记录。

（6）已获取的审计证据是否充分、适当。

（7）审计程序的目标是否已实现。

审计项目复核贯穿审计全过程，随着审计工作的开展，复核人员在审计计划阶段、执行阶段和完成阶段及时复核相应的工作底稿。例如，在审计计划阶段复核记录审计策略和审计计划的工作底稿；在审计执行阶段复核记录控制测试和实质性程序的工作底稿；在审计完成阶段复核记录重大事项、审计调整及未更正错报的工作底稿等。

3. 项目合伙人复核

根据《中国注册会计师审计准则第 1121 号——对财务报表审计实施的质量管理》的规定：项目合伙人应当对管理和实现审计项目的高质量承担总体责任。项目合伙人应当在审计过程中的适当时点复核审计工作底稿，包括与下列方面相关的工作底稿。

（1）重大事项。

（2）重大判断，包括与在审计中遇到的困难或有争议事项相关的判断，以及得出的结论。

（3）根据项目合伙人的职业判断，与项目合伙人的职责有关的其他事项。在审计报告日或审计报告日之前，项目合伙人应当通过复核审计工作底稿与项目组讨论，确信已获取充分、适当的审计证据，支持得出的结论和拟出具的审计报告。此外，项目合伙人应当在签署审计报告前复核财务报表、审计报告以及相关的审计工作底稿，包括对关键审计事项的描述（如适用），项目合伙人应当在与管理层、治理层或相关监管机构签署正式书面沟通文件之前对其进行复核。《中国注册会计师审计准则第 1131 号——审计工作底稿》要求项目合伙人记录复核的范围和时间。

（二）项目质量复核

根据《会计师事务所质量管理准则第 5101 号——业务质量管理》的规定，会计师事务所应当就项目质量复核制定政策和程序，并对上市实体财务报表审计业务、法律法规要求实施项目质量复核的审计业务或其他业务，以及会计师事务所认为，为应对一项或多项质量风险，有必要实施项目质量复核的审计业务或其他业务实施项目质量复核。

项目质量复核是指在报告日或报告日之前，项目质量复核人员对项目组做出的重大判断及据此得出的结论、做出的客观评价。项目质量复核人员是指会计师事务所中实施项目质量复核的合伙人或其他类似职位的人员，或者由会计师事务所委派实施项目质量复核的外部人员。

会计师事务所应当就项目质量复核制定政策和程序，并对下列业务实施项目质量复核。

（1）上市实体财务报表审计业务。

（2）法律法规要求实施项目质量复核的审计业务或其他业务。

（3）会计师事务所认为，为应对一项或多项质量风险，有必要实施项目质量复核的审计业务或其他业务。

在实施项目质量复核时，项目质量复核人员应当实施下列程序。

（1）阅读并了解相关信息，这些信息如下。

第一，与项目组就项目和客户的性质及具体情况进行沟通获取的信息。

第二，与会计师事务所就监控和整改程序进行沟通获取的信息，特别是针对可能与项目组的重大判断相关或影响该重大判断的领域识别出的缺陷进行沟通而获取的信息。

（2）与项目合伙人及项目组其他成员讨论重大事项时，以及在项目计划、实施和报告时做出的重大判断。

（3）基于实施上述第（1）项和第（2）项程序获取的信息，选取部分与项目组做出的重大判断相关的业务工作底稿进行复核，并评价下列方面。

第一，做出这些重大判断的依据，包括项目组对职业怀疑的运用（如适用）。

第二，业务工作底稿能否支持得出的结论。

第三，得出的结论是否恰当。

（4）对于财务报表审计业务，评价项目合伙人确定独立性要求已得到遵守的依据。

（5）评价是否已就疑难问题或争议事项、涉及意见分歧的事项进行适当咨询，并评价咨询得出的结论。

（6）对于财务报表审计业务，评价项目合伙人得出下列结论的依据。

第一，项目合伙人对整个审计过程的参与程度是充分且适当的。

第二，项目合伙人能够确定做出的重大判断和得出的结论适合项目的性质和具体情况。

（7）针对下列方面实施复核。

第一，针对财务报表审计业务，复核被审计财务报表和审计报告，以及审计报告中对关键审计事项的描述（如适用）。

第二，针对财务报表审阅业务，复核被审阅财务报表或财务信息，以及拟出具的审阅报告。

第三，针对财务报表审计和审阅以外的其他鉴证业务或相关服务业务，复核业务报告和鉴证对象信息（如适用）。

针对项目质量复核的实施，会计师事务所应当制定与下列方面相关的政策和程序。

（1）项目质量复核人员有责任在项目的适当时点实施复核程序，为客观评价项目组做出的重大判断和据此得出的结论奠定适当基础。

（2）项目合伙人的与项目质量复核相关的责任，包括禁止项目合伙人在收到项目质量复核人员就已完成项目质量复核发出的通知之前签署业务报告。

（3）对项目质量复核人员的客观性产生不利影响的情形，以及在这些情形下需要采取的适当行动。

如果项目质量复核人员怀疑项目组做出的重大判断或据此得出的结论不恰当，应当告知项目合伙人。如果这一怀疑不能得到满意的解决，项目质量复核人员应当通知会计师事务所适当人员项目质量复核无法完成。如果项目质量复核人员确定项目质量复核已经完成，应当签字确认并通知项目合伙人。

第三节　书面声明

引例

证监会 2017 年首张罚单开给 R 会计师事务所

2017 年 1 月，证监会发布了《中国证监会行政处罚决定书》，R 会计师事务所作为海南 Y 实业发展股份有限公司（简称 Y 实业）2013 年度审计会计师，因为在项目过程未谨慎关注期后事项和未审慎处理会计估计与会计差错而被处罚。R 会计师事务所在出具审计报告前知悉了 Y 实业股权转让的事宜，在仅取得 Y 实业大股东出具的《承诺函》的情况下，未合理考虑该事项对长期股权投资减值准备的影响，未对相应错误予以识别和采取适当措施。上述行为违反了《中国注册会计师审计准则第 1332 号——期后事项》第十一条的规定和《中国注册会计师审计准则第 1101 号——注册会计师的总体目标和审计工作的基本要求》第二十八条的规定。

资料来源：根据网络资料整理。

在上述引例中可以看出，获取《承诺函》是很多事务所的套路，执业人员认为有了一纸《承诺函》就可以规避自身的责任。本节将对书面声明的作用及内容进行介绍。

书面声明是指管理层向注册会计师提供的书面陈述，用以确认某些事项或支持其他审计证据。书面声明不包括财务报表及其认定，以及支持性账簿和相关记录。在本节中单独提及管理层时，应当理解为管理层和治理层（如适用）。管理层负责按照适用的财务报告编制基础编制财务报表并使其实现公允反映。书面声明是注册会计师在财务报表审计中需要获取的必要信息，是审计证据的重要来源。管理层修改书面声明的内容或不提供注册会计师要求的书面声明，可能使注册会计师警觉存在重大问题的可能性。而且，在很多情况下，要求管理层提供书面声明而非口头声明，可以促使管理层更加认真地考虑声明所涉及的事项，从而提高声明的质量。尽管书面声明提供了必要的审计证据，但其本身并不为所涉及的任何事项提供充分、适当的审计证据。而且，管理层已提供可靠书面声明的事实，并不影响注册会计师就管理层责任履行情况或具体认定获取的其他审计证据的性质和范围。

一、针对管理层责任的书面声明

针对财务报表的编制，注册会计师应当要求管理层提供书面声明，确认其根据审计业务约定条款，履行了按照适用的财务报告编制基础编制财务报表并使其实现公允反映（如适用）的责任。

针对提供的信息和交易的完整性，注册会计师应当要求管理层就下列事项提供书面声明：①按照审计业务约定条款，已向注册会计师提供所有相关信息，并允许注册会计师不受限制地接触所有相关信息以及被审计单位内部人员和其他相关人员；②所有交易均已记录并反映在财务报表中。

如果未从管理层获取其确认已履行责任的书面声明，注册会计师在审计过程中获取的有关管理层已履行这些责任的其他审计证据是不充分的。这是因为，仅凭其他审计证据不能判断管理层是否在认可并理解其责任的基础上，编制和列报财务报表并向注册会计师提供了相关信息。例如，如果未向管理层询问其是否提供了审计业务约定条款中要求提供的所有相关信息，也没有获得管理层的确认，注册会计师就不能认为管理层已提供了这些信息。

基于管理层认可并理解在审计业务约定条款中提及的管理层的责任，注册会计师可能还要求管理层在书面声明中再次确认其对自身责任的认可与理解。当存在下列情况时，这种确认尤为适当。

代表被审计单位签订审计业务约定条款的人员不再承担相关责任。

（1）审计业务约定是在以前年度签订的。

（2）有迹象表明管理层误解了其责任。

（3）情况的改变需要管理层再次确认其责任。

当然，再次确认管理层对自身责任的认可与理解，并不限于管理层已知的全部事项。

二、其他书面声明

除《中国注册会计师审计准则第 1341 号——书面声明》和其他审计准则要求的书面声明外，如果注册会计师认为有必要获取一项或多项其他书面声明，以支持与财务报表或者一项或多项具体认定相关的其他审计证据，注册会计师应当要求管理层提供这些书面声明。

（一）关于财务报表的额外书面声明

除了针对财务报表的编制，注册会计师应当要求管理层提供基本书面声明以确认其履行了责任外，注册会计师可能认为有必要获取有关财务报表的其他书面声明。其他书面声明可能是对基本书面声明的补充，但不构成其组成部分。其他书面声明可能包括针对下列事项做出的声明。

第一，会计政策的选择和运用是否适当。

第二，是否按照适用的财务报告编制基础对下列事项（如相关）进行了确认、计量、列报或披露。

（1）可能影响资产和负债账面价值或分类的计划或意图。

（2）负债（包括实际负债和或有负债）。

（3）资产的所有权或控制权，资产的留置权或其他物权，用于担保的抵押资产。

（4）可能影响财务报表的法律法规及合同（包括违反法律法规及合同的行为）。

（二）与向注册会计师提供信息有关的额外书面声明

除了针对管理层提供的信息和交易的完整性的书面声明外，注册会计师可能认为有必要要求管理层提供书面声明，确认其已将注意到的所有内部控制缺陷向注册会计师通报。

（三）关于特定认定的书面声明

在获取有关管理层的判断和意图的证据时，或在对判断和意图进行评价时，注册会计师可能考虑下列一项或多项事项。

（1）被审计单位以前对声明的意图的实际实施情况。

（2）被审计单位选取特定措施的理由。

（3）被审计单位实施特定措施的能力。

（4）是否存在审计过程中已获取的、可能与管理层判断或意图不一致的任何其他信息。

此外，注册会计师可能认为有必要要求管理层提供有关财务报表特定认定的书面声明，尤其是支持注册会计师就管理层的判断或意图或者完整性认定从其他审计证据中获取的了解。例如，如果管理层的意图对投资的计价基础非常重要，但若不能从管理层获取有关该项投资意图的书面声明，注册会计师就不可能获取充分、适当的审计证据。尽管这些书面声明能够提供必要的审计证据，但其本身并不能为财务报表特定认定提供充分、适当的审计证据。

三、书面声明的日期和涵盖的期间

书面声明的日期应当尽量接近对财务报表出具审计报告的日期，但不得在审计报告日后。书面声明应当涵盖审计报告针对的所有财务报表和期间。由于书面声明是必要的审计证据，在管理层签署书面声明前，注册会计师不能发表审计意见，也不能签署审计报告。而且，由于注册会计师关注截至审计报告日发生的、可能需要在财务报表中做出相应调整或披露的事项，书面声明的日期应当尽量接近对财务报表出具审计报告的日期，但不得在其之后。

在某些情况下，注册会计师在审计过程中获取有关财务报表特定认定的书面声明可能是适当的。此时，可能有必要要求管理层更新书面声明。管理层有时需要再次确认以前期间做出的书面声明是否依然适当，因此，书面声明需要涵盖审计报告中提及的所有期间。注册会计师和管理层可能认可某种形式的书面声明，以更新以前期间所做的书面声明。更新后的书面声明需要表明，以前期间所做的声明是否发生了变化，以及发生了什么变化（如有）。

在实务中可能会出现这样的情况，即在审计报告中提及的所有期间内，现任管理层均尚未就任。他们可能由此声称无法就上述期间提供部分或全部书面声明。然而，这一事实并不能减轻现任管理层对财务报表整体的责任。相应地，注册会计师仍然需要向现任管理层获取涵盖整个相关期间的书面声明。

四、书面声明的形式

书面声明应当以声明书的形式致送注册会计师。

参考格式 11-1 列示了一种声明书的范例。有必要先介绍一下与该声明书相关的几点背景信息：①被审计单位采用企业会计准则编制财务报表；②与《中国注册会计师审计准则第 1324 号——持续经营》中有关就被审计单位持续经营能力获取书面声明的要求不相关；③所要求的书面声明不存在例外情况。如果存在例外情况，则需要对参考格式 11-1 列示的书面声明的内容予以调整，以反映这些例外情况。

参考格式 11-1：

（致注册会计师）：

本声明书是针对你们审计 A 公司截至 2019 年 12 月 31 日的年度财务报表而提供的。审计的目的是对财务报表发表意见，以确定财务报表是否在所有重大方面已按照企业会计准则的规定编制，并实现公允反映。

尽我们所知，并在做出了必要的查询和了解后，我们确认：

一、财务报表

1. 我们已履行［插入日期］签署的审计业务约定书中提及的责任，即根据企业会计准则的规定编制财务报表，并对财务报表进行公允反映；

2. 在做出会计估计时使用的重大假设（包括与公允价值计量相关的假设）是合理的；

3. 已按照企业会计准则的规定对关联方关系及其交易做出了恰当的会计处理和披露；

4. 根据企业会计准则的规定，所有需要调整或披露的资产负债表日后事项都已得到调整或披露；

5. 未更正错报，无论是单独还是汇总起来，对财务报表整体的影响均不重大。未更正错报汇总表附在本声明书后；

6. ［插入注册会计师可能认为适当的其他任何事项］。

二、提供的信息

1. 我们已向你们提供下列工作条件：

（1）允许接触我们注意到的、与财务报表编制相关的所有信息（如记录、文件和其他事项）。

（2）提供你们基于审计目的要求我们提供的其他信息。

（3）允许在获取审计证据时不受限制地接触你们认为必要的本公司内部人员和其他相关人员。

2. 所有交易均已记录并反映在财务报表中。

3. 我们已向你们披露了由舞弊可能导致的财务报表重大错报风险的评估结果。

4. 我们已向你们披露了我们注意到的、可能影响本公司的与舞弊或舞弊嫌疑相关的所有信息，这些信息涉及本公司的：

（1）管理层；

（2）在内部控制中承担重要职责的员工；

（3）其他人员（在舞弊行为导致财务报表重大错报的情况下）。

5. 我们已向你们披露了从现任和前任员工、分析师、监管机构等方面获知的、影响财务报表的舞弊指控或舞弊嫌疑的所有信息。

6. 我们已向你们披露了所有已知的、在编制财务报表时应当考虑其影响的违反或涉嫌违反法律法规的行为。

7. 我们已向你们披露了我们注意到的关联方的名称和特征、所有关联方关系及其交易。

8. ［插入注册会计师可能认为必要的其他任何事项］。

附：未更正错报汇总表

A公司   A公司管理层
（盖章）   （签名并盖章）
中国××市   ××××年×月×日

五、对书面声明可靠性的疑虑以及管理层不提供要求的书面声明

（一）对书面声明可靠性的疑虑

1. 对管理层的胜任能力、诚信、道德价值观或勤勉尽责存在疑虑

如果对管理层的胜任能力、诚信、道德价值观或勤勉尽责存在疑虑，或者对管理层在这些方面的承诺或贯彻执行存在疑虑，注册会计师应当确定这些疑虑对书面或口头声明和审计证据总体的可靠性可能产生的影响。注册会计师可能认为，管理层在财务报表中做出不实陈述的风险很大，以至于审计工作无法进行。在这种情况下，除非治理层采取适当的纠正措施，否则注册会计师可能需要考虑解除业务约定（如果法律法规允许）。很多时候，治理层采取的纠正措施可能并不足以使注册会计师发表无保留意见。

2. 书面声明与其他审计证据不一致

如果书面声明与其他审计证据不一致，注册会计师应当实施审计程序以设法解决这些问题。注册会计师可能需要考虑风险评估结果是否仍然适当。如果认为不适当，注册会计师需要修正风险评估结果，并确定进一步审计程序的性质、时间安排和范围，以应对评估的风险。如果问题仍未解决，注册会计师应当重新考虑对管理层的胜任能力、诚信、道德价值观或勤勉尽责的评估，或者重新考虑对管理层在这些方面的承诺或贯彻执行的评估，并确定书面声明与其他审计证据的不一致对书面或口头声明和审计证据总体的可靠性可能产生的影响。

如果认为书面声明不可靠，注册会计师应当采取适当措施，包括确定其对审计意见可能产生的影响。

（二）管理层不提供要求的书面声明

如果管理层不提供要求的一项或多项书面声明，注册会计师应当采用如下做法。

（1）与管理层讨论该事项。

（2）重新评价管理层的诚信，并评价该事项对书面或口头声明和审计证据总体的可靠性可能产生的影响。

（3）采取适当措施，包括确定该事项对审计意见可能产生的影响。

如果存在下列情形之一，注册会计师应当对财务报表发表无法表示意见。

（1）注册会计师对管理层的诚信产生重大疑虑，以至于认为其做出的书面声明不可靠。

（2）管理层不提供下列书面声明。①针对财务报表的编制，管理层确认其根据审计业务约定条款，履行了按照适用的财务报告编制基础编制财务报表并使其实现公允反映（如适用）的责任。②针对提供的信息和交易的完整性，管理层就下列事项提供书面声明：按照审计业务约定条款，已向注册会计师提供所有相关信息，并允许注册会计师受限制地接触所有相关信息以及被审计单位内部人员和其他相关人员；所有交易均已记录并反映在财务报表中。

这是因为，仅凭其他审计证据，注册会计师不能判断管理层是否履行了上述两个方面的责任。因此，如果注册会计师认为有关这些事项的书面声明不可靠，或者管理层不提供有关这些事项的书面声明，则注册会计师无法获取充分、适当的审计证据，这对财务报表的影响可能是广泛的，并不局限于财务报表的特定要素、账户或项目。在这种情况下，注册会计师需要按照《中国注册会计师审计准则第 1502 号——在审计报告中发表非无保留意见》的规定，对财务报表发表无法表示意见。

第四节 期后事项

引例

口蹄疫事件

某农畜产公司总资产约为 3500 万美元，主要营业项目为牛、猪等畜牧养殖业。注册会计师于 1998 年 3 月 15 日完成该公司 1997 年度的财务报表审计外勤工作，一切都在预期与掌握之中，预计同年 3 月 25 日可签发无保留意见之审计报告。然而，在印刷、校稿过程中，3 月 18 日该农畜产公司所在省份的报纸上头版新闻中突然出现斗大标题"我省某县发现口蹄疫"。据报道，这是该省七十年来首次发现之重大疫情，并有扩大之趋势。同时，只要是偶蹄类动物，皆有感染的可能。此后，连续几天，疫情不断扩大，不到一星期病例已蔓延至全省。此时，注册会计师的工作正处于外勤工作结束、报告尚未签发的尴尬期中。

在上述引例中，注册会计师在外勤工作已结束但尚未签发审计报告时，获知会对被审计单位经营活动产生重大影响的事件，此时注册会计师应该如何应对。本节将对期后事项的概念及分类以及审计程序进行介绍。

企业的经营活动是连续不断、持续进行的，但财务报表的编制却是建立在会计分期假设基础之上的。也就是说，作为主要审计对象的财务报表，其编制基础不过是对连续不断的经营活动的一种人为划分。因此，注册会计师在审计被审计单位某一会计年度的财务报表时，除了对所审会计年度内发生的交易和事项实施必要的审计程序外，还必须考虑所审会计年度之后发生和发现的事项对财务报表和审计报告的影响，以保证一个会计期间的财务报表的真实性和完整性。

一、期后事项的概念及分类

期后事项是指财务报表日至审计报告日发生的事项，以及注册会计师在审计报告日后知悉的事实。

根据期后事项的上述定义，期后事项可以划分为三个时段：第一个时段是财务报表日后至审计报告日，我们可以把在这一期间发生的事项称为第一时段期后事项；第二个时段是审计报告日后至财务报表报出日，我们可以把这一期间发现的事实称为第二时段期后事项；第三个时段是财务报表报出日后，我们可以把这一期间发现的事实称为第三时段期后事项（图 11-1）。

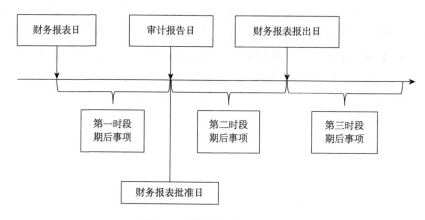

图 11-1　期后事项三个时段

财务报表日是指财务报表涵盖的最近期间的截止日期；财务报表批准日是指构成整套财务报表的所有报表（包括相关附注）已编制完成，并且审计单位的董事会、管理层或类似机构已经认可其对财务报表负责的日期；财务报表报出日是指审计报告和已审计财务报表提供给第三方的日期。按照《中国注册会计师审计准则第 1501 号——对财务报表形成审计意见和出具审计报告》的规定，审计报告日不应早于注册会计师获取充分、适当的审计证据（包括管理层认可对财务报表的责任且已批准财务报表的证据），并在此基础上对财务报表形成审计意见的日期。因此，在实务中审计报告日与财务报表批准日通常是相同的日期。

二、期后事项的审计程序

（一）财务报表日至审计报告日发生的事项

1. 主动识别第一时段期后事项

注册会计师应当设计和实施审计程序，获取充分、适当的审计证据，以确定所有在财务报表日至审计报告日发生的、需要在财务报表中调整或披露的事项均已得到识别。但是，注册会计师并不需要对之前已实施审计程序和已得出满意结论的事项执行追加的审计程序。

财务报表日至审计报告日发生的期后事项属于第一时段期后事项。对于这一时段的期后事项，注册会计师负有主动识别的义务，应当设计专门的审计程序来识别这些期后事项，并根据这些事项的性质判断其对财务报表的影响，进而确定是进行调整还是披露。

2. 用以识别期后事项的审计程序

注册会计师应当按照审计准则的规定实施审计程序，以使审计程序能够涵盖财务报表日至审计报告日（或尽可能接近审计报告日）这一期间。通常情况下，针对期后事项的专门审计程序，其实施时间越接近审计报告日越好。越接近审计报告日，也就意味着离财务报表日越远，被审计单位这段时间内累积的对财务报表日已经存在的情况提供的进一步证据也就越多；越接近审计报告日，注册会计师遗漏期后事项的可能性也就越小。

在确定审计程序的性质和范围时，注册会计师应当考虑风险评估的结果。用以识别第一时段期后事项的审计程序通常包括如下几个方面。

（1）了解管理层为确保识别期后事项而建立的程序。

（2）询问管理层和治理层（如适用），确定是否已发生可能影响财务报表的期后事项。注册会计师可以询问根据初步或尚无定论的数据做出会计处理的项目的现状，以及是否已发生新的承诺、借款或担保，是否计划出售或购置资产等。

（3）查阅被审计单位的所有者、管理层和治理层在财务报表日后举行会议的纪要，在不能获取会议纪要的情况下，询问此类会议讨论的事项。

（4）查阅被审计单位最近的中期财务报表（如有）。

除这些审计程序外，注册会计师可能认为实施下列一项或多项审计程序是必要和适当的。

（1）查阅被审计单位在财务报表日后最近期间内的预算、现金流量预测和其他相关的管理报告。

（2）就诉讼和索赔事项询问被审计单位的法律顾问，或者扩大之前的口头或书面查询范围。

（3）考虑是否有必要获取涵盖特定期后事项的书面声明以支持其他审计证据，从而获取充分、适当的审计证据。

3. 知悉对财务报表有重大影响的期后事项时的考虑

在实施上述审计程序后，如果注册会计师识别出对财务报表有重大影响的期后事项，应当确定这些事项是否按照适用的财务报告编制基础的规定在财务报表中得到恰当反映。

如果所知悉的期后事项属于调整事项，注册会计师应当考虑被审计单位是否已对财务报表做出适当的调整。如果所知悉的期后事项属于非调整事项，注册会计师应当考虑被审计单位是否在财务报表附注中予以充分披露。

（二）注册会计师在审计报告日后至财务报表报出日前知悉的事实

1. 被动识别第二时段期后事项

在审计报告日后，注册会计师没有义务针对财务报表实施任何审计程序。审计报告日后至财务报表报出日前发现的事实属于第二时段期后事项，注册会计师针对被审计单位的审计业务已经结束，要识别可能存在的期后事项比较困难，因而无法承担主动识别第二时段期后事项的审计责任。但是，在这一阶段，被审计单位的财务报表并未报出，管理层有责任将发现的可能影响财务报表的事实告知注册会计师。当然，注册会计师还可能会通过媒体报道、举报信或者证券监管部门告知等途径获悉影响财务报表的期后事项。

2. 知悉第二时段期后事项时的考虑

在审计报告日后至财务报表报出日前，如果知悉了某事实，且在审计报告日知悉可能导致修改审计报告，注册会计师应当与管理层和治理层（如适用）讨论该事项；确定财务报表是否需要修改；如果需要修改，询问管理层将如何在财务报表中处理该事项。

（1）管理层修改财务报表时的处理。

如果管理层修改财务报表，注册会计师应当根据具体情况对有关修改实施必要的审计程序；同时，除非下文述及的特定情况适用，注册会计师应当将用以识别期后事项的上述审计程序延伸至新的审计报告日，并针对修改后的财务报表出具新的审计报告。新的审计报告日不应早于修改后的财务报表被批准的日期。此时，注册会计师需要获取充分、适当的审计证据，以验证管理层根据期后事项所做出的财务报表调整或披露是否符合适用的财务报告编制基础的规定。

在有关法律法规或适用的财务报告编制基础未禁止的情况下，如果管理层对财务报表的修改仅限于反映导致修改的期后事项的影响，被审计单位的董事会、管理层或类似机构也仅对有关修改进行批准，注册会计师可以仅针对有关修改将用以识别期后事项的上述审计程序延伸至新的审计报告日（简称特定情形）。在这种情况下，注册会计师应当选用下列处理方式之一。

一是修改审计报告。针对财务报表修改部分增加补充报告日期，从而表明注册会计师对期后事项实施的审计程序仅限于针对财务报表相关附注所述的修改。在这种处理方式下，注册会计师修改审计报告，针对财务报表修改部分增加补充报告日期，而对管理层做出修改前的财务报表出具的原审计报告日期保持不变。之所以这样处理，是因为原审计报告日期告知财务报表使用者针对该财务报表的审计工作何时完成；补充报告日期告知财务报表使用者自原审计报告日之后实施的审计程序仅针对财务报表的后续修改。有关补充报告日期的示例如下："除附注×所述事项的日期为［仅针对附注×所述修改的审计程序完成日期］之外，［原审计报告日］。"

二是出具新的或经修改的审计报告。在强调事项段或其他事项段中说明注册会计师对期后事项实施的审计程序仅限于针对财务报表相关附注所述的修改。

（2）管理层不修改财务报表且审计报告未提交时的处理。

如果认为管理层应当修改财务报表而没有修改，并且审计报告尚未提交给被审计单位，注册会计师应当按照《中国注册会计师审计准则第 1502 号——在审计报告中发表非无保留意见》的规定发表非无保留意见，然后再提交审计报告。

（3）管理层不修改财务报表且审计报告已提交时的处理。

如果认为管理层应当修改财务报表而没有修改，并且审计报告已经提交给被审计单位，注册会计师应当通知管理层和治理层（除非治理层全部成员参与管理被审计单位）在财务报表做出必要修改前不要向第三方报出。如果财务报表在未经必要修改的情况下仍被报出，注册会计师应当采取适当措施，以设法防止财务报表使用者信赖该审计报告。例如，针对上市公司，注册会计师可以利用证券传媒等刊登必要的声明，防止使用者信赖该审计报告。注册会计师采取的措施取决于自身的权利和义务以及所征询的法律意见。

（三）注册会计师在财务报表报出后知悉的事实

1. 没有义务识别第三时段期后事项

财务报表报出日后知悉的事实属于第三时段期后事项，注册会计师没有义务针对财务报表实施任何审计程序。但是，并不排除注册会计师通过媒体等其他途径获悉可能对财务报表产生重大影响的期后事项的可能性。

2. 知悉第三时段期后事项时的考虑

在财务报表报出后，如果知悉了某事实，且在审计报告日知悉可能导致修改审计报告，注册会计师应当：与管理层和治理层（如适用）讨论该事项；确定财务报表是否需要修改；如果需要修改，询问管理层将如何在财务报表中处理该事项。

应当指出的是，需要注册会计师在知悉后采取行动的第三时段期后事项是有严格限制的：这类期后事项应当是在审计报告日已经存在的事实；该事实如果被注册会计师在审计报告日前获知，可能影响审计报告。只有同时满足这两个条件，注册会计师才需要采取行动。

A. 管理层修改财务报表时的处理

如果管理层修改了财务报表，注册会计师应当采取如下必要的措施。

（1）根据具体情况对有关修改实施必要的审计程序。例如，查阅法院判决文件、复核会计处理或披露事项，确定管理层对财务报表的修改是否恰当。复核管理层采取的措施能否确保所有收到原财务报表和审计报告的人士了解这一情况。

（2）在修改了财务报表的情况下，管理层应当采取恰当措施（如上市公司可以在证券类报纸、网站刊登公告，重新公布财务报表和审计报告），让所有收到原财务报表和审计报告的人士了解这一情况。注册会计师需要对这些措施进行复核，判断它们是否能达到这样的目标。例如，上市公司管理层刊登公告的媒体是否是证监会指定的媒体，若仅刊登在其注册地的媒体上，则异地的使用者可能无法了解这一情况。

（3）延伸实施审计程序，并针对修改后的财务报表出具新的审计报告。

除非上文所述的特定情形适用，将用以识别期后事项的上述审计程序延伸至新的审计报告日，并针对修改后的财务报表出具新的审计报告，新的审计报告日不应早于修改后的财务报表被批准的日期。

（4）在特殊情况下，修改审计报告或提供新的审计报告。

需要提醒的是，注册会计师应当在新的或经修改的审计报告中增加强调事项段或其他事项段，提醒财务报表使用者关注财务报表附注中有关修改原财务报表的详细原因和注册会计师提供的原审计报告。

B. 管理层未采取任何行动时的处理

如果管理层没有采取必要措施确保所有收到原财务报表的人士了解这一情况，也没有在注册会计师认为需要修改的情况下修改财务报表，注册会计师应当通知管理层和治理层（除非治理层全部成员参与管理被审计单位），注册会计师将设法防止财务报表使用者信赖该审计报告。

如果注册会计师已经通知管理层或治理层，而管理层或治理层没有采取必要措施，注册会计师应当采取适当措施，以设法防止财务报表使用者信赖该审计报告。注册会计师采取的措施取决于自身的权利和义务。因此，注册会计师可能认为寻求法律意见是适当的。

第五节 审计沟通

引例

扇贝去哪了？[10]

说起 Z 岛，令人印象最深刻的大概只有"扇贝去哪儿了"连续剧——2014 年、2018 年 1 月和 2019 年第一季度，Z 岛三次公告"扇贝找不到了"，被调侃为"扇贝跑了"之前三季。如今，这个故事又有了第四季，这次更"奇葩"：价值 3 亿元的扇贝全死了。由于扇贝死得太过突然，以至于深圳证券交易所火速发出关注函，要求 Z 岛解释清楚原因。从 Z 岛 2017 年、2018 年及 2019 年的审计报告中可以看到，2017 年、2018 年 D 会计师事务所出具了保留意见，并在关键审计事项中指出："我们确定生物资产的存在和损失确认是需要在审计报告中沟通的关键审计事项。"2019 年 Y 会计师事务所出具了保留意见，同样在关键审计事项中指出："因此我们将生物资产的存在和损失确认认定为关键审计事项。"

关键审计事项是注册会计师根据职业判断认为在与治理层沟通过的事项中对当期财务报表审计最为重要的事项。本节将对与治理层沟通的内容和沟通的过程进行介绍。

注册会计师应当就与财务报表审计相关且根据职业判断认为与治理层责任相关的重大事项，以适当的方式及时与治理层进行明晰的沟通。这是注册会计师与治理层沟通的总体要求。明晰的沟通指沟通内容、沟通目标、沟通方式、沟通结果均要清晰明了。注册会计师与治理层沟通的主要目的是：①就审计范围和时间以及注册会计师、治理层、管理层各方在财务报表审计和沟通中的责任，取得相互了解；②及时向治理层告知审计中发现的与治理层责任相关的事项；③共享有助于注册会计师获取审计证据和治理层履行责任的其他信息。明确与治理层沟通的目的，有助于注册会计师全面理解与治理层进行沟通的必要性，意识到自己向治理层告知审计中发现的与治理层责任相关的事项的义务，以期与治理层就履行各自职责达成共识并共享信息（图 11-2）。

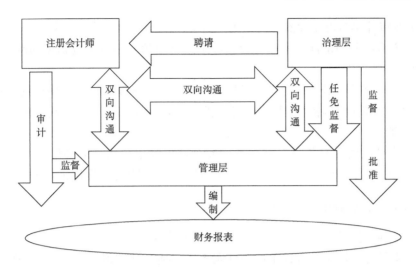

图 11-2　与治理层的双向沟通

一、审计沟通的内容

（一）注册会计师与财务报表审计相关的责任

注册会计师应当与治理层沟通注册会计师与财务报表审计相关的责任，包括如下几个方面。

（1）注册会计师负责对在治理层监督下管理层编制的财务报表形成和发表意见。

（2）财务报表审计并不减轻管理层或治理层的责任。

注册会计师与财务报表审计相关的责任通常包含在审计业务约定书或记录审计业务约定条款的其他适当形式的书面协议中。

（二）计划的审计范围和时间安排

注册会计师应当与治理层沟通计划的审计范围和时间安排的总体情况，包括识别的特别风险。就计划的审计范围和时间安排进行沟通可以：①帮助治理层更好地了解注册会计师工作的结果，与注册会计师讨论风险问题和重要性的概念，以及识别可能需要注册会计师追加审计程序的领域；②帮助注册会计师更好地了解被审计单位及其环境。

在与治理层就计划的审计范围和时间安排进行沟通时，尤其是在治理层部分或全部成员参与管理被审计单位的情况下，注册会计师需要保持职业谨慎，避免损害审计的有效性。例如，沟通具体审计程序的性质和时间安排时，可能因这些程序易于被预见而降低其有效性。

沟通的事项主要如下。

（1）注册会计师拟如何应对由舞弊或错误导致的特别风险以及重大错报风险评估水平较高的领域。

（2）注册会计师对与审计相关的内部控制采取的方案。

（3）在审计中对重要性概念的运用。

（4）实施计划的审计程序或评价审计结果需要的专门技术或知识的性质和程度，包括利用专家的工作。

（5）当《中国注册会计师审计准则第 1504 号——在审计报告中沟通关键审计事项》适用时，注册会计师对哪些事项可能需要重点关注因而可能构成关键审计事项所做的初步判断。

（6）针对适用的财务报告编制基础或者被审计单位所处的环境、财务状况或活动发生的重大变化对单一报表及披露产生的影响，注册会计师拟采取的应对措施。

（三）审计中发现的重大问题

注册会计师应当与治理层沟通审计中发现的下列重大问题。

（1）注册会计师对被审计单位会计实务（包括会计政策、会计估计和财务报表披露）重大方面的质量的看法。在适当的情况下，注册会计师应当向治理层解释为何某项在适用的财务报告编制基础下可以接受的重大会计实务，并不一定最适合被审计单位的具体情况。财务报告编制基础通常允许被审计单位对会计估计以及有关会计政策和财务报表披露做出判断。例如，当在存在重大计量不确定性的情况下做出会计估计时，对运用的关键假设做出判断。此外，法律法规或财务报告编制基础可能要求披露重要会计政策概要、提及"重要的会计估计"或"重要的会计政策和实务"，以向财务报表使用者指明管理层在编制财务报表时做出的最困难、最主观或最复杂的判断，并提供相关的进一步信息。

（2）审计工作中遇到的重大困难。审计工作中遇到的重大困难可能包括下列事项：管理层在提供审计所需信息时出现严重拖延；不合理地要求缩短完成审计工作的时间；为获取充分、适当的审计证据需要付出的努力远远超过预期；无法获取预期的信息；管理层对注册会计师施加的限制；管理层不愿意按照要求对被审计单位持续经营能力进行评估，或不愿意延长评估期间。在某些情况下，这些困难可能构成对审计范围的限制，导致注册会计师发表非无保留意见。

（3）已与管理层讨论或需要书面沟通的审计中出现的重大事项，以及注册会计师要求提供的书面声明，除非治理层全部成员参与管理被审计单位。已与管理层讨论或需要书面沟通的重大事项可能包括：影响被审计单位的业务环境，以及可能影响重大错报风险的经营计划和战略；对管理层就会计或审计问题向其他专业人士进行咨询的关注；管理层在首次委托或连续委托注册会计师时，就会计实务、审计准则应用、审计或其他服务费用与注册会计师进行的讨论或书面沟通。

（4）影响审计报告形式和内容的情形。按照相关审计准则的规定，注册会计师应当或可能认为有必要在审计报告中包含更多信息并应当就此与治理层沟通的情形如下。

根据《中国注册会计师审计准则第 1502 号——在审计报告中发表非无保留意见》的规定，注册会计师预期在审计报告中发表非无保留意见。

根据《中国注册会计师审计准则第 1324 号——持续经营》的规定，报告与持续经营相关的重大不确定性。

根据《中国注册会计师审计准则第 1504 号——在审计报告中沟通关键审计事项》的规定，沟通关键审计事项。

根据《中国注册会计师审计准则第 1503 号——在审计报告中增加强调事项段和其他事项段》或其他审计准则的规定，注册会计师认为有必要（或应当）增加强调事项段或其他事项段。

在这些情形下，注册会计师可能认为有必要向治理层提供审计报告的草稿，以便于讨论如何在审计报告中处理这些事项。

（5）审计中出现的、根据职业判断认为对监督财务报告过程有重大影响的其他事项。审计中出现的、与治理层履行对财务报告过程的监督职责直接相关的其他重大事项，可能包括已更正的其他信息存在的对事实的重大错报或重大不一致。沟通审计中发现的重大问题可能包括要求治理层提供进一步的信息以完善获取的审计证据。例如，注册会计师可以证实治理层对与特定的交易或事项有关的事实和情况有着与其相同的理解。

（四）值得关注的内部控制缺陷

在识别和评估重大错报风险时，审计准则要求注册会计师了解与审计相关的内部控制。在进行风险评估时，注册会计师了解内部控制的目的是设计适合具体情况的审计程序，而不是对内部控制的有效性发表意见。无论是在风险评估过程中，还是在审计工作的其他阶段，注册会计师都有可能识别出内部控制缺陷。

内部控制缺陷是指在下列任一情况下内部控制存在的缺陷：①某项控制的设计、执行或运行不能及时防止或发现并纠正财务报表错报；②缺少用以及时防止或发现并纠正财务报表错报的必要控制。

值得关注的内部控制缺陷，是指注册会计师根据职业判断，认为足够重要从而值得治理层关注的内部控制的一个缺陷或多个缺陷的组合。注册会计师应当根据已执行的审计工作，确定是否识别出内部控制缺陷。如果识别出内部控制缺陷，注册会计师应当根据已执行的审计工作，确定该缺陷单独或连同其他缺陷是否构成值得关注的内部控制缺陷。

注册会计师应当以书面形式及时向治理层通报审计过程中识别出的值得关注的内部控制缺陷。

（五）注册会计师的独立性

注册会计师需要遵守与财务报表审计相关的职业道德要求，包括对独立性的要求。

如果被审计单位是上市实体，注册会计师还应当与治理层沟通下列内容。

（1）就审计项目组成员、会计师事务所其他相关人员，以及会计师事务所和网络事务所按照相关职业道德要求保持了独立性做出声明。

（2）根据职业判断，注册会计师认为会计师事务所、网络事务所与被审计单位之间存在的可能影响独立性的所有关系和其他事项，包括会计师事务所和网络事务所在财务报表涵盖期间为被审计单位和受被审计单位控制的组成部分提供审计、非审计服务的收费总额。这些收费应当分配到适当的业务类型中，以帮助治理层评估这些服务对注册会计师独立性的影响。

（3）为消除对独立性的不利影响或将其降至可接受的水平，已经采取的相关防范措施。

（六）补充事项

注册会计师可能注意到一些补充事项，虽然这些事项不一定与监督财务报告流程有关，但对治理层监督被审计单位的战略方向或与被审计单位受托责任相关的义务很可能是重要的。这些事项可能包括与治理结构或过程有关的重大问题、缺乏适当授权的高级管理层做出的重大决策或行动。在确定是否与治理层沟通补充事项时，注册会计师可能就其注意到的某类事项与适当层级的管理层进行讨论，除非在具体情形下不适合这么做。

二、审计沟通的过程

（一）确立沟通过程

1. 基本要求

清楚地沟通注册会计师的责任、计划的审计范围和时间安排以及期望沟通的大致内容，有助于为有效的双向沟通奠定基础。通常，讨论下列事项可能有助于实现有效的双向沟通。

（1）沟通的目的。如果目的明确，注册会计师和治理层就可以更好地就相关问题和在沟通过程中期望采取的行动进行相互了解。

（2）沟通拟采取的形式。与治理层就沟通形式进行讨论，有利于合理确定拟采取的沟通形式，或及时对沟通形式进行必要的调整，同时也有利于得到治理层的理解和配合。

（3）由审计项目组和治理层中的哪些人员就特定事项进行沟通。这方面的讨论有利于双方合理确定参与沟通的人员，以及找到适当的沟通对象。

（4）注册会计师对沟通的期望，包括将进行双向沟通以及治理层就其认为与审计工作相关的事项与注册会计师沟通。与审计工作相关的事项包括：可能对审计程序的性质、时间安排和范围产生重大影响的战略决策，对舞弊的怀疑或检查，对高级管理人员的诚信或胜任能力的疑虑。

2. 与管理层的沟通

许多事项可以在正常的审计过程中与管理层讨论，包括审计准则要求与治理层沟通的事项。这种讨论有助于确认管理层对被审计单位经营活动的执行以及（特别是）对财务报表的编制承担的责任。在与治理层沟通某些事项前，注册会计师可能就这些事项与管理层讨论，除非这种做法并不适当。例如，就管理层的胜任能力或诚信与其讨论可能是不适当的。除确认管理层的执行责任外，这些初步的讨论还可以澄清事实和问题，并使管理层有机会提供进一步的信息和解释。如果被审计单位设有内部审计，注册会计师可以在与治理层沟通前与内部审计人员讨论相关事项。

3. 与第三方的沟通

治理层可能希望向第三方（如银行或特定监管机构）提供注册会计师书面沟通文件的副本。在某些情况下，向第三方披露书面沟通文件可能是违法或不适当的。在向第三方提供为治理层编制的书面沟通文件时，在书面沟通文件中声明以下内容，告知第三方这些书面沟通文件不是为他们编制的，可能是非常重要的：书面沟通文件仅为治理层的使用而编制，在适当的情况下也可供集团管理层和集团注册会计师使用，但不应被第三方依赖；注册会计师对第三方不承担责任；书面沟通文件向第三方披露或分发的任何限制。

另外，法律法规也可能要求注册会计师：①向监管机构或执法机构报告与治理层沟通的特定事项。例如，如果管理层和治理层没有采取纠正措施，注册会计师有义务向监管机构或执法机构报告错报。②将为治理层编制的特定报告的副本提交给相关监管机构、出资机构或其他机构。例如，对某些公共部门实体，需要将上述副本提交给某些主管部门。③向公众公开为治理层编制的报告。应当注意的是，除非法律法规要求向第三方提供注册会计师与治理层的书面沟通文件的副本，否则注册会计师在向第三方提供前可能需要事先征得治理层同意。

（二）沟通的形式

有效的沟通可能包括结构化的陈述、书面报告以及不太正式的沟通（包括讨论）。对于审计中发现的重大问题，如果根据职业判断认为采用口头形式沟通不适当，注册会计师应当以书面形式与治理层沟通，当然，书面沟通不必包括审计过程中的所有事项；对于审计准则要求的注册会计师的独立性，注册会计师也应当以书面形式与治理层沟通。注册会计师还应当以书面形式向治理层通报值得关注的内部控制缺陷。除上述事项外，对于其他事项，注册会计师可以采取口头或书面的方式沟通。书面沟通可能包括向治理层提供审计业务约定书。

需要强调的是，要想有效地实现沟通目的，注册会计师需要根据实际情况灵活选择适当的沟通形式。对于沟通形式的选择不必拘泥于固定的模式，也没有必要对所有的沟通事项都采取正式、详细和书面的形式，这样做有时反而会影响沟通的实际效果。在审计实务中，对于审计准则规定的应当以书面形式沟通的事项，注册会计师一般采用致治理层沟通函件的方式进行书面沟通。参考格式 11-2 列示了沟通函件的形式。

参考格式 11-2：

××公司董事会（审计委员会）：

根据《中国注册会计师审计准则第 1151 号——与治理层的沟通》的规定，注册会计师应当就与财务报表审计相关且根据职业判断认为与治理层责任相关的重大事项，以适当的方式及时与治理层沟通。保持有效的双向沟通关系，有利于注册会计师与治理层履行各自的职责。

必须特别强调的是，除法律法规和审计准则另有规定的情形之外，这份书面沟通文件仅供贵公司治理层使用，我们对第三方不承担任何责任，未经我们事先书面同意，沟通文件不得被引用、提及或向其他人披露。

以下内容是与我们对贵公司 2019 年度财务报表进行的与审计相关的、按规定应予沟通的重大事项：

（一）对贵公司所采用的会计政策、会计估计和财务报表披露的看法

（二）审计工作中遇到的重大困难

（三）尚未更正的重大错报

我们发现，贵公司将 2019 年×月×日向××银行支付的银行借款利息××元计入了××在建工程成本。我们认为，根据适用的会计准则和相关会计制度的规定，该笔利息支出不符合借款费用资本化的条件，应当确认为本年度的财务费用。我们已于 2020 年×月×日与贵公司管理层沟通并提请更正，但至今尚未得到更正。如不更正，将会导致少计费用从而虚增年度利润的后果，根据该笔业务的性质和重要程度，我们对贵公司 2019 年度的财务报表将不能出具无保留意见的审计报告。现再次提请贵公司予以更正。

（四）其他事项

××会计师事务所（盖章）　中国注册会计师：（签名并盖章）

二〇二〇年×月×日

（三）沟通的时间安排

注册会计师应当及时与治理层沟通。怎样才算及时并非一成不变的，适当的沟通时间安排因业务环境的不同而不同。相关的环境包括事项的重要程度和性质，以及期望治理层采取的行动。

（四）沟通过程的充分性

注册会计师应当评价其与治理层之间的双向沟通对实现审计目的是否充分。如果认为双向沟通不充分，注册会计师应当评价其对重大错报风险评估以及获取充分、适当的审计证据的能力的影响，并采取适当的措施。

有效的双向沟通对于注册会计师和治理层都有帮助。治理层的参与（包括他们与内部审计人员和注册会计师的互动）是被审计单位控制环境的一个要素。不充分的双向沟通可能意味着令人不满意的控制环境，影响注册会计师对重大错报风险的评估。同时存在一种风险，即注册会计师可能不能获取充分、适当的审计证据以形成对财务报表的审计意见。

如果注册会计师与治理层之间的双向沟通不充分，并且这种情况得不到解决，注册会计师可以采取下列措施：根据范围受到的限制发表非无保留意见；就采取不同措施的后果征询法律意见；与第三方（如监管机构）、被审计单位外部的在治理结构中拥有更高权力的组织或人员（如企业的业主、股东大会中的股东），或者与对公共部门负责的政府部门进行沟通；在法律法规允许的情况下解除业务约定。

思维导图

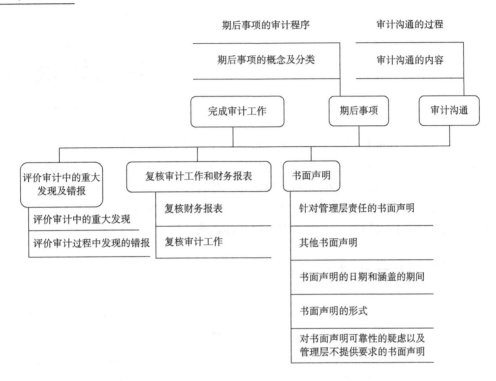

课后思考题

1. 简述错报的含义和分类。
2. 简述期后事项的审计程序。
3. 审计人员如何与被审计单位治理层沟通，沟通的内容是什么？

第十一章习题

第十二章

审计报告

审计报告是审计的最终成果的体现，也是审计质量控制的关键环节，审计意见对于审计报告使用者决策会产生重要影响。本章学习的主要目的是了解审计报告的作用、掌握审计报告的要素和审计意见的类型、理解审计报告和财务报表之间的关系。

通过本章学习可以对不同情况下的审计意见类型做出专业判断，熟悉不同意见类型的审计报告的编制以及特殊情况对于审计报告的影响。

■ 第一节　审计报告概述

引例

审计报告统计数据

2020 年 6 月 1 日至 7 月 1 日，27 家事务所共为 75 家上市公司出具了财务报表审计报告，其中，沪市主板 29 家，深市主板 14 家，中小板 27 家，创业板 5 家。从审计报告意见类型看，27 家上市公司被出具了无保留意见审计报告（其中，2 家被出具带强调事项段的无保留意见，2 家被出具带持续经营事项段的无保留意见），26 家被出具保留意见，22 家被出具无法表示意见。截至 2020 年 7 月 1 日，40 家事务所共为 3810 家上市公司出具了财务报表审计报告，其中，沪市主板 1506 家，深市主板 470 家，中小板 946 家，创业板 797 家，科创板 91 家。从审计报告意见类型看，3639 家上市公司被出具了无保留意见审计报告（其中，41 家被出具带强调事项段的无保留意见，55 家被出具带持续经营事项段的无保留意见），126 家被出具保留意见，45 家被出具无法表示意见。

2020 年 6 月 1 日至 7 月 1 日，20 家事务所共为 43 家上市公司出具了内部控制审计报告，其中，沪市主板 28 家，深市主板 14 家，中小板 1 家。从审计报告意见类型看，19 家上市公司被出具了无保留意见审计报告（其中，2 家被出具带强调事项段的无保留意见），23 家被出具否定意见，1 家被出具无法表示意见。截至 2020 年 7 月 1 日，40 家事务所共为 1989 家上市公司出具了内部控制审计报告，其中，沪市主板 1429 家，深市主板 462 家，中小板 85 家，创业板 9 家，科创板 4 家。从审计报告意见类型看，1921 家上市公司被出具了无保留意见审计报告（其中，43 家被出具带强调事项段的无保留意见），66 家被出具否定意见，2 家被出具无法表示意见。

审计报告是审计的最终结果，对于审计报告使用者的决策起到至关重要的作用，审计意见类型的确定需要运用审计人员的专业判断。

资料来源:《中注协发布上市公司 2019 年年报审计情况快报（第十期）》, https://www.cicpa.org.cn/xxfb/news/202007/t20200722_5305.html[2020-07-22]。

一、审计报告及其作用

（一）审计报告的定义

审计报告是审计师根据审计准则或法规的要求，在实施了必要的审计程序后出具的，用于对被审计单位受托经济责任履行情况做出审计结论、发表审计意见的书面文件。审计报告是审计工作的最终结果。

根据定义，审计报告具有如下特征。

（1）审计报告是审计师在完成审计工作后向委托人提交的最终产品。

（2）审计师通过对审计对象发表意见履行审计责任。

（3）审计报告应以书面形式出具。

（4）审计报告明确界定不同审计责任主体的责任。

（二）审计报告的分类

按审计报告的格式和措辞是否统一分为标准审计报告和非标准审计报告。标准审计报告是指格式和措辞基本统一的审计报告，一般用于对外公布。非标准审计报告是指格式和措辞不统一，可以根据具体审计项目的问题进行调整的审计报告，一般不用于对外公布。

按审计报告使用的目的可以分为公布目的的审计报告和非公布目的的审计报告。公布目的的审计报告一般是指用于对企业股东、投资者、债权人等非特定利益关系者公布的附送财务报表的审计报告。非公布目的的审计报告一般是指用于经营管理、合并或业务转让、融资等特定事项而实施的审计报告。

按审计报告的详略程度可以分为简式审计报告和详式审计报告。简式审计报告又称短式审计报告，是指注册会计师对财务报表进行审计后所编制的简明扼要的审计报告，具有审计准则所规定的特征，属于标准审计报告，适用于公布目的。详式审计报告又称长式审计报告，是指对审计对象所有重要事项都要做详细说明和分析的审计报告，一般具有非公布目的和非标准的特点。

按审计主体可以分为政府审计报告、内部审计报告和民间审计报告。

按审计内容和目的可以分为财务审计报告、合规审计报告和绩效审计报告。

（三）审计报告的作用

1. 鉴证作用

注册会计师以独立的第三方身份签发的审计报告，应当对被审计单位财务报表的合法性、公允性进行鉴证并发表恰当的审计意见。财务报表是否合法、公允，主要依据注册会计师出具的审计报告做出判断。注册会计师签发的审计报告具有法定证明效力，可以为政府等财务报表使用者了解企业财务状况和经营成果从而做出科学的决策提供重要依据，此种经济鉴证作用已经得到政府各部门和社会各界的认可。

2. 保护作用

注册会计师签发的审计报告具有不同类型的审计意见，从而可以提高或降低财务报表使用者对财务报表的信赖程度，在一定程度上对被审计单位的资金财产及企业利害关系人的利益起到保护作用。企业的投资者和债权人可以通过查阅企业的财务报表和注册会计师出具的审计报告，更真实地了解企业的财务状况和经营成果，以降低自身投资风险。

3. 证明作用

注册会计师签发的审计报告是对注册会计师审计任务完成情况及其结果所做的全面总结，可以对审计工作质量、审计人员责任及其履行情况起到证明作用。审计报告可以证明注册会计师在审计过程中是否实施了必要的审计程序，是否遵循了相应的准则规范，是否以审计工作底稿为依据发表审计意见，发表的审计意见是否恰当，审计工作质量是否符合要求等，从而可以证明审计责任的履行情况。

二、新审计报告准则的创新与特点

为了弥合监管机构和投资者的需求与注册会计师执业质量的期望之间的差距，协调审计报告需求的标准化与个性化之间的矛盾，协调充分披露与信息超载之间的矛盾，根据 2016 年 12 月 23 日《财政部关于印发〈中国注册会计师审计准则第 1504 号——在审计报告中沟通关键审计事项〉等 12 项准则的通知》，2019 年 2 月 20 日《财政部关于印发〈中国注册会计师审计准则第 1101 号——注册会计师的总体目标和审计工作的基本要求〉等 18 项审计准则的通知》（财会〔2019〕5 号），审计报告相关准则主要修订了如下六项内容。

（一）优化审计报告要素的排列顺序

《中国注册会计师审计准则第 1501 号——对财务报表形成审计意见和出具审计报告》第二十四条要求审计报告的第一部分应当包含审计意见，并以"审计意见"作为标题。

审计报告应当包含标题为"形成审计意见的基础"的部分。该部分应当紧接在审计意见部分之后，并包括下列方面。

（1）说明注册会计师按照审计准则的规定执行了审计工作。

（2）提及审计报告中用于描述审计准则规定的注册会计师责任的部分。

（3）声明注册会计师按照与审计相关的职业道德要求独立于被审计单位，并履行了职业道德方面的其他责任。声明中应当指明适用的职业道德要求，如中国注册会计师职业道德守则。

（4）说明注册会计师是否相信获取的审计证据是充分、适当的，为发表审计意见提供了基础。

（二）改进管理层对财务报表责任的表述

《中国注册会计师审计准则第 1501 号——对财务报表形成审计意见和出具审计报

告》第三十条要求管理层对财务报表的责任部分应当说明管理层负责下列方面。

（1）按照适用的财务报告编制基础的规定编制财务报表，使其实现公允反映，并设计、执行和维护必要的内部控制，以使财务报表不存在由于舞弊或错误导致的重大错报。

（2）评估被审计单位的持续经营能力和使用持续经营假设是否适当，并披露与持续经营相关的事项（如适用）。对管理层评估责任的说明应当包括描述在何种情况下使用持续经营假设是适当的。

当对财务报告过程负有监督责任的人员与履行上述第三十条所述责任的人员不同时，管理层在财务报表的责任部分还应当提及对财务报告过程负有监督责任的人员。在这种情况下，该部分的标题还应当提及"治理层"或者特定国家或地区法律框架中的恰当术语。

（三）改进注册会计师对财务报表审计责任的描述

《中国注册会计师审计准则第1501号——对财务报表形成审计意见和出具审计报告》第三十二条提到审计报告应当包含标题为"注册会计师对财务报表审计的责任"的部分。

注册会计师对财务报表审计的责任部分应当包括下列内容。

（1）说明注册会计师的目标是对财务报表整体是否不存在由于舞弊或错误导致的重大错报获取合理保证，并出具包含审计意见的审计报告。

（2）说明合理保证是高水平的保证，但并不能保证按照审计准则执行的审计在某一重大错报存在时总能发现。

（3）说明错报可能由于舞弊或错误导致。

注册会计师对财务报表审计的责任部分还应当包括下列内容。

（1）说明在按照审计准则执行审计工作的过程中，注册会计师运用职业判断，并保持职业怀疑。

（2）通过说明注册会计师的责任，对审计工作进行描述。这些责任包括以下几个方面。

识别和评估由于舞弊或错误导致的财务报表重大错报风险，设计和实施审计程序以应对这些风险，并获取充分、适当的审计证据，作为发表审计意见的基础。由于舞弊可能涉及串通、伪造、故意遗漏、虚假陈述或凌驾于内部控制之上，未能发现由于舞弊导致的重大错报的风险高于未能发现由于错误导致的重大错报的风险。了解与审计相关的内部控制，以设计恰当的审计程序，但目的并非对内部控制的有效性发表意见。当注册会计师有责任在财务报表审计的同时对内部控制的有效性发表意见时，应当略去上述"目的并非对内部控制的有效性发表意见"的表述。评价管理层选用会计政策的恰当性和做出会计估计及相关披露的合理性。对管理层使用持续经营假设的恰当性得出结论。同时，根据获取的审计证据，就可能导致对被审计单位持续经营能力产生重大疑虑的事项或情况是否存在重大不确定性得出结论。如果注册会计师得出结论认为存在重大不确定性，审计准则要求注册会计师在审计报告中提请报表使用者关注财务报表中的相关披露；如果披露不充分，注册会计师应当发表非无保留意见。注册会计师的结论基于截至审计报告日可获得的信息。然而，未来的事项或情况可能导致被审计单位不能持续经营。评价财务报表的总体列报（包括披露）、结构和内容，并评价财务报表是否公允反映相关交易和事项。

（四）增加对持续经营、关键审计事项、其他信息的报告与披露要求

适用的情况下，注册会计师还应当按照相关规定，在审计报告中对下列信息进行报告：详见《中国注册会计师审计准则第 1324 号——持续经营》（2016 年）、《中国注册会计师审计准则第 1504 号——在审计报告中沟通关键审计事项》（2016 年）、《中国注册会计师审计准则第 1521 号——注册会计师对其他信息的责任》（2016 年）。

对持续经营、关键审计事项、其他信息的相关披露要求有：明确非无保留意见的事项、影响持续经营能力的相关事项、强调事项、其他信息在审计报告中的隔离披露；不得在审计报告的关键审计事项部分沟通（描述）导致非无保留意见的事项或者可能导致对被审计单位持续经营能力产生重大疑虑的事项或情况存在重大不确定性；强调事项段不能替代"与持续经营相关的重大不确定性"段落等。

（五）增加对遵循的职业道德要求的解释

《中国注册会计师审计准则第 1501 号——对财务报表形成审计意见和出具审计报告》（2019 年）第二十八条第（三）项中要求声明注册会计师按照与审计相关的职业道德要求独立于被审计单位，并履行了职业道德方面的其他责任。声明中应当指明适用的职业道德要求，如中国注册会计师职业道德守则。

（六）增加关于披露项目合伙人姓名的要求

《中国注册会计师审计准则第 1501 号——对财务报表形成审计意见和出具审计报告》（2019 年）第三十九条要求审计报告应当由项目合伙人和另一名负责该项目的注册会计师签名和盖章。

合伙会计师事务所出具的审计报告，应当由一名对审计项目负最终复核责任的合伙人和一名负责该项目的注册会计师签名盖章；有限责任会计师事务所出具的审计报告，应当由会计师事务所主任会计师或其授权的副主任会计师和一名负责该项目的注册会计师签名盖章。

第二节　审计报告的要素

一、注册会计师审计报告要素与内容

审计报告应当采用书面形式，应当包括标题，收件人，审计意见，形成审计意见的基础，管理层对财务报表的责任，注册会计师对财务报表审计的责任，按照相关法律法规的要求报告的事项（如适用），注册会计师的签名和盖章，会计师事务所的名称、地址

和盖章，以及报告日期。

在适用的情况下，注册会计师还应当按照《中国注册会计师审计准则第 1324 号——持续经营》《中国注册会计师审计准则第 1504 号——在审计报告中沟通关键审计事项》《中国注册会计师审计准则第 1521 号——注册会计师对其他信息的责任》的相关规定，在审计报告中对与持续经营相关的重大不确定性、关键审计事项、被审计单位年度报告中包含的除财务报表和审计报告之外的其他信息进行报告。

（一）标题

审计报告应当具有标题，统一规范为"审计报告"。

（二）收件人

审计报告应当按照审计业务约定的要求载明收件人。

（三）审计意见

审计报告的第一部分应当包含审计意见，并以"审计意见"为标题。审计意见部分还应当包括下列方面。

（1）指出被审计单位的名称。

（2）说明财务报表已经审计。

（3）指出构成整套财务报表的每一财务报表的名称。

（4）提及财务报表附注，包括重要会计政策和会计估计。

（5）指明构成整套财务报表的每一财务报表的日期或涵盖的期间。

（四）形成审计意见的基础

审计报告应当包含标题为"形成审计意见的基础"的部分。该部分应当紧接在审计意见部分之后，并包括下列方面。

（1）说明注册会计师按照审计准则的规定执行了审计工作。

（2）提及审计报告中用于描述审计准则规定的注册会计师责任的部分。

（3）声明注册会计师按照与审计相关的职业道德要求独立于被审计单位，并履行了职业道德方面的其他责任。声明中应当指明适用的职业道德要求，如中国注册会计师职业道德守则。

（4）说明注册会计师是否相信获取的审计证据是充分、适当的，为发表审计意见提供了基础。

（五）管理层对财务报表的责任

管理层对财务报表的责任部分应当说明管理层负责下列方面。

（1）按照适用的财务报告编制基础的规定编制财务报表，使其实现公允反映，并设计、执行和维护必要的内部控制，以使财务报表不存在由舞弊或错误导致的重大错报。

（2）评估被审计单位的持续经营能力和使用持续经营假设是否适当，并披露与持续经营相关的事项（如适用）。对管理层评估责任的说明应当包括描述在何种情况下使用持续经营假设是适当的。

（3）向注册会计师提供必要的工作条件。

（六）注册会计师对财务报表审计的责任

审计报告应当包含标题为"注册会计师对财务报表审计的责任"的部分，应当包括下列内容。

1. 总体目标

注册会计师的责任是对财务报表整体是否不存在由舞弊或错误导致的重大错报获取合理保证，使得注册会计师能够对财务报表是否在所有重大方面均按照适用的财务报告编制基础编制发表审计意见；按照审计准则的规定，根据审计结果对财务报表出具审计报告，并与管理层和治理层沟通。

2. 合理保证

合理保证是高水平的保证，但并不能保证按照审计准则执行的审计在某一重大错报存在时总能发现。

3. 重要性

错报可能由舞弊或错误所导致，一是如果合理预期错报单独或汇总起来可能影响财务报表使用者依据财务报表做出的经济决策，则通常认为错报是重大的；二是根据适用的财务报告编制基础，提供关于重要性的定义或描述。

4. 职业判断与职业怀疑

在按照审计准则执行审计工作的过程中，注册会计师应运用职业判断，并保持职业怀疑。

5. 在审计工作描述中说明注册会计师责任

在按照审计准则执行审计的过程中，注册会计师运用职业判断与保持职业怀疑的同时，注册会计师也执行以下工作：识别和评估由舞弊或错误导致的财务报表重大错报风险；设计和实施审计程序以应对这些风险，并获取充分、适当的审计证据，作为发表审计意见的基础。由于舞弊可能涉及串通、伪造、故意遗漏、虚假陈述或凌驾于内部控制之上，未能发现由舞弊导致的重大错报的风险高于未能发现由错误导致的重大错报的风险；了解与审计相关的内部控制，以设计恰当的审计程序，但目的并非对内部控制的有效性发表意见；评价管理层选用会计政策的恰当性和做出会计估计及相关披露的合理性。

6. 与治理层的沟通

注册会计师与治理层就计划的审计范围、时间安排和重大审计发现等事项进行沟通，包括沟通注册会计师在审计中识别的值得关注的内部控制缺陷。

7. 独立性等职业道德声明

注册会计师就已遵守与独立性相关的职业道德要求向治理层提供声明，并与治理层沟通可能被合理认为影响注册会计师独立性的所有关系和其他事项，以及相关的防范措施。

8. 确定关键审计事项

注册会计师从与治理层沟通过的事项中确定哪些事项对本期财务报表审计最为重要，从而构成关键审计事项。注册会计师应当在审计报告中描述这些事项，除非法律法规禁止公开披露这些事项。

（七）按照相关法律法规的要求报告的事项（如适用）

除审计准则规定的注册会计师责任外，如果注册会计师在对财务报表出具的审计报告中履行其他报告责任，应当在审计报告中将其单独作为一部分，并以"按照相关法律法规的要求报告的事项"为标题，或使用适合于该部分内容的其他标题，除非其他报告责任涉及的事项与审计准则规定的报告责任涉及的事项相同。如果涉及相同的事项，其他报告责任可以在审计准则规定的同一报告要素部分列示。

如果将其他报告责任在审计准则规定的同一报告要素部分列示，审计报告应当清楚区分其他报告责任和审计准则要求的报告责任。

（八）注册会计师的签名和盖章

审计报告应当由项目合伙人和另一名负责该项目的注册会计师签名和盖章。注册会计师应当在对上市实体整套通用目的财务报表出具的审计报告中注明项目合伙人。

（九）会计师事务所的名称、地址和盖章

审计报告应当载明会计师事务所的名称和地址，并加盖会计师事务所公章。

（十）报告日期

审计报告应当注明报告日期。审计报告日不应早于注册会计师获取充分、适当的审计证据，并在此基础上对财务报表形成审计意见的日期。在确定审计报告日时，注册会计师应当确信已获取下列两个方面的审计证据。

（1）构成整套财务报表的所有报表（含披露）已编制完成。

（2）被审计单位的董事会、管理层或类似机构已经认可其对财务报表负责。

审计报告的日期向审计报告使用者表明，注册会计师已考虑其知悉的、截至审计报告日发生的交易和事项的影响。注册会计师对审计报告日后发生的交易和事项的责任，在《中国注册会计师审计准则第 1332 号——期后事项》中做出了规定。由于审计意见是针对财务报表发表的，并且编制财务报表是管理层的责任，所以只有在注册会计师获取证据证明构成整套财务报表的所有报表及披露已经编制完成，并且管理层已认可其对财务报表负责的情况下，注册会计师才能得出已经获取充分、适当的审计证据的结论。财务报表须经董事会或类似机构批准后才可对外报出。法律法规明确了负责确定构成整套财务报表的所有报表及披露已经编制完成的个人或机构（如董事会），并规定了必要的批准程序。在这种情况下，注册会计师需要在签署审计报告前获取财务报表已得到批准的证据。财务报表的批准日期是一个比较早的日期，即被审计单位的董事会、管理层或类似机构确定构成整套财务报表的所有报表及披露已经编制完成，

并声称对此负责的日期。

对上市实体财务报表出具的审计报告的参考格式如下。

背景信息：

1. 对上市实体整套财务报表进行审计。该审计不属于集团审计（即不适用《中国注册会计师审计准则第 1401 号——对集团财务报表审计的特殊考虑》）。

2. 管理层按照企业会计准则编制财务报表。

3. 审计业务约定条款体现了《中国注册会计师审计准则第 1111 号——就审计业务约定条款达成一致意见》中关于管理层对财务报表责任的描述。

4. 基于获取的审计证据，注册会计师认为发表无保留意见是恰当的。

5. 适用的相关职业道德要求为中国注册会计师职业道德守则。

6. 基于获取的审计证据，根据《中国注册会计师审计准则第 1324 号——持续经营》，注册会计师认为可能导致对被审计单位持续经营能力产生重大疑虑的事项或情况不存在重大不确定性。

7. 已按照《中国注册会计师审计准则第 1504 号——在审计报告中沟通关键审计事项》的规定沟通了关键审计事项。

8. 注册会计师在审计报告日前已获取所有其他信息，且未识别出信息存在重大错报。

9. 负责监督财务报表的人员与负责编制财务报表的人员不同。

10. 除财务报表审计外，注册会计师还承担法律法规要求的其他报告责任，且注册会计师决定在审计报告中履行其他报告责任。

审计报告

A 公司全体股东：

一、对财务报表出具的审计报告[1]

（一）审计意见

我们审计了 A 公司财务报表，包括 20×1 年 12 月 31 日的资产负债表，20×1 年度的利润表、现金流量表、股东权益变动表以及相关财务报表附注。

我们认为，后附的财务报表在所有重大方面按照企业会计准则的规定编制，公允反映了 A 公司 20×1 年 12 月 31 日的财务状况以及 20×1 年度的经营成果和现金流量。

（二）形成审计意见的基础

我们按照中国注册会计师审计准则的规定执行了审计工作。审计报告的"注册会计师对财务报表审计的责任"部分进一步阐述了我们在这些准则下的责任。按照中国注册会计师职业道德守则，我们独立于 A 公司，并履行了职业道德方面的其他责任。我们相信，我们获取的审计证据是充分、适当的，为发表审计意见提供了基础。

（三）关键审计事项

关键审计事项是我们根据职业判断，认为对本期财务报表审计最为重要的事项。这些事项的应对以对财务报表整体进行审计并形成审计意见为背景，我们不对这些事项单独发表意见。

［按照《中国注册会计师审计准则第 1504 号——在审计报告中沟通关键审计事项》

的规定描述每一关键审计事项。]

（四）其他信息

[按照《中国注册会计师审计准则第 1521 号——注册会计师对其他信息的责任》的规定报告，见《〈中国注册会计师审计准则第 1521 号——注册会计师对其他信息的责任〉应用指南》附录 2 中的参考格式 1。]

（五）管理层和治理层对财务报表的责任

A 公司管理层（以下简称管理层）负责按照企业会计准则的规定编制财务报表，使其实现公允反映，并设计、执行和维护必要的内部控制，以使财务报表不存在由舞弊或错误导致的重大错报。

在编制财务报表时，管理层负责评估 A 公司的持续经营能力，披露与持续经营相关的事项（如适用），并运用持续经营假设，除非管理层计划清算 A 公司、终止运营或别无其他现实的选择。

治理层负责监督 A 公司的财务报告过程。

（六）注册会计师对财务报表审计的责任

我们的目标是对财务报表整体是否不存在由舞弊或错误导致的重大错报获取合理保证，并出具包含审计意见的审计报告。合理保证是高水平的保证，但并不能保证按照审计准则执行的审计在某一重大错报存在时总能发现。错报可能由舞弊或错误导致，如果合理预期错报单独或汇总起来可能影响财务报表使用者依据财务报表做出的经济决策，则通常认为错报是重大的。

在按照审计准则执行审计工作的过程中，我们运用职业判断，并保持职业怀疑。同时，我们也执行以下工作：

（1）识别和评估由舞弊或错误导致的财务报表重大错报风险，设计和实施审计程序以应对这些风险，并获取充分、适当的审计证据，作为发表审计意见的基础。由于舞弊可能涉及串通、伪造、故意遗漏、虚假陈述或凌驾于内部控制之上，未能发现由舞弊导致的重大错报的风险高于未能发现由错误导致的重大错报的风险。

（2）了解与审计相关的内部控制，以设计恰当的审计程序，但目的并非对内部控制的有效性发表意见 [2]。

（3）评价管理层选用会计政策的恰当性和做出会计估计及相关披露的合理性。

（4）对管理层使用持续经营假设的恰当性得出结论。同时，根据获取的审计证据，就可能导致对 A 公司持续经营能力产生重大疑虑的事项或情况是否存在重大不确定性得出结论。如果我们得出结论认为存在重大不确定性，审计准则要求我们在审计报告中提请报表使用者注意财务报表中的相关披露；如果披露不充分，我们应当发表非无保留意见。我们的结论基于截至审计报告日可获得的信息。然而，未来的事项或情况可能导致 A 公司不能持续经营。

（5）评价财务报表的总体列报、结构和内容，并评价财务报表是否公允反映相关交易和事项。

我们与治理层就计划的审计范围、时间安排和重大审计发现等事项进行沟通，包括沟通我们在审计中识别出的值得关注的内部控制缺陷。我们还就已遵守与独立性相关的职业道德要求向治理层提供声明，并与治理层沟通可能被合理认为影响我们独立性的所有关系和其他事项，以及相关的防范措施（如适用）。

　　从与治理层沟通过的事项中，我们确定哪些事项对本期财务报表审计最为重要，从而构成关键审计事项。我们在审计报告中描述这些事项，除非法律法规禁止公开披露这些事项，或在极少数情形下，如果合理预期在审计报告中沟通某事项造成的负面后果超过在公众利益方面产生的益处，我们确定不应在审计报告中沟通该事项。

　　二、按照相关法律法规的要求报告的事项

　　［本部分的格式和内容，取决于法律法规对其他报告责任性质的规定。本部分应当说明相关法律法规规定的事项（其他报告责任），除非其他报告责任涉及的事项与审计准则规定的报告责任涉及的事项相同。如果涉及相同的事项，其他报告责任可以在审计准则规定的同一报告要素部分列示。当其他报告责任和审计准则规定的报告责任涉及同一事项，并且审计报告中的措辞能够将其他报告责任与审计准则规定的责任（如存在差异）予以清楚地区分时，可以将两者合并列示（即包含在"对财务报表出具的审计报告"部分中，并使用适当的副标题）。］

　　　　××会计师事务所　　　　　　　中国注册会计师：×××（项目合伙人）
　　　　（盖章）　　　　　　　　　　　　　　　　　　（签名并盖章）
　　　　　　　　　　　　　　　　　　　中国注册会计师：×××
　　　　　　　　　　　　　　　　　　　　　　　　（签名并盖章）
　　　　中国××市　　　　　　　　　20×2年×月×日

　　¹如果审计报告中不包含"按照相关法律法规的要求报告的事项"部分，则不需要加入此标题。

　　²如果注册会计师结合财务报表审计对内部控制的有效性发表意见，应当删除"但目的并非对内部控制的有效性发表意见"的措辞。

二、国家审计报告要素与内容

（一）国家审计报告的要素

　　国家审计报告应当包括下列要素：①标题，标题统一表述为"审计报告"；②文号，文号一般表述为"××××年第××号"，但审计组的审计报告不含此项；③被审计单位名称；④审计项目名称，审计项目名称一般表述为"××××年度×××××审计"；⑤内容；⑥审计机关名称；⑦签发日期。

（二）国家审计报告的内容

　　（1）审计依据，即实施审计所依据的法律法规的具体规定。
　　（2）实施审计的基本情况，一般包括审计目标、范围、内容、方式、实施的起止时间和遵守本准则情况的说明。

（3）被审计单位管理责任和审计机关审计责任。

（4）被审计单位基本情况，说明与审计目标有关的被审计单位背景信息。

（5）审计发现的被审计单位违反国家规定的财政收支、财务收支行为的事实、定性、处理处罚意见以及法律法规依据。

（6）审计发现的影响绩效的重要问题的事实、原因、后果，以及提出的纠正意见。

（7）审计评价意见，即根据不同的审计目标，以适当、充分的审计证据为基础发表的评价意见。对被审计单位财政财务收支真实、合法、效益情况进行评价。审计评价要实事求是、客观公正，并保持谨慎的态度，以降低审计风险。发表审计评价意见应运用审计人员的专业判断，并考虑重要性水平，可接受的审计风险，审计发现问题的数额大小、性质和情节等因素。审计机关只对所审计的事项发表审计评价意见，对审计过程中未涉及、审计证据不充分、评价依据或者标准不明确以及超越审计职责范围的事项，不发表审评价意见。

（8）审计发现的相关内部控制、信息系统重大缺陷，以及提出的纠正意见。

（9）依法需要移送事项的事实和移送处理意见。

（10）针对审计发现的问题，根据需要提出的改进建议。

（11）其他必要的内容。

三、内部审计报告要素与内容

（一）内部审计报告的要素

内部审计报告应包括的要素有：标题；收件人；正文；附件；签章；报告日期；其他。

（二）内部审计报告的内容

下面以内部绩效审计报告和经济责任审计报告为例，阐述内部审计报告的内容。

内部绩效审计报告应当反映绩效审计评价标准的选择、确定及沟通过程等重要信息，包括必要的局限性分析。绩效审计报告中反映的合法、合规性问题，除进行相应的审计处理外，还应当侧重从绩效的角度对问题进行定性，描述问题对绩效造成的影响、后果及严重程度。绩效审计报告应当注重从体制、机制、制度上分析问题产生的根源，兼顾短期目标和长期目标、个体利益和组织整体利益，提出切实可行的建议。

经济责任审计报告的内容有基本情况，包括审计依据、实施审计的情况、被审计领导干部所在组织的基本情况、被审计领导干部的任职及分工情况等；被审计领导干部履行经济责任的主要情况；审计发现的主要问题和责任认定；审计评价；审计处理意见和建议；其他必要的内容。

审计中发现的有关重大事项，可以直接报送主管领导或者相关部门，不在审计报告中反映。

第三节　沟通关键审计事项

引例

ABC 会计师事务所的 A 注册会计师负责审计多家上市公司 20×8 年度财务报表，遇到下列与审计报告相关的事项。

（1）审计项目组在审计报告日后发现甲公司年度报告中包含的非经营性损益项目信息需要更正，A 注册会计师与甲公司治理层沟通后该信息未得到更正，A 注册会计师计划重新出具审计报告，并就此事项发表保留意见。

（2）乙公司 20×8 年 12 月 31 日财务报表附注中披露，20×8 年度计提了近 100 000 万元的商誉减值损失，A 注册会计师在审计工作中对该事项进行过重点关注，拟将其作为关键审计事项在审计报告中沟通，提醒财务报表使用者关注。

（3）ABC 会计师事务所首次接受委托，审计丙公司 20×8 年度财务报表。A 注册会计师拟在审计报告中增加强调事项段，说明上期财务报表由前任注册会计师审计、出具的审计报告的日期以及前任注册会计师发表的意见类型。

（4）审计项目组在审计报告日后发现丁公司年度报告中包含的公司实际控制人需要更正，丁公司管理层同意尽快更正，A 注册会计师确定管理层对其他信息的错报更正已经完成。

（5）戊公司于 20×8 年 12 月起停止经营活动，董事会拟于 20×9 年内完成清算。A 注册会计师在审计报告中增加以"与持续经营相关的重大不确定性"为标题的单独部分，提醒财务报表使用者关注。

思考：请问 A 注册会计师的做法是否恰当？

一、关键审计事项的含义与作用

（一）关键审计事项的内涵

关键审计事项，是指注册会计师根据职业判断认为对本期财务报表审计最为重要的事项。关键审计事项可能涉及注册会计师评估的重大错报风险较高的领域或识别出的特别风险、财务报表中涉及管理层重大判断（包括被认为具有高度不确定性的会计估计）的领域、当期重大交易或事项对审计的影响。关键审计事项应当来自"与治理层沟通过的事项"，将与治理层沟通过的事项作为确定关键审计事项的起点，选出在执行审计工作时重点关注过的事项，并在这些"重点关注过的事项"中选出最为重要的事项，作为关键审计事项。

（二）关键审计事项的作用

（1）可以提高已执行审计工作的透明度，从而提高审计报告的决策相关性和有用性。

（2）能够为财务报表使用者提供额外的信息，以帮助其了解被审计单位、已审计财务报表中涉及重大管理层判断的领域，以及注册会计师根据职业判断认为对当期财务报表审计最为重要的事项。

（3）帮助财务报表预期使用者了解被审计单位，以及已审计财务报表中涉及重大管理层判断的领域。

（4）为财务报表预期使用者就与被审计单位、已审计财务报表或已执行审计工作相关的事项进一步与管理层和治理层沟通提供基础。

（5）有助于加强注册会计师与治理层就这些事项进行的沟通，同时还可能提高管理层和治理层对审计报告中提及的财务报表披露的关注程度。

二、确定关键审计事项的决策框架

（一）以"与治理层沟通的事项"为起点

1. 注册会计师与财务报表审计相关的责任

注册会计师应当与治理层沟通注册会计师与财务报表审计相关的责任，包括以下几个方面。

（1）注册会计师负责对管理层在治理层监督下编制的财务报表形成和发表意见。

（2）财务报表审计并不减轻管理层或治理层的责任。

注册会计师与财务报表审计相关的责任通常包含在审计业务约定书或记录审计业务约定条款的其他适当形式的书面协议中。

2. 计划的审计范围和时间安排

注册会计师应与治理层沟通计划的审计范围和时间安排的总体情况，包括识别的特别风险。沟通需要保持职业谨慎，避免损害审计的有效性。沟通具体审计程序的性质和时间安排（应对特别风险的审计程序除外），可能降低审计程序的有效性。

沟通的事项可能包括如下几个方面。

（1）注册会计师拟如何应对由舞弊或错误导致的特别风险以及重大错报风险评估水平较高的领域。

（2）注册会计师对与审计相关的控制采取的方案。

（3）在审计中对重要性概念的运用（不能沟通重要性界限）。

（4）实施计划的审计程序或评价审计结果需要的专门技术或知识的性质和程度，包括利用专家的工作。

（5）注册会计师对哪些事项可能需要重点关注因而可能构成关键审计事项所做的初步判断。

3. 审计中的重大发现

《中国注册会计师审计准则第1151号——与治理层的沟通》要求注册会计师与被审计单位治理层沟通审计过程中的重大发现，包括注册会计师对被审计单位会计实务（包括会计政策、会计估计和财务报表披露）重大方面的质量的看法，以及审计过程中遇到的重大困难等，以便于治理层履行其监督财务报告过程中遇到的重大困难等，以便于治理层履行其监督财务报告过程的职责，也便于注册会计师履行审计职责。在现行准则规范下，除非注册会计师针对这些事项发表无保留意见，否则这部分沟通事项将不在审计报告中披露。

4. 注册会计师的独立性

注册会计师保持独立性是审计工作的基本原则之一。通俗地讲，独立性就是注册会计师不被利益、胁迫或各种关系左右，客观公正地执行审计工作。注册会计师需要就其独立性与治理层进行沟通，拟沟通的关系和其他事项以及防范措施因具体业务情况的不同而不同，但通常包括：对独立性的不利影响，包括由自身利益、自我评价、过度推介、密切关系和外在压力产生的不利影响；法律法规和职业规范规定的防范措施、被审计单位采取的防范措施，以及会计师事务所内部自身的防范措施。

5. 补充事项

除上述事项以外，注册会计师可能会与治理层沟通与治理结构或过程有关的重大问题、缺乏适当授权的高级管理层做出的重大决策或行动，这些事项不一定与监督财务报告流程有关。

在与治理层沟通补充事项时，注册会计师使治理层注意下列事项可能是适当的：识别和沟通这类事项对审计目的而言，只是附带的；除对财务报表形成审计意见所需实施的审计程序外，没有专门针对这些事项实施其他程序；没有实施程序来确定是否还存在其他的同类事项。总的来说，注册会计师没有义务就补充事项与治理层进行沟通，补充事项与实现审计目的无关，沟通补充事项只是注册会计师出于善意而附带的。

（二）选出在执行审计工作时重点关注过的事项

注册会计师重点关注过的领域通常与财务报表中复杂、重大的管理层判断领域相关，因而通常涉及困难或复杂的注册会计师职业判断，影响注册会计师的总体审计策略以及对这些事项分配的审计资源和审计工作力度。

1. 评估的重大错报风险较高的领域或识别出的特别风险

特别风险是指注册会计师识别和评估的、根据判断认为需要特别考虑的重大错报风险。例如，重大非常规交易、收入确认方面存在舞弊风险、管理层凌驾于控制之上的行为。特别风险通常与重大的非常规交易和判断事项有关，但并非所有的特别风险都一定是注册会计师重点关注过的。

2. 与财务报表中涉及重大管理层判断（包括被认为具有高度估计不确定性的会计估计）的领域相关的重大审计判断

重大审计判断是指注册会计师重点关注过的领域由于与财务报表中复杂、重大的管理层判断领域相关，因而通常涉及困难或复杂的注册会计师职业判断。

3. 当期重大交易或事项对审计的影响（停业或并购）

对财务报表或审计工作具有重大影响的事项或交易属于重点关注领域，可能对注册会计师的总体审计策略产生重大影响，也可能被识别为特别风险。

（三）确定"最为重要的事项"

1. 决策基础

注册会计师可能已就需要重点关注的事项与治理层进行了较多的互动，就这些事项与治理层进行沟通的性质和范围，通常能够表明哪些事项对审计而言最为重要。

2. 考虑因素

注册会计师应当从重点关注的事项中，确定哪些事项对本期财务报表审计最为重要，从而构成关键审计事项。考虑的因素如下。

（1）就相关事项与治理层沟通的性质和程度。

（2）该事项对预期使用者理解财务报表整体的重要程度，尤其是对财务报表的重要性。

（3）与该事项相关的会计政策的性质或者与同行业其他实体相比，管理层在选择适当的会计政策时涉及的复杂程度或主观程度。

（4）从定性和定量方面考虑，与该事项相关的由舞弊或错误导致的已更正错报和累积未更正错报（如有）的性质及重要程度。

（5）为应对该事项所需要付出的审计努力的性质和程度，包括为应对该事项而实施审计程序或评价这些审计程序的结果（如有）在多大程度上需要特殊的知识或技能，以及就该事项在项目组之外进行咨询的性质。

（6）在实施审计程序、评价实施审计程序的结果、获取相关和可靠的审计证据以作为发表审计意见的基础时，注册会计师遇到的困难的性质和严重程度，尤其是当注册会计师的判断变得更加主观时。

（7）识别出的与该事项相关的控制缺陷的严重程度。

（8）该事项是否涉及数项可区分但又相互关联的审计考虑。例如，长期合同的收入确认、诉讼或其他或有事项等方面，可能需要重点关注，并且可能影响其他会计估计。

3. 关键审计事项的数量

（1）"最为重要的事项"并不意味着只有一项。

（2）需要在审计报告中包含的关键审计事项的数量可能受被审计单位规模和复杂程度、业务和经营环境的性质，以及审计业务具体事实和情况的影响。

（3）最初确定为关键审计事项的事项越多，注册会计师越需要重新考虑每一事项是否符合关键审计事项的定义。

关键审计事项的决策框架如图 12-1 所示。

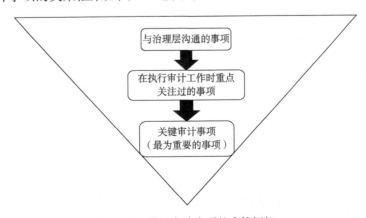

图 12-1　关键审计事项的决策框架

三、沟通关键审计事项披露

（一）在审计报告中单设关键审计事项部分

注册会计师应当在审计报告中单设一部分，以"关键审计事项"为标题，并在该部分使用恰当的子标题逐项描述关键审计事项。关键审计事项部分的引言应当同时说明下列事项。

（1）关键审计事项是注册会计师根据职业判断，认为对本期财务报表审计最为重要的事项。

（2）关键审计事项的应对以对财务报表整体进行审计并形成审计意见为背景，注册会计师不对关键审计事项单独发表意见。

关键审计事项的披露要求导致非无保留意见的事项、可能导致对被审计单位持续经营能力产生重大疑虑的事项或情况存在重大不确定性等，虽然符合关键审计事项的定义，但这些事项在审计报告中专门的部分披露，不在关键审计事项部分披露。在关键审计事项部分披露的关键审计事项必须是已经得到满意解决的事项，既不存在审计范围受到限制，也不存在注册会计师与被审计单位管理层意见分歧的情况。

（二）逐项描述关键审计事项

注册会计师应当在审计报告中逐项描述每一关键审计事项，并同时对下列事项说明。

（1）该事项被认定为审计中最为重要的事项之一，因而被确定为关键审计事项的原因。

（2）该事项在审计中是如何应对的，注册会计师可以描述下列要素：审计应对措施或审计方法中，与该事项最为相关或对评估的重大错报风险最有针对性的方面；对已实施审计程序的简要概述；实施审计程序的结果；对该事项的主要看法。

在描述时，还应当分别索引至财务报表的相关披露（如有），使预期使用者能够进一步了解管理层在编制财务报表时如何应对这些事项；不暗示注册会计师对财务报表形成审计意见时尚未恰当解决该事项；将该事项与被审计单位的具体情形紧密相扣，避免使用通用或标准化的语言；考虑该事项在相关财务报表披露（如有）中是如何处理的；不包含或暗示对财务报表单一要素单独发表的意见。

说明关键审计事项在审计中如何应对，注册会计师可以描述下列要素。

（1）审计应对措施或审计方法中，与该事项最为相关或对评估的重大错报风险最有针对性的方面。

（2）对已实施审计程序的简要概述。

（3）实施审计程序的结果。

（4）对该事项的主要看法[9]。

四、对原始信息的考虑

原始信息是指与被审计单位相关、尚未由被审计单位公布的信息，提供这些信息是被审计单位管理层和治理层的责任。注册会计师提供信息的性质和范围需要在相关方各自责任的背景下做出权衡，即注册会计师以一种简明且可理解的形式提供有用的信息，而不应成为被审计单位原始信息的提供者。

在描述关键审计事项时,注册会计师需要避免不恰当地提供与被审计单位相关的原始信息,对关键审计事项的描述通常不构成有关被审计单位的原始信息。如果确定这些信息是必要的,注册会计师可以鼓励管理层或治理层披露进一步的信息,而不是在审计报告中提供原始信息。

五、不在沟通关键审计事项中披露的情形

法律法规可能禁止公开披露某事项以及在罕见的情况下,合理预期在审计报告中沟通某事项造成的负面后果超过在公众利益方面产生的益处。

不在审计报告中沟通某项关键审计事项,需要与治理层沟通。

(1)了解被审计单位未公开披露该事项的原因以及管理层对披露所带来的负面后果(如有)的看法。

(2)管理层和治理层强调是否已就该事项与适当的执法或监管机构进行沟通,尤其是这些沟通看起来是否能够支持管理层关于公开披露该事项不适当的认定。

(3)在适当时,使注册会计师能够鼓励管理层和治理层公开披露与该事项相关的信息。

(4)有必要根据相关道德要求考虑沟通某一关键审计事项带来的后果。

六、关键审计事项和其他要素之间的关系

(一)关键审计事项不能替代其他报告要素

在审计报告中沟通关键审计事项以注册会计师已就财务报表整体形成审计意见为背景。在审计报告中沟通关键审计事项不能代替下列事项。

(1)管理层按照适用的财务报告编制基础在财务报表中做出的披露,或为使财务报表实现公允反映而做出的披露(如适用)。

(2)注册会计师按照《中国注册会计师审计准则第1502号——在审计报告中发表非无保留意见》的规定,根据审计业务的具体情况发表非无保留意见。

(3)当可能导致对被审计单位持续经营能力产生重大疑虑的事项或情况存在重大不确定性时,注册会计师按照《中国注册会计师审计准则第1324号——持续经营》的规定进行报告。

(二)不存在关键审计事项的情形

对上市实体整套通用目的财务报表进行审计的注册会计师,确定与治理层沟通的事项中不存在任何一项需要在审计报告中沟通的关键审计事项,可能是罕见的。然而,在某些有限的情况下(如某上市实体的经营业务非常有限),注册会计师可能确定不存在需要重点关注的事项,即不存在关键审计事项。

(三)发表保留意见或否定意见的情形

对财务报表发表保留意见或否定意见,沟通其他关键审计事项仍将有助于增强预期使用者对审计工作的了解,因而,确定关键审计事项的要求仍然适用。根据导致否定意

见的事项的重要程度，注册会计师可能确定不存在其他关键审计事项。如果除导致否定意见的事项外，还存在一项或多项其他事项被确定为关键审计事项，对这些关键审计事项的描述不要暗示财务报表整体在这些事项方面更加可靠。

第四节 审计意见的类型

引例

L中联会计师事务所出具的一份否定意见的审计报告

L中联会计师事务所（特殊普通合伙）对公司2019年财务报表进行审计，出具了否定意见的审计报告，2019年审计费2万元。

上海Z文化传媒股份有限公司全体股东：

一、否定意见

我们审计了上海Z文化传媒股份有限公司（以下简称Z传媒）财务报表，包括2019年12月31日的资产负债表，2019年度利润表、现金流量表、股东权益变动表以及相关财务报表附注。

我们认为，由于"形成否定意见的基础"部分所述事项的重要性，后附的财务报表没有在所有重大方面按照企业会计准则的规定编制，未能公允反映Z传媒2019年12月31日的财务状况以及2019年度的经营成果和现金流量。

二、形成否定意见的基础

如财务报表附注二、财务报表的编制基础所述，Z传媒财务报表以持续经营假设为基础编制。目前Z传媒已停止经营，无法清偿到期债务，且在可预见的未来不会复业，Z传媒已不具备持续经营能力，因此我们认为Z传媒按照持续经营假设编制的2019年度财务报表不恰当。我们按照中国注册会计师审计准则的规定执行了审计工作。审计报告的"注册会计师对财务报表审计的责任"部分进一步阐述了我们在这些准则下的责任。按照中国注册会计师职业道德守则，我们独立于Z传媒，并履行了职业道德方面的其他责任。我们相信，我们获取的审计证据是充分、适当的，为发表否定意见提供了基础。

资料来源：根据网络资料整理。

一、审计意见形成

注册会计师应当就财务报表是否在所有重大方面按照适用的财务报告编制基础的规定编制并实现公允反映形成审计意见。

为了形成审计意见，针对财务报表整体是否不存在由舞弊或错误导致的重大错报，注册会计师应当得出结论，确定是否已就此获取合理保证。在得出结论时，注册会计师应当考虑下列方面。

（一）是否已获取充分、适当的审计证据

在得出总体结论之前，注册会计师应当根据实施的审计程序和获取的审计证据评价对认定层次重大错报风险的评估是否适当，在形成审计意见时，注册会计师应当考虑所有相关的

审计证据，无论该证据与财务报表认定是相互印证还是相互矛盾。如果对重大的财务报表认定没有获取充分、适当的审计证据，注册会计师应当尽可能获取进一步的审计证据。

（二）未更正错报单独或汇总起来是否构成重大错报

注册会计师应当确定未更正错报单独或汇总起来是否重大。在确定时，注册会计师应当考虑如下。

（1）相对特定类别的交易、账户余额或披露以及财务报表整体而言，错报的金额和性质以及错报发生的特定环境。

（2）与以前期间相关的未更正错报对相关类别的交易、账户余额或披露以及财务报表整体的影响。

（三）评价财务报表是否在所有重大方面按照适用的财务报告编制基础

在评价时，注册会计师应当考虑被审计单位会计实务的质量，包括表明管理层的判断可能出现偏向的迹象。注册会计师应当依据适用的财务报告编制基础特别评价下列内容。

（1）财务报表是否恰当披露了所选择和运用的重要会计政策。做出这一评价时，注册会计师应当考虑会计政策与被审计单位的相关性，以及会计政策是否以可理解的方式予以表述。

（2）所选择和运用的会计政策是否符合适用的财务报告编制基础，并适合被审计单位的具体情况。

（3）管理层做出的会计估计是否合理。

（4）财务报表列报的信息是否具有相关性、可靠性、可比性和可理解性。做出这一评价时，注册会计师应当考虑：①应当包括的信息是否均已包括，这些信息的分类、汇总或分解以及描述是否适当。②财务报表的总体列报（包括披露）是否由于包括不相关的信息或有碍正确理解所披露事项的信息而受到不利影响。

（5）财务报表是否做出充分披露，使预期使用者能够理解重大交易和事项对财务报表所传递信息的影响。

（6）财务报表使用的术语（包括每一财务报表的标题）是否适当。

（四）评价财务报表是否实现公允反映

注册会计师在评价财务报表是否实现公允反映时，应当考虑以下两点。

（1）财务报表的总体列报（包括披露）、结构和内容是否合理。

（2）财务报表是否公允地反映了相关交易和事项。

（五）评价财务报表是否恰当提及或说明适用的财务报告编制基础

只有财务报表符合适用的财务报告编制基础（在财务报表所涵盖的期间内有效）的所有要求，声明财务报表按照该编制基础编制才是恰当的。

二、审计意见的主要类型

审计意见主要分为无保留意见和非无保留意见。非无保留意见包括保留意见、否定意见和无法表示意见。表 12-1 汇总了上市公司 2009~2018 年的审计意见类型。

表 12-1　上市公司 2009~2018 年的审计意见类型统计　　　　单位：份

年份	标准无保留意见的审计报告	带强调事项段等的无保留意见的审计报告	保留意见的审计报告	否定意见的审计报告	无法表示意见的审计报告
2009	1655	87	13	0	19
2010	2120	84	17	0	8
2011	2011	86	25	0	7
2012	2404	70	15	0	3
2013	2402	57	22	0	5
2016	2944	75	21	0	10
2017	3380	72	37	0	21
2018	3403	99	82	0	38

（一）无保留意见

如果认为财务报表在所有重大方面按照适用的财务报告编制基础的规定编制并实现公允反映，注册会计师应当发表无保留意见。

如果认为会计报表同时符合下列情形，注册会计师应当出具无保留意见的审计报告。

（1）注册会计师已经按照独立审计准则计划和实施了审计工作，在审计过程中未受到限制。

（2）不存在应当调整或披露而被审计单位未予调整或披露的重要事项。

如果被审计单位编制的财务报表符合相关会计准则的要求并在所有重大方面公允反映了被审计者的财务状况、经营成果和现金流量，但是存在需要说明的事项，如对持续经营能力产生重大疑虑及重大不确定事项等，那么注册会计师应当出具带强调事项段的无保留审计意见。

（二）非无保留意见形成基础

当存在下列情形之一时，注册会计师应当按照《中国注册会计师审计准则第 1502 号——在审计报告中发表非无保留意见》的规定，在审计报告中发表非无保留意见。

（1）根据获取的审计证据，得出财务报表存在重大错报的结论。

（2）无法获取充分、适当的审计证据，不能得出财务报表整体不存在重大错报的结论。

非无保留意见形成基础如表 12-2 所示。

表 12-2　非无保留意见形成基础

导致非无保留意见的事项的性质	这些事项对财务报表产生或可能产生影响的广泛性	
	重大但不具有广泛性	重大且具有广泛性
财务报表存在重大错报	保留意见	否定意见
无法获取充分、适当的审计证据	保留意见	无法表示意见

1. 保留意见

当存在下列情形之一时，注册会计师应当发表保留意见。

（1）在获取充分、适当的审计证据后，注册会计师认为错报单独或汇总起来对财务报表影响重大，但不具有广泛性。

（2）注册会计师无法获取充分、适当的审计证据以作为形成审计意见的基础，但认为未发现的错报（如存在）对财务报表可能产生的影响重大，但不具有广泛性。

2. 否定意见

在获取充分、适当的审计证据后，如果认为会计报表不符合国家颁布的企业会计准则和相关会计制度的规定，错报单独或汇总起来未能从整体上公允反映被审计单位的财务状况、经营成果和现金流量，对财务报表影响重大且具有广泛性，注册会计师应当发表否定意见。

3. 无法表示意见

如果无法获取充分、适当的审计证据以作为形成审计意见的基础，但认为未发现的错报（如存在）对财务报表可能产生的影响重大且具有广泛性，注册会计师应当发表无法表示意见。

在极少数情况下，可能存在多个不确定事项。尽管注册会计师对每个单独的不确定事项获取了充分、适当的审计证据，但由于不确定事项之间可能存在相互影响，以及可能对财务报表产生累积影响，注册会计师不可能对财务报表形成审计意见。在这种情况下，注册会计师应当发表无法表示意见。对于重大和广泛性的具体判断见表 12-3。

表 12-3 重大及广泛性的分析

项目	分析
重大	（1）财务报表存在重大错报 （2）无法获取充分、适当的审计证据以作为形成审计意见的基础，但认为未发现的错报（如存在）对财务报表可能产生的影响重大 （3）错报或审计范围受到限制的潜在影响达到或超过财务报表整体重要性水平，通常属于重大影响
广泛性	广泛性用以说明错报对财务报表的影响，或者由于无法获取充分、适当的审计证据而未发现的错报（如存在）对财务报表可能产生的影响 （1）不限于对财务报表的特定要素、账户或项目产生影响 （2）虽然仅对财务报表的特定要素、账户或项目产生影响，但这些要素、账户或项目是或可能是财务报表的主要组成部分 （3）当与披露相关时，产生的影响对财务报表使用者理解财务报表至关重要

第五节 强调事项段和其他事项段

引例

全新好公司 2019 年度财务报表审计报告中强调事项段专项说明

关于深圳市全新好股份有限公司 2019 年度财务报表无保留意见审计报告中强调事项段涉及事项的专项说明中兴财光华审专字（2020）第 326047 号

深圳市全新好股份有限公司全体股东：

我们接受委托，审计了深圳市全新好股份有限公司（以下简称全新好公司）2019年度财务报表，包括2019年12月31日的合并及公司资产负债表，2019年度的合并及公司利润表、合并及公司现金流量表、合并及公司股东权益变动表以及财务报表附注，并于2020年4月28日出具了带强调事项段的无保留意见审计报告〔中兴财光华审会字（2020）第326002号〕。

根据中国证券监督管理委员会《公开发行证券的公司信息披露编报规则第14号——非标准审计意见及其涉及事项的处理》（2018年修订）及《深圳证券交易所股票上市规则》的要求，现就相关事项说明如下：

一、强调事项段涉及的内容

我们提醒财务报表使用者关注，如财务报表附注十三、5所述，中国证券监督管理委员会对全新好公司立案调查，截至本报告出具日，调查尚未结束，未来结果存在不确定性。本段内容不影响已发表的审计意见。

二、出具带强调事项段的无保留意见的理由和依据

《中国注册会计师审计准则第1503号——在审计报告中增加强调事项段和其他事项段》第九条规定，如果认为有必要提醒财务报表使用者关注已在财务报表中列报，且根据职业判断认为对财务报表使用者理解财务报表至关重要的事项，在该事项不会导致注册会计师发表非无保留意见，也未被确定为在审计报告中沟通的关键审计事项时，注册会计师应当在审计报告中增加强调事项段。

三、强调事项段涉及的事项不影响审计意见的依据

基于获取的审计证据，我们认为强调事项段涉及的事项已在财务报表中恰当列报或披露，该事项对财务报表使用者理解财务报表至关重要，在审计报告中提醒财务报表使用者关注该事项是必要的，无保留意见不因强调事项而改变。

本专项说明仅供全新好公司2019年度报告披露之目的使用，不适用于其他用途。

中兴财光华会计师事务所	中国注册会计师
（特殊普通合伙）	（项目合伙人）
	×××
	中国注册会计师
	×××
中国·北京	2020年4月28日

资料来源：根据网络资料整理。

注册会计师的目标是，在对财务报表形成审计意见后，如果根据职业判断认为有必要在审计报告中增加强调事项段或其他事项段，通过明确提供补充信息的方式，提醒财务报表使用者关注下列事项：①尽管已在财务报表中恰当列报，但对财务报表使用者理解财务报表至关重要的事项；②未在财务报表中列报，但与财务报表使用者理解审计工作、注册会计师的责任或审计报告相关的其他事项。

一、审计报告中的强调事项段

（一）强调事项段定义

强调事项段是指审计报告中含有的一个段落，该段落提及已在财务报表中恰当列报的事项，且根据注册会计师的职业判断，该事项对财务报表使用者理解财务报表至关重要。

（二）增加强调事项段的情形

如果认为有必要提醒财务报表使用者关注已在财务报表中列报，且根据职业判断认为对财务报表使用者理解财务报表至关重要的事项，在同时满足下列条件时，注册会计师应当在审计报告中增加强调事项段。

（1）按照《中国注册会计师审计准则第 1502 号——在审计报告中发表非无保留意见》的规定，该事项不会导致注册会计师发表非无保留意见。

（2）当《中国注册会计师审计准则第 1504 号——在审计报告中沟通关键审计事项》适用时，该事项未被确定为在审计报告中沟通的关键审计事项。

某些审计准则对特定情形下在审计报告中增加强调事项段提出具体要求，这些情形包括：①法律法规规定的财务报告编制基础不可接受，但其是法律或法规做出的规定；②提醒财务报表使用者注意财务报表按照特殊目的编制基础编制；③注册会计师在审计报告日后知悉了某些事实，并且出具了新的审计报告或修改了审计报告；④异常诉讼或监管行动的未来结果存在不确定性；⑤提前应用对财务报表有广泛影响的新的会计准则；⑥存在已经或持续对被审计单位财务状况产生重大影响的特大灾难等。

（三）注册会计师采取的措施

如果在审计报告中包含强调事项段，注册会计师应当采取下列措施。

（1）将强调事项段作为单独的一部分置于审计报告中，并使用包含"强调事项"这一术语的适当标题。

（2）明确提及被强调事项以及相关披露的位置，以便能够在财务报表中找到对该事项的详细描述。强调事项段应当仅提及已在财务报表中列报的信息。

（3）指出审计意见没有因该强调事项而改变。

二、审计报告中的其他事项段

（一）其他事项段定义

其他事项段是指审计报告中含有的一个段落，该段落提及未在财务报表中列报的事项，且根据注册会计师的职业判断，该事项与财务报表使用者理解审计工作、注册会计师的责任或审计报告相关。

（二）增加其他事项段的情形

如果认为有必要沟通虽然未在财务报表中列报，但根据职业判断认为与财务报表使用者理解审计工作、注册会计师的责任或审计报告相关的事项，在同时满足下列条件时，注册会计师应当在审计报告中增加其他事项段。

（1）未被法律法规禁止。

（2）当《中国注册会计师审计准则第 1504 号——在审计报告中沟通关键审计事项》适用时，该事项未被确定为在审计报告中沟通的关键审计事项。

具体讲，需要在审计报告中增加其他事项段的情形如下。

（1）与使用者理解审计工作相关的情形。在极其特殊的情况下，即使由管理层对审计范围施加的限制导致无法获取充分、适当的审计证据可能产生的影响具有广泛性，注册会计师也不能解除业务约定。在这种情况下，注册会计师可能认为有必要在审计报告中增加其他事项段。

（2）与使用者理解注册会计师的责任或审计报告相关的情形。法律法规或得到广泛认可的惯例可能要求或允许注册会计师详细说明某些事项，以进一步解释注册会计师在财务报表审计中的责任或审计报告，在这种情况下，可以使用一个或多个子标题来描述其他事项段的内容。

（3）对两套以上的财务报表出具审计报告的情形。

（4）限制审计报告分发和使用的情形。特殊目的编制的财务报表审计报告只能提供给财务报表的预期使用者，不应被分发给其他机构和人员或被其他机构或人员使用，需要增加其他事项段说明。

（三）注册会计师采取的措施

（1）如果在审计报告中包含其他事项段，注册会计师应当将该段落作为单独的一部分，并使用"其他事项"或其他适当标题。

（2）其他事项段通常应紧接在审计意见段和强调事项段（如有）后。

（3）当增加其他事项段旨在提醒使用者关注与审计报告中提及的其他报告责任相关的事项时，该段落可以置于"按照相关法律法规的要求报告的事项"部分内。

（4）当其他事项段与注册会计师的责任或使用者理解审计报告相关时，可以单独作为一部分，置于"对财务报表出具的审计报告"和"按照相关法律法规的要求报告的事项"之后。

三、与治理层的沟通

如果拟在审计报告中增加强调事项段或其他事项段，注册会计师应当就该事项和拟使用的措辞与治理层沟通。与治理层的沟通能使治理层了解注册会计师拟在审计报告中强调的特定事项的性质，并在必要时为治理层提供向注册会计师做出进一步澄清的机会。当然，对于连续审计业务，当某一特定事项在每期审计报告的其他事项段中重复出现时，注册会计师可能认为没有必要在每次审计业务中重复沟通。

思维导图

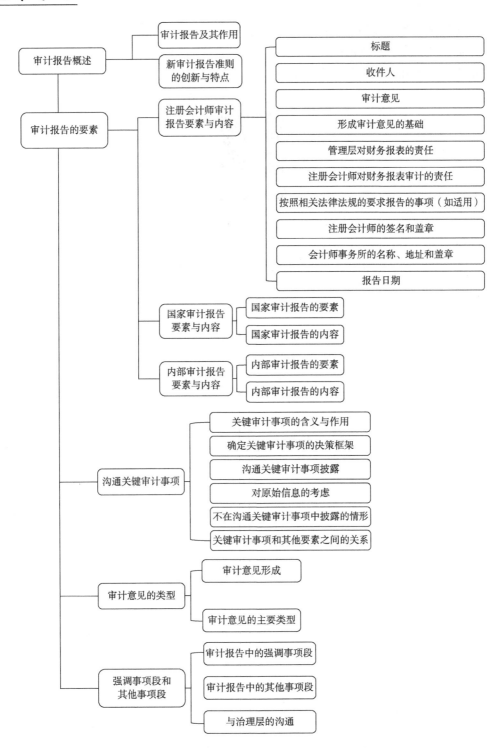

课后思考题

1. 审计意见类型如何确定？
2. 简述关键审计事项的决策过程。
3. 强调事项和其他事项的区别是什么？

第十二章习题

参 考 文 献

[1] 陈汉文，韩洪灵. 审计理论[M]. 北京：机械工业出版社，2009.
[2] 陈汉文. 注册会计师职业行为准则研究[M]. 北京：中国金融出版社，1999.
[3] 李晓慧. 审计学：原理与案例[M]. 2 版. 北京：中国人民大学出版社，2018.
[4] 阿伦斯 A A，埃尔德 R J，比斯利 M S. 审计学：一种整合方法[M]. 16 版. 李璐，张龙平，译. 北京：中国人民大学出版社，2021.
[5] 陈汉文，杨道广，董望. 审计[M]. 5 版. 北京：中国人民大学出版社，2022.
[6] 秦荣生，卢春泉. 审计学[M]. 11 版. 北京：中国人民大学出版社，2022.
[7] 池国华. 内部控制与风险管理[M]. 2 版. 北京：中国人民大学出版社，2018.
[8] 彭俊英，陈艳芬，幸倞. 审计实务教学案例[M]. 北京：中国人民大学出版社，2018.
[9] 中国注册会计师协会. 审计[M]. 北京：中国财政出版传媒集团，2022.
[10] 李子璠，宋夏云. 獐子岛财务舞弊案例分析[J]. 审计与理财，2020，（7）：37-40.